普通高等学校"十四五"规划旅游管理类精品教材
国家级一流本科专业建设旅游管理类特色教材

民宿运营与管理

Homestay Operation and Management

主　编 ◎ 程　雯
副主编 ◎ 王文婧　张　玮

华中科技大学出版社
http://press.hust.edu.cn
中国·武汉

内容简介

发展民宿是我国推进乡村振兴战略和美丽中国建设的重要举措。本教材分为民宿的基础知识、民宿筹建、民宿运营管理三大模块，根据民宿行业发展前沿性、案例特色性、教学创新性、实践操作性的原则进行编写。本教材内容包括绪论、民宿政策与民宿标准规范化、民宿投资决策、民宿定位与设计、民宿产品开发、民宿实务管理、民宿收益管理、民宿市场细分与目标市场定位、民宿营销与推广，每章配有本章概要、学习目标、本章导入、本章小结、课后训练等板块，有利于教师开展教学活动，并促进学生对知识点的深入理解和实践能力的提升。

本教材可作为旅游本科、高职院校民宿管理与运营和酒店管理相关专业教材，也可作为民宿相关从业人员的培训教材，同时也适合民宿兴趣爱好者自学使用。

图书在版编目(CIP)数据

民宿运营与管理 / 程雯主编. -- 武汉：华中科技大学出版社，2024.12. -- (普通高等学校"十四五"规划旅游管理类精品教材). -- ISBN 978-7-5772-1480-1

Ⅰ. F719.2

中国国家版本馆CIP数据核字第2024PX3751号

民宿运营与管理　　　　　　　　　　　　　　　　　　　　　　程　雯　主编
Minsu Yunying yu Guanli

策划编辑：王雅琪　王　乾	
责任编辑：张　琳	
封面设计：原色设计	
责任校对：刘　竣	
责任监印：周治超	
出版发行：华中科技大学出版社（中国·武汉）	电话：(027)81321913
武汉市东湖新技术开发区华工科技园	邮编：430223
录　　排：孙雅丽	
印　　刷：武汉科源印刷设计有限公司	
开　　本：787mm×1092mm　1/16	
印　　张：16.25	
字　　数：353千字	
版　　次：2024年12月第1版第1次印刷	
定　　价：49.80元	

本书若有印装质量问题，请向出版社营销中心调换
全国免费服务热线：400-6679-118　竭诚为您服务
版权所有　侵权必究

普通高等学校"十四五"规划旅游管理类精品教材
国家级一流本科专业建设旅游管理类特色教材

出版说明

为深入落实全国教育大会和《加快推进教育现代化实施方案(2018—2022年)》文件精神,贯彻落实新时代全国高校本科教育工作会议和《教育部关于加快建设高水平本科教育全面提高人才培养能力的意见》及"六卓越一拔尖"计划2.0系列文件要求,推动新工科、新医科、新农科、新文科建设,做强一流本科、建设一流专业、培养一流人才,全面振兴本科教育,提高高校人才培养能力,实现高等教育内涵式发展,教育部决定全面实施"六卓越一拔尖"计划2.0,启动一流本科专业建设"双万计划",并计划在2019—2021年期间,建设143个旅游管理类国家级一流本科专业点。

基于此,建设符合旅游管理类国家级一流本科专业人才培养需求的教材,将助力旅游高等教育专业结构优化,全面打造一流本科人才培养体系,进而为中国旅游业在"十四五"期间深化文旅融合、持续迈向高质量发展提供有力支撑。

华中科技大学出版社一向以服务高校教学、科研为己任,重视高品质专业教材出版,"十三五"期间,在教育部高等学校旅游管理类专业教学指导委员会与全国高校旅游应用型本科院校联盟的大力支持和指导下,率先组织编纂出版"普通高等院校旅游管理专业类'十三五'规划精品教材"。该套教材自出版发行以来,被全国三百多所开设旅游管理类专业的院校选用,并多次再版。

为积极响应"十四五"期间国家一流本科专业建设的新需求,"国家级一流本科专业建设旅游管理类特色教材"项目应运而生。本项目依据旅游管理类国家级一流本科专业建设要求,立足"十四五"期间旅游管理人才培养新特征进行整体规划,邀请旅游管理类国家级一流本科专业建设院校国家教学名师、资深教授及中青年旅游学科带头人加盟编纂。

本套教材融入思政内容,助力旅游管理教学实现立德树人与专业人才培养有机融合;引导学生充分认识专业学习的重要性,培养学生的专业技能,并使其个人职业发展与国家建设紧密结合,树立正确的价值观。同时,本套教材基于旅游管理类国家级一流本科专业建设要求,在教材内容上体现"两性一度",即高阶性、创新性和挑战度的高质量要求。此外,依托资源服务平台,打造新形态立体教材。华中科技大学出版社紧抓"互联网＋"时代教育需求，自主研发并上线了华中出版资源服务平台，为本套系教材提供立体化教学配套服务，既为教师教学提供教学计划书、教学课件、习题库、案例库、教学视频等系列配套教学资源，又为教学管理构建集课程开发、习题管理、学生评论、班级管理等于一体的教学生态链，真正打造了线上线下、课内课外的新形态立体化互动教材。

  本项目编委会力求通过出版一套兼具理论与实践、传承与创新、基础与前沿的精品教材，为我国加快实现旅游高等教育内涵式发展、建成世界旅游强国贡献一份力量，并诚挚邀请更多致力于中国旅游高等教育的专家学者加入我们！

前言

2024年5月,习近平总书记对旅游工作作出重要指示:要以新时代中国特色社会主义思想为指导,完整准确全面贯彻新发展理念,坚持守正创新、提质增效、融合发展,统筹政府与市场、供给与需求、保护与开发、国内与国际、发展与安全,着力完善现代旅游业体系,加快建设旅游强国,让旅游业更好服务美好生活、促进经济发展、构筑精神家园、展示中国形象、增进文明互鉴。

在美丽乡村建设深入推进、休闲度假时代逐步来临,以及旅游消费市场不断迭代的背景下,民宿作为连接城乡生活、展现在地风貌的旅游新业态,以星火燎原之势迅猛发展。国家出台了一系列支持和规范民宿发展的政策,如《旅游民宿基本要求与等级划分》和《乡村民宿服务质量规范》等,为民宿行业的健康发展营造了良好的政策环境。

优秀的民宿不仅是休息的场所,更是文化交流的重要窗口。通过这些民宿,游客可以体验当地独特的自然风光和丰富多彩的文化。同时,民宿通过展示主人的设计才华、价值追求、经营理念和生活哲学,构建了一个以住宿功能为核心,兼具餐饮、社交、娱乐等多功能的旅游空间,为游客带来亲切、舒适、温馨且独特的旅游感受。民宿随着其内涵和外延的进一步拓展,成为新的旅游吸引物,为旅游住宿体验注入新的活力。

本教材分为民宿的基础知识、民宿筹建、民宿运营管理三大模块,根据民宿行业发展前沿性、案例特色性、教学创新性、实践操作性的原则进行编写,倡导以学生为主体、以教师为主导的体验式教学。

本教材具有以下特点。

一是内容编写的全面性。本教材不仅涵盖了民宿管理的基础理论知识,还紧密结合民宿从投资、筹建到运营、营销推广的全流程体系,实现了知识的全面覆盖。

二是教学操作的实践性。本教材高度重视学生能力的培养,提供了丰富的学习案例与思考。教师可以灵活采用项目教学、情景教学、体验教学等模式,促进理论与实践的深度融合,提升学生的实际操作能力。

三是教学案例的特色性。本教材所选案例均来自民宿行业的最新前沿,展示了民宿与在地文化的深度融合,凸显了民宿在推进乡村振兴战略中的积极作用。同时,案例中巧妙融入了思政元素,提升学生的综合素养。

本教材由贵州师范大学国际旅游文化学院程雯副教授担任主编,王文婧讲师和张玮讲师担任副主编,具体分工如下:程雯副教授负责全书的框架设计、统稿及审核工作,并编写第一章、第二章、第三章、第五章、第八章、第九章;王文婧讲师编写第六章、第七章;张玮讲师编写第四章。

在本教材撰写过程中,作者参阅了众多研究成果,对这些成果的作者致以诚挚的谢意,也衷心感谢学校和出版社的大力支持,以及编写团队的倾情付出,并感谢陈茂、吴世雄、闵圣恒、李国龙、陈逸彤、薛静、付美婷同学对本书的资料收集与整理,同时,感谢贵州及屋民宿、三春里民宿的大力支持。另外,书中一些资料源于互联网,我们一直积极与相关著作权人联系,但仍有部分未联系上,请在见到本书后与我们联系,在此一并表示歉意和感谢。

本教材凝聚多方心血而成,由于作者时间和能力有限,书中难免存在不足之处,恳请专家、读者、同仁不吝批评和指正,我们将在今后再版过程中予以完善与修正。

程雯　王文婧　张玮

2024 年 5 月

目录

模块一 民宿的基础知识

第一章 绪论 /002
- 第一节 民宿概况 /003
- 第二节 民宿的类型 /011
- 第三节 国内外民宿发展概况 /017
- 第四节 民宿发展相关理论 /023

第二章 民宿政策与民宿标准规范化 /028
- 第一节 民宿政策 /029
- 第二节 民宿标准规范化 /041

第三章 民宿投资决策 /046
- 第一节 民宿投资概述 /047
- 第二节 民宿投资决策与分析 /053
- 第三节 民宿投资项目后评价 /063

模块二 民宿筹建

第四章 民宿定位与设计 /070
- 第一节 民宿区域选址 /071
- 第二节 民宿特色定位 /075
- 第三节 民宿设计原则与要素 /079

第五章　民宿产品开发　　/094

第一节　民宿产品的概念与构成　　/095
第二节　民宿产品开发程序　　/101
第三节　民宿产品价格策略　　/111
第四节　民宿品牌建设　　/115

模块三　民宿运营管理

第六章　民宿实务管理　　/132

第一节　民宿管家服务　　/134
第二节　民宿服务质量管理　　/144
第三节　民宿人力资源管理　　/151
第四节　民宿安全管理　　/158

第七章　民宿收益管理　　/166

第一节　民宿收益管理概述及策略　　/167
第二节　民宿成本控制　　/177

第八章　民宿市场细分与目标市场定位　　/186

第一节　民宿市场细分　　/187
第二节　民宿目标市场定位　　/195

第九章　民宿营销与推广　　/213

第一节　民宿营销概况　　/214
第二节　民宿OTA平台　　/217
第三节　新媒体营销与推广　　/228
第四节　民宿营销与推广策略　　/237

参考文献　　/248

模块一 民宿的基础知识

第一章 绪 论

 本章概要

民宿作为一种非标准住宿,以其独特的个性、风格和"温度"赢得市场青睐,成为游客出游的重要选择。本章从民宿的定义着手,通过对比其他住宿方式,展示其特点及与其他住宿方式的联系与区别;通过了解国内外民宿的发展历程,更好地理解民宿对旅游升级转型和旅游产业发展的重要意义。

 学习目标

知识目标

1. 了解民宿的起源与概念,以及各国民宿起源。
2. 掌握民宿与其他住宿业态的联系与区别。
3. 了解民宿发展的现状与意义。

能力目标

1. 能够更好地了解民宿市场的现状和发展趋势,制定合理的经营策略,提升市场竞争力。
2. 能够掌握民宿管理与运营的技能,提升实践能力,从而在民宿行业中更好地应对日常运营中的挑战和问题。
3. 理解客户服务与沟通能力,学习如何提升服务质量,赢得客户的信任和好评,进而提升民宿的口碑和影响力。

素质目标

1. 让学生逐渐培养起对民宿文化的兴趣。
2. 让学生深刻认识到民宿作为旅游文化的重要载体,蕴含着丰富的乡村历史与文化内涵。
3. 让学生积极参与民宿学习与实践,增强社会责任感,为乡村文化的发展和传承贡献力量。

本章导入

2022年7月,文化和旅游部等十部门联合印发了《关于促进乡村民宿高质量发展的指导意见》(以下简称《意见》)。乡村民宿是指利用乡村民居等相关资源,主人参与经营服务,为游客提供体验当地自然、文化与生产生活方式的小型住宿设施。乡村民宿是乡村旅游的重要业态,是带动乡村经济增长的重要动力,是助力全面推进乡村振兴的重要抓手。《意见》提出,到2025年,初步形成布局合理、规模适度、内涵丰富、特色鲜明、服务优质的乡村民宿发展格局,需求牵引供给、供给创造需求的平衡态势更为明显,更好地满足多层次、个性化、品质化的大众旅游消费需求,乡村民宿产品和服务质量、发展效益、带动作用全面提升,成为旅游业高质量发展和助力全面推进乡村振兴的标志性产品。乡村旅游因民宿的发展而进一步升温,民宿产业展现出巨大的发展空间和无限的潜力。

第一节 民宿概况

如今,民宿作为一种非标准住宿产品正逐渐崭露头角,成为旅游市场中的热门选择。随着游客对旅游体验要求的不断提升,传统的大众化住宿已不能满足他们日益增长的多样化需求。他们渴望更加独特、深入的小众住宿体验,追求在休闲度假中得到的不仅仅是生理上的舒适,更是心理上的愉悦和满足。与传统酒店相比,民宿具有其独特的魅力和价值。它不仅仅是一个简单的住宿地点,更是一种与当地文化和自然环境紧密结合的生活方式。选择民宿,意味着选择了一种更加贴近当地生活、感受独特风土人情的机会。在民宿中,游客可以更加深入地了解当地的文化、历史和生活方式,获得一种与众不同的度假体验。随着优质旅游时代的到来,民宿逐渐受到越来越多游客的青睐,成为旅游业的新宠。它不仅为人们提供了更加多样化和个性化的住宿选择,更在旅游体验上实现了质的飞跃。未来,随着游客对旅游品质和体验需求的不断提高,民宿将继续发挥其在旅游市场中的重要作用,为人们带来更加美好和难忘的旅游体验。

一、民宿的概念

(一)民宿的定义

民宿的定义一直受到广泛关注。追溯至中国早期历史,"驿站"和"客栈"的住宿形式早已存在。然而,随着日本等地的民宿概念的传入,这一术语在国内逐渐被大众接受并流行起来。早期的民宿是指房屋的持有者将自家空闲的居住空间改造为供游客临时休息的简易住宿场所。随着民宿行业的持续进步与成熟,其定义也不断地深化和明确。为与传统酒店相区别,民宿在发展过程中增加了一系列独特的、具体的条件。

这些条件涵盖了从经营方式、服务内容到建筑风格等多个方面，使得民宿能够更准确地反映其独特性和价值。

我国的民宿起源于台湾地区，台湾对民宿的理解是将自家的空闲住宅或房间巧妙地融入当地人文风情、自然景观、生态环境资源及农林渔牧等生产活动，为游客提供感受乡村生活特色的住宿场所，这种定义方式在某种程度上确立了民宿"辅助性业务"的角色[①]。我国大陆的学者们对民宿理念也进行了深入的研讨，即民宿是个人将自己的空置住宅房间，提供给寻求本地乡村生活体验的游客作为临时住宿之地，这种经营方式以家庭为单位进行。随着民宿产业的不断发展壮大，越来越多的学者开始认为民宿是一种经营策略。除了传统的酒店和旅馆，民宅、休闲中心、农庄、牧场等都可以被纳入民宿的范畴，民宿也就是一种把生态农业、生态旅游和生态住宿合为一体的新业态。

我国学者关于民宿的代表性定义如表1-1所示。

表1-1　我国学者关于民宿的代表性定义[①]

学者	定义
蒋佳倩（2014）	民宿是一种提供有别于传统饭店、宾馆等的住宿体验，给游客温馨亲切的家的感觉的旅游接待设施
李德梅（2015）	民宿是私人将其一部分居室出租给游客，以副业方式经营的住宿设施，通常只有较少的住宿容量，产权所有人自行经营，并有特别的活动提供给游客
魏小安（2016）	民宿是非标准住宿，民宿是自成一体的，酒店可以说是一种城市型的代表，农家乐完全是小微，是原子化、碎片化的，但是民宿不同，民宿是一种整合、一种提升。民宿的特点：具有民间文化；规模小，服务精；环境引人，生活留人，情感动人，口碑来人；有好的场景；等等
李明德（2016）	民宿是我国乡村建设的新锐力量，民宿的快速崛起，为旅游业注入一种新的活力，为乡村注入一种新的魅力，为乡建注入一种新的动力，有着广阔的发展天地
陈国忠（2016）	民宿作为一种基本的乡村旅游业态，是进入乡村旅游时代民居功能的延伸而非替代。民宿的灵魂在文化、功能在生活，万变不离生活功能、不改文化灵魂。民宿与乡村酒店、度假村相比，永远具有自身的基本特质。民宿规划与建设就是打造一个留住乡愁的空间、寄托乡情的家园

由此可以得出，民宿不仅提供了住宿服务，更是一种融合本地文化、家庭式住宿、自然环境、文化传承、个性化服务、互动社交、经济实惠和绿色环保的综合体验。它让游客在旅行中更加贴近自然、了解文化、体验生活，获得与众不同的旅行乐趣。

---

① 笪玲.山地民宿发展研究——来自贵州的案例[M].北京：中国旅游出版社，2018.

随着民宿市场的持续升温,2017年8月,国家旅游局(现变更为文化和旅游部)出台了《旅游民宿基本要求与评价》(LB/T 065—2017),对旅游民宿进行了界定;2019年7月,文化和旅游部发布《旅游民宿基本要求与评价》(LB/T 065—2019),该标准替代了《旅游民宿基本要求与评价》(LB/T 065—2017);2022年7月,国家市场监督管理总局和国家标准化管理委员会联合发布国家标准《旅游民宿基本要求与等级划分》(GB/T 41648—2022),标志着《旅游民宿基本要求与等级划分》由行业标准上升为国家标准。

民宿标准如表1-2所示。

表1-2 民宿标准

标准	民宿定义
《旅游民宿基本要求与评价》(LB/T 065—2017)	适用于正式营业的小型旅游住宿设施,包括但不限于客栈、庄园、宅院、驿站、山庄等。 旅游民宿利用当地闲置资源,民宿主人参与接待,为游客提供体验当地自然、文化与生产生活方式的小型住宿设施
《旅游民宿基本要求与评价》(LB/T 065—2019)	适用于正式营业的小型旅游住宿设施,包括但不限于客栈、庄园、宅院、驿站、山庄等。 旅游民宿是利用当地民居等相关闲置资源,经营用客房不超过4层、建筑面积不超过800 ㎡,主人参与接待为游客提供体验当地自然、文化与生产生活方式的小型住宿设施
《旅游民宿基本要求与等级划分》(GB/T 41648—2022)	适用于正式营业的旅游民宿,包括但不限于民居、宅院、客栈、驿站、庄园、山庄等。 旅游民宿是利用当地民居等相关闲置资源,主人参与接待,为游客提供体验当地自然、文化与生产生活方式的小型住宿设施

本书采用国家标准《旅游民宿基本要求与等级划分》(GB/T 41648—2022)中民宿的定义,即旅游民宿是利用当地民居等相关闲置资源,主人参与接待,为游客提供体验当地自然、文化与生产生活方式的小型住宿设施。

(二)民宿内涵的理解

根据国家标准《旅游民宿基本要求与等级划分》(GB/T 41648—2022)对旅游民宿的定义,结合国内旅游民宿的发展现状和特点,民宿概念认知的关系可以分为三层,概念话语、概念内涵、概念核心①。从浅到深、从外到里,表明民宿对旅游者从外层的表述吸引到中层的文化吸引再到里层的关系吸引的渗透。

1. 外层——民之序,作为概念话语的位置表述变化

人与物的互动,将民宿视为住宿所有物的表述。这一变化主要表现在随着人民日益增长的美好生活需要和不平衡不充分的发展之间的矛盾的发展,人们在旅途中对于住宿的要求不断细化,除酒店以外,还有农家乐、家庭旅馆、民宿等非标准住宿设施。

---

① 杨丽娟.以"民"之名:民宿认知的三种层次[J].旅游导刊,2022,6(4):25-41.

杨丽娟（2022）认为，非准住宿概念群的演变历程经历三个阶段，从初期的单一、无民无宿发展到中期出现特色分化、民隐于宿的特征，到近期展现为强调个性、以民为核心，住宿后置。概念话语的陈述秩序蕴含了民由隐到显的演变。对非标准住宿观念的表述从以外部依托资源为导向到以建筑形制为导向，再到以房屋内外资源结合的生活方式为导向，表明客户对于住宿的关注度与要求逐渐增加，不再仅仅局限于表明层次需求。

2. 中层——民之形，作为概念内涵的地方文化表征

人与地的互动，将民宿视为能够代表其所在地特色文化的象征，主要表现在以下两个方面。

（1）人们对于乡村文化生活的喜爱与向往。

人们对于乡村文化生活的喜爱与向往通常视为"乡土情结"，是一种国人特有的精神文化特质，影响着一代又一代中华儿女。

（2）将地方本土文化与民宿结合。

民宿是旅游者体验该地独有文化的载体和媒介，当地人民的生活习惯、生产商品等在与民宿结合的过程中得到创造性的发展与创新性的转变。

3. 里层——民之情，作为概念核心的情感表现

人与人的互动，将民宿视作"住宿所育"人之情的表现，主要表现在以下两个方面。

（1）主客交往。

民宿区别于其他住宿设施提供方的核心是主客交往，不仅贯穿于旅游过程中，也涵盖旅游前与旅游后，始终为游客提供深度的个性化服务，并能够使游客在整个住宿过程中实现恢复体力与满足精神需求的目标。

（2）主客交往的情感寄托。

主客关系是多样性的，程度深浅不一，民宿不光能够为住客提供情绪价值，还形成了"情感向往—情感共鸣—情感依赖—情感牵挂"的情感寄托路线，打破了旅游过程中因暂时性和异地性对可持续交往关系的限制。通过"住宿所有"发展到"住宿所在"最后到"住宿所育"，不断地从民宿自身的小空间拓展到其所在地的大空间，并通过人与地、物的联系，强化丰富了主客之间的情感，推动民宿可持续性发展。

二、民宿的特点

民宿为游客提供了与酒店截然不同的住宿体验。民宿通常位于风景秀丽、环境优美的地方，让游客能够深入感受当地的自然风光和人文气息。无论是山水田园还是海滨湖畔，民宿都能让游客尽享宁静与舒适。

（一）文化性

地方文化是民宿鲜明且独特的核心属性，这一特色使得民宿在当下丰富多样的住宿形式中能够独树一帜，成为游客心中的独特存在。地方文化不仅赋予了民宿独特的建筑风格，更使其深度融合了当地居民的日常生活方式，为游客呈现出一幅生动且真

实的原生态文化画卷。

1. 在建筑风格上，民宿充分展现了地域特色和建筑传统

民宿的建筑设计往往汲取了当地的历史文脉和建筑风格，从材料选择到结构布局，再到装饰细节，都充分体现出浓郁的地方特色。这种独特的建筑风格使民宿成了一个可以让游客深入了解当地文化的窗口，游客在欣赏建筑之美的同时，也能感受到当地独特的文化魅力。

2. 在生活方式的融合上，民宿巧妙地将当地居民的生活习俗、传统技艺等元素融入其中

游客在民宿中不仅可以享用地道的当地美食，还能亲身参与各种传统活动，如制作手工艺品、学习民间技艺等。这些活动不仅让游客感受当地人的热情与淳朴，更让他们深入了解当地文化的内涵和精髓。通过与当地人的互动和交流，游客可以更好地理解并体验地方文化，从而丰富自己的旅行体验。

地方文化作为民宿的核心属性，赋予了民宿独特的建筑风格和生活方式。民宿搭建起了游客与当地文化之间的桥梁，游客可以在民宿深度体验当地文化，感受地方文化的独特魅力，从而获得一次难忘的旅行体验。

（二）交互性

民宿经营管理之道，核心在于营造一种自由惬意、温馨如家的氛围。这种氛围的构建，关键在于主客之间展开的深入交流互动。由于民宿规模相对较小，因此能够更为细致地关注每一位客人的需求，提供个性化的服务，从而有助于主客间建立起深厚的友谊关系。这种服务模式，如同家人间的亲近与老友间的亲密无间，为游客带来了前所未有的亲切感与舒适体验。

在主客交流层面，其互动内容远超越了一般的礼貌问候和入住事务的处理。更多的是涉及深层次的情感交流与分享。例如，游客与民宿主人或其他游客分享个人兴趣爱好、交流厨艺心得，甚至互相倾诉人生故事，这种心灵的碰撞，不仅丰富了旅行体验，更促进了人与人之间的情感连接。为了满足这种深度交流的需求，众多民宿主人精心设置了厨房及其他家用设施设备，为游客提供了充分的自主空间。游客可以根据自己的喜好和兴趣，自主选择烹饪方式，解决日常生活中的一些饮食问题。这种安排不仅提高了游客的参与度和体验感，还让他们在轻松自在的氛围中得以释放压力，真正实现放松心情的目的。

（三）体验性

1. 生活体验

民宿为游客提供了一个珍贵的机会，让他们能够深入探寻当地独特的自然风貌，了解其丰富的文化精髓，并亲身体验当地生动的生产生活方式。在民宿里，游客不仅能够沉浸在民宿主人所营造的温馨人文关怀和别具一格的居住氛围中，还能享受舒适宁静的住宿环境，参加精心策划的多元化活动，以及品尝地道美味的佳肴。

生活体验民宿产品为游客打开了一扇窗,使他们能够亲身感受当地迷人的自然风光、别具一格的风俗习惯,展示了真实而生动的生产生活场景。这种体验远非物质层面的简单享受,使游客能够全面融入当地生活,深刻体验其文化内涵,并沉浸于那深厚的情感之中。

2. 文化体验

在民宿的温馨氛围中,游客有机会深入了解当地的历史文化、社会习俗和人文特色,与民宿主人及其他游客分享生活的点滴感悟,共同编织深厚而珍贵的情感纽带。独特的民宿文化体验不仅给游客留下了难以忘怀的美好回忆,还为乡村旅游的发展增添新的活力。

3. 活动体验

在民宿的居住体验中,一系列别具一格的特色活动旨在丰富游客的乡村生活体验。游客有机会直接参与蔬果采摘活动,深刻体验农耕文化的收获喜悦;品尝正宗的农家菜肴,领略乡村独有的淳朴风味。有些民宿还提供手工制作特色纪念品(如稻草人钥匙圈等)的服务,让游客亲自动手创作并留下宝贵的乡村记忆。这些活动使游客在轻松愉悦的氛围中深度感受乡村生活的美好。

4. 自然体验

民宿周边大多环境优美,自然景色引人入胜。举例来说,白哈巴村的民宿周围茂密的森林如同一幅幅生动的生态画卷,展现了自然的蓬勃生机与活力;而北京的民宿紧邻宁静祥和的金山寺,寺旁清泉流淌,与挺拔的百年古松共同构成一幅古韵悠长的画面,为游客提供了一处感受古刹静谧与庄严的绝佳场所。在这些自然美景的簇拥之下,游客可以随心所欲地漫步其中,骑行探索,或是参与各类户外活动,尽情投入大自然的怀抱,感受其无尽的魅力与宁静。

(四)精美性

最早的行业标准《旅游民宿基本要求与评价》(LB/T 065—2017)中,旅游民宿的定义是利用当地闲置资源,民宿主人参与接待,为游客提供体验当地自然、文化与生产生活方式的小型住宿设施。《旅游民宿基本要求与评价》(LB/T 065—2019)中,旅游民宿的定义是利用当地民居等相关闲置资源,经营用客房不超过4层、建筑面积不超过800m^2,主人参与接待为游客提供体验当地自然、文化与生产生活方式的小型住宿设施。

国家标准《旅游民宿基本要求与等级划分》(GB/T 41648—2022)中,对旅游民宿的定义是利用当地民居等相关闲置资源,主人参与接待,为游客提供体验当地自然、文化与生产生活方式的小型住宿设施。在总体要求中强调,经营用客房建筑物应不超过4层,且建筑面积不超过800平方米。这意味着,旅游民宿的体量也相对较小,这样的规模不仅确保了民宿的精致与宁静,也使得民宿主能够集中更多的财力与精力将民宿做精做细。同时,民宿的建筑高度往往不超过四层楼,这样的设计既保证了住宿的舒适度,又避免了高楼带来的压抑感。

尽管民宿体量小,但每一间民宿都经过精心策划和打造,力求将美感与意境完美融合。无论是外观还是内部装饰,都充分展现了民宿主人的品位和用心。在细节处理上,民宿更是做到了极致,每一处都透露出设计师的匠心独运。这样的设计使得民宿具有高度的美观性,能让游客在其中感受到浓郁的文化氛围,形成独特的生活体验。游客在入住民宿时,仿佛置身于一幅美丽的画卷中,每一处风景都让人流连忘返。同时,民宿的设计也充分考虑了人与自然的和谐共生,让游客在享受舒适住宿的同时,也能充分感受到大自然的美丽与宁静。

贵州雷山乌东村及屋民宿

及屋民宿(图1-1)坐落在苗岭山脉的深处,被连绵的山峦所环绕,门前溪水潺潺,为游客提供了真正的山居体验。这种地处偏远的民宿,不仅为游客带来与世隔绝的宁静,更让人们有机会深入体验苗族的传统文化和生活方式。

图1-1 贵州雷山乌东村及屋民宿

及屋民宿的前身是一栋有着五十多年历史的苗族干栏式木屋,其木质结构被完整保留,彰显了对传统建筑技艺的尊重与传承。民宿由一栋主楼和两栋附屋组合而成,建造空间约400平方米,在满额入住的情况下,人均面积50平方米。民宿布局中,第一层为生活区和洗漱区,第二层则为住宿区和休闲区。民宿共有两个复式套房,每一个套房都有三个相互连通又相对独立的空间。

传统贵州木构民居层高多在2米左右。民宿主人在保留木屋承重结构的前提下,将一层层高提升至2.7米,以适应当代旅居的习惯。二层楼面采用了多层木结构加固,铺设橡木原木地板,大大改善了传统木屋因为楼面单薄和板梁摩擦震动带来的不适。

三、民宿发展的意义

民宿作为近年来旅游业中的新兴业态,其发展不仅丰富了旅游市场的多样性,还为地方经济、文化和社会发展带来了深远的影响。

1.民宿发展留住乡愁,保护和传承地域文化

民宿常常以当地特色建筑为载体,深深扎根于地方文化和生活方式之中,因此成为展示地方文化的亮丽名片。当游客选择入住这些民宿时,他们有机会更加深入地探索和体验当地的乡愁、历史文化、风土人情和日常生活方式,从而深化对这片土地的文化认知和情感连接。不仅如此,民宿业的繁荣发展也在一定程度上促进了地方文化的传承与保护,让更多珍贵的文化遗产得以延续,并有助于形成别具一格、独具特色的文化品牌,为当地的文化发展增添新的活力和内涵。

2.民宿发展带动经济发展

民宿业的蓬勃发展犹如一股强劲的推动力,为地方经济注入了新的活力。民宿业的发展有效促进了当地就业市场的繁荣,为居民提供了丰富的就业机会,显著提高了他们的收入水平和生活品质。同时,民宿业的发展还极大地带动了相关产业的兴旺,包括旅游购物、餐饮娱乐等多个领域,形成了产业联动效应,共同促进地方经济繁荣。此外,民宿业的发展也促进了当地资源的合理开发和高效利用,推动了经济的多元化发展,为地方经济的可持续增长奠定了坚实基础。

3.民宿发展助推乡村人居环境改善,赋能乡村振兴

在乡村振兴战略中,民宿业的发展扮演着至关重要的角色。它凭借独特的魅力,成功吸引了大量游客来到乡村,这不仅为乡村带来了宝贵的人流和资金流,还为乡村振兴注入了新的活力。

首先,民宿业的发展有力地推动了乡村基础设施的建设和完善。为了满足游客的需求,乡村地区不断加强交通、水电、通信等基础设施的建设,提高了乡村的整体发展水平。

其次,民宿业的发展带动了乡村公共服务水平的提升。为了更好地服务游客,乡村地区不断提升公共服务的质量和效率,包括提升旅游接待能力、加强安全保障、改善卫生条件等。

最后,民宿业的发展推动了乡村产业的多元化发展。它鼓励乡村地区充分利用自身资源和优势,发展特色农产品、手工艺品等产业,丰富了乡村的经济结构。同时,民宿业也与其他产业形成了良好的互动和融合,共同推动了乡村经济的转型升级和高质量发展。

4.民宿发展丰富旅游体验

民宿为游客开启了一扇通往全新旅游体验的大门,其提供的服务相较于传统酒店,更加注重个性化和深度体验。在民宿中,游客能够感受到如家般的温暖与舒适,每一寸空间都充满了亲切与放松。与此同时,民宿更成为游客深入了解当地风土人情和

历史文化的桥梁,让游客能够在旅行中收获更多独特的记忆和体验。

这种深度旅游体验不仅让游客在旅行中获得更多的满足感和愉悦,也大大提高了游客的满意度和忠诚度。游客更乐于分享他们在民宿的美好经历,进一步推动了旅游业的繁荣发展。因此,民宿在提升游客体验、促进旅游业持续发展方面发挥着越来越重要的作用。

第二节 民宿的类型

一、民宿的分类

游客选择民宿不仅仅是为了满足住宿的基本需求,更多的是为了体验民宿悠闲的生活方式和带有当地文化特色的服务。民宿主人或者经营者需要针对不同的游客需求对民宿进行区分和定位,这样有助于游客做出选择,同时也有助于提高民宿经济效益。

（一）按发展类别划分

1. 传统民宿

传统民宿是指利用当地居民自有住宅改造而成,融合地方文化和历史特色的住宿设施。传统民宿在外观上基本保留原貌,内部进行适当的改造装修,使用传统材料和工艺。传统民宿往往具有一定的历史年限,较多地保存了当时当地的建筑风格和文化遗存,以保留和发扬传统文化为主,具有一定的历史文化价值和研究价值。传统民宿通常位于乡村、古镇或自然风景区等特定地域,为游客提供独特而舒适的住宿体验。传统民宿不仅是一种住宿方式,更是一种旅游文化的体现,旨在让游客深入体验当地的历史文化、生活习俗,领略当地的自然风光。

2. 现代民宿

现代民宿以新建为主,一般依照当地的建筑风格辟地新建,也可移植域外名宅、名村,或者是经过设计师创新设计。现代民宿设计感强、风格多样,注重与周边环境的融合,提供更为现代化和舒适的住宿体验。大多数现代民宿在设计时深挖所在地的特色文化,无论是建筑风格、室内装饰,还是服务方式,都体现出独特的地域风情。

（二）按产品所在地划分

1. 城市民宿

城市民宿是一种坐落于城市中心地带或周边近郊的特色住宿场所。它巧妙地借助城市独有的文化气息、自然美景及周边丰富的设施服务,为游客营造出一个既舒适便捷又充满特色的住宿环境。城市民宿的室内设计往往巧妙地融合了现代设计理念和传统元素,既体现了现代感,又展现出浓郁的文化底蕴,整个居住空间既现代又不失传统韵味。与传统酒店的标准化与商务化相比,城市民宿更偏向于个性化、家居化和人情化,为游客提供了一种更加温馨、亲切的住宿选择。在城市民宿中,游客不仅能够享受到高品质的住宿体验,更能深入感受城市的生活方式与节奏。民宿主人常常会将当地独特的文化、悠久的历史和丰富的风土人情融入民宿的装修和日常运营中,使游客在住宿的同时,也能深入领略到城市的文化魅力。

美岸·燕舍河畔观景民宿

  美岸·燕舍河畔观景民宿位于贵阳市核心景观文化地标甲秀楼旁,是按高标准设计的景观度假民宿,独栋三层总面积千余平方米。楼下两层为住宿,顶楼设计为酒吧,这是该城市民宿一大亮点。美岸·燕舍河畔楼顶酒吧如图1-2所示。

图1-2 美岸·燕舍河畔楼顶酒吧

2. 乡村民宿

乡村民宿作为一种结合乡村旅游与特色住宿的新兴业态,近年来备受瞩目。它通常位于乡村或风景名胜区附近,依托独特的自然环境与地域文化,为游客提供既舒适又富有乡野情趣的住宿场所。乡村民宿远离城市的喧嚣,四周环绕着清新的自然风光,游客可以尽情呼吸新鲜空气,感受大自然的宁静与美丽。在建筑风格方面,乡村民宿往往采用当地传统的建筑形式,结合现代设计元素,打造出既古朴典雅又不失现代舒适的住宿环境。这些民宿不仅展示了乡村的传统文化特色,也传承了地方的历史与风情。

(三)按民宿主题划分

1. 体验主题民宿

(1)农业体验型民宿。

农业体验型民宿是一种结合农业产业和乡村旅游的新型住宿形式,旨在让游客深入体验农村生活、了解农业文化,享受一种更为自然、健康的休闲方式。这种民宿通常以农业为基础,依托农村优美的自然环境和丰富的农业资源,为游客提供一处既可以欣赏乡村风光,又能亲身体验农业生产的住宿场所。它不仅仅是一个简单的住宿地点,更是一个可以让游客深入了解农业文化、体验农耕乐趣的平台。农业体验型民宿的核心特色在于其丰富的农业体验活动。民宿主人通常会为游客安排一系列农业体验项目,如农作物的种植、收割,以及畜禽养殖等,让游客亲身参与农业生产的每一个环节,感受农耕的艰辛与乐趣。同时,游客还可以了解农业生产的知识,增进对农业的理解和尊重。

(2)民俗体验型民宿。

民俗体验型民宿是一种注重传统民俗文化体验的特色住宿方式。它深度挖掘和展示当地的民俗风情、传统手工艺、特色美食等文化元素,为游客提供沉浸式的文化体验。这种民宿通常位于具有浓郁民俗文化的乡村或古镇,建筑风格独特,内部装饰充满地方特色。民宿主人往往具备丰富的民俗知识,能够为游客提供专业的讲解和指导,带领游客深入了解当地的民俗文化。在民俗体验型民宿中,游客可以参与制作传统手工艺品、学习民间技艺、品尝地道的特色美食、观赏民间歌舞表演等丰富多彩的民俗活动。这些活动不仅能让游客亲身体验到传统文化的魅力,还能增进对当地历史文化知识的了解。此外,民俗体验型民宿还强调与当地社区的互动和融合。

案例拓展

瑶池小七孔民宿

2. 田园乡村主题民宿

田园乡村主题民宿是一种深植于乡村文化、环境及生活方式的特色住宿形式。它致力于为游客提供一种远离喧嚣、回归自然的体验,让人在宁静的乡村氛围中寻找心灵的安宁与放松。在民宿概念界定上,田园乡村主题民宿不仅具备基本的住宿功能,还是乡村文化、自然风光和生活方式的体验平台。它充分利用乡村的自然资源和人文底蕴,为游客打造一处集自然美景、居住舒适、心灵宁静于一体的度假胜地。田园乡村特色是此类民宿的核心,体现在建筑风格、环境氛围及日常活动等多个方面。田园乡村主题民宿通常采用传统的乡村建筑风格,使用自然材料搭建,与周围的田园风光和谐统一。同时,民宿周边绿树成荫、鸟语花香,为游客营造了一个远离城市喧嚣的宁静空间。

同步案例

诸沃之野·屯舍

诸沃之野·屯舍(图1-3)位于贵州省安顺市西秀区旧州古镇浪塘村。推开民宿的窗户,映入眼帘的是一望无际的稻田,在微风吹拂下轻轻摇曳,形成一幅动人的田园画卷。民宿依田而建,融入自然,展现了独特的乡村风情和深厚的农耕文化底蕴。

图1-3　诸沃之野·屯舍外景

3. 怀旧复古主题民宿

怀旧复古主题民宿是一种注重重现历史风貌、营造复古氛围的特色住宿形式。它深入挖掘过往时代的文化特色与生活痕迹,让游客在舒适而富有怀旧感的环境中,感受历史的厚重与独特魅力。这种民宿在设计上匠心独运,巧妙融合古典与现代元素。外观多为复古风格,如旧式建筑、砖瓦、木雕等,让人感到岁月的沉淀。内部装修则注重细节处理,如老式家具、复古挂画、老式电器等,营造出一个充满怀旧氛围的空间。怀旧复古主题民宿不仅让游客得到视觉上的满足,还获得深入人心的体验。民宿主人往往会对当地的历史文化有着深入的了解和研究,能够向游客讲述那些过往的故事和传说。同时,民宿还会提供一些与怀旧主题相关的活动,如老式照相、传统手工艺体验等,让游客在亲身参与中感受传统文化的魅力。

莲　叙　居

位于四川省成都市的莲叙居(图1-4),以其独特的怀旧复古风格建筑吸引了众多游客前来入住。莲叙居整体建筑采用传统中式设计,融合了古典与现代元素,营造了浓郁的历史文化氛围。

图1-4　莲叙居民宿

（四）按产权划分

1. 私有民宿

私有民宿，即产权归属于个体私人所有的民居型民宿。这些民宿主要由众多民居构成，每个家庭作为产权拥有者，享有自主管理、自主经营及自负盈亏的权益。这种经营模式使得私有民宿在保持个性化和独特性的同时，也拥有高度的灵活性和自主性，为游客带来与众不同的住宿体验。

2. 集体所有民宿

集体所有民宿属于宗族或家族集体，典型的集体所有民宿如南方地区的客家围屋。这类民宿房屋往往规模宏大、房间众多、功能齐全，并且承载着悠久的历史。由于涉及的家族众多，集体所有民宿的产权一直未进行分割，因此，其所有权依然归属于家族集体。通常情况下，家族会组成理事会来共同管理和经营这些民宿。

农村地区保留的集体所有制民居改造而成的民宿，其产权属于集体所有。这种集体所有的民宿不仅体现了农村社区的团结与协作，还为游客提供了深入了解当地文化和风俗的机会。

3. 国有民宿

国有民宿作为民宿产业中的新兴亮点，近年来在旅游市场上逐渐崭露头角。这一特色鲜明的民宿类型，得益于各级政府旗下的国有企业的积极参与。这些国有企业凭借其深厚的资本积累和前瞻性的战略思维，积极投身于民宿产业的蓬勃发展之中，它们充分利用其资源优势和运营能力，通过收购传统民居或新建连片特色民居的方式，为游客精心打造了一系列独具匠心的住宿服务。这些国有民宿不仅在设计上充满创意，融合了传统与现代元素，而且在服务品质上也力求完美，为游客提供舒适、便捷的居住环境。

4. 社会民宿

社会民宿主要指由私营企业、企业集团等社会资本投资建设和运营的民宿。这些民宿往往凭借灵活的运营模式和敏锐的市场洞察力，为游客提供丰富多样的住宿体验。在社会民宿的运营中，私营企业或企业集团通常会充分利用其商业资源和管理经验，通过精心的设计和布局，打造出别具一格的住宿环境。同时，它们也会注重服务质量的提升，为游客提供周到的服务和贴心的关怀，使游客在旅途中感受到如家般的温暖和舒适。

二、民宿与其他住宿业态的联系与区别

在当今快节奏的生活中，人们渴望远离喧嚣，寻找一处宁静舒适的住宿，体验不同于日常的生活方式。在旅游行业中，民宿、酒店以及农家乐等住宿形式因其独特的特点和服务而备受关注。它们各自承载着不同的文化内涵和旅游体验，为游客提供了多样化的选择。然而，在探索这些住宿方式背后，我们不仅能够发现它们之间的差异与

联系,还能够深入了解背后的文化、生活方式及地域特色。接下来,让我们一起探索民宿与酒店、农家乐之间的区别与联系。

（一）民宿与农家乐、酒店的区别

民宿通常是由当地居民或私人拥有和经营的住宿场所,这些场所往往以其独特的风格和个性化的服务而闻名。民宿可能位于城市郊区、乡村或景区内,提供的服务和设施多样,但总体上强调家庭般的温馨氛围和亲近自然的体验。

农家乐是依托乡村资源,以村(居)自有住宅、村集体房舍或其他设施为经营用房,以提供具有乡村情趣和农家生活特色的餐饮服务为主,兼具住宿以及多种观光休闲娱乐活动的小型经营实体(《乡村旅游农家乐服务质量等级划分与评定》(DB52/T 1175—2023))。农家乐是一种结合农业旅游和农村民俗文化的住宿形式,传统农家乐兴起于20世纪80年代,一般位于城市近郊,不提供住宿,以"吃农家饭,体验农业休闲娱乐活动"为核心产品。而另一种由农户自行经营的住宿场所,通常位于更广泛的农村地区,不仅提供农村生活体验和农产品采摘等农业旅游项目,还包括住宿服务。

酒店是由专业公司经营管理的住宿场所,通常位于城市中心或主要旅游区。酒店以标准化的服务和设施为特色,为客人提供各种高品质的住宿体验,其设施包括豪华客房、餐厅、会议室、游泳池等。

三者的区别主要体现在以下方面。

1. 设施和服务的差异

民宿的设施和服务通常相对简单,但非常注重个性化。客人可能会享用到主人亲自准备的家常菜肴、参加独特的当地体验活动等。

农家乐通常提供条件简单的住宿服务,但注重农村生活的体验。客人可能会参与农事活动、体验农家生活,或是品尝当地的农产品。

酒店拥有完善的设施和标准化的服务。客人可以体验全天候的客房服务,享受高品质的餐饮,充分利用健身娱乐设施等。

民宿与农家乐、酒店的对比如表1-3所示。

表1-3 民宿与农家乐、酒店的对比

类型	地点	设施和服务
民宿	城市或乡村	个性化的服务、独特的体验活动,重在"民"
农家乐	乡村	常规服务,重在"农"
酒店	城市	标准化服务、完善的设施、高品质餐饮

2. 客群和定位

民宿常吸引着寻求个性化体验和与当地文化互动的游客。这些游客更愿意融入当地社区,深度了解当地人的生活和文化。

农家乐主要吸引着那些渴望体验田园生活、欣赏农村风光和感受乡村文化的游客。这些游客通常喜欢与自然亲近,享受淳朴的农村生活。

酒店的服务对象主要是商务客人、度假者等,他们更注重舒适、便利以及服务的标准化。

(二)民宿与酒店、农家乐的联系

尽管民宿与农家乐、酒店在服务模式、定位和体验上有所不同,但它们之间也存在着紧密的联系与互动。正是这些不同形式的住宿在地域旅游发展中相互交织、相互影响,才共同构成了丰富多彩的旅游产业链条。

三者的联系主要体现在以下方面。

1. 服务理念的融合

尽管民宿与农家乐、酒店有着不同的定位和特点,它们在服务理念上却存在着一些共通之处。例如,一些酒店可能会推出当地特色体验项目,增加与客人的互动,类似的体验也可以在民宿和农家乐中找到。

2. 客户需求的差异化满足

不同类型的住宿场所针对不同的客户群体,因此它们在服务和体验上也会有所差异。通过提供多样化的服务和体验,这些住宿场所可以更好地满足客户的需求,促进行业内的合作与交流。

3. 地域旅游的推动者

民宿、农家乐和酒店在地域旅游发展中都扮演着重要角色。它们吸引着大量的游客,通过推动当地旅游产业的发展与壮大,为地方经济和社会的发展作出了积极贡献。因此,它们之间的合作与交流也是地域旅游发展的重要推动者。

第三节 国内外民宿发展概况

一、外国民宿发展概况

经过长期的发展,国外的民宿业已经形成了行业组织团体,提供更加个性化的服务,同时服务内容也更加贴近当地生活。多数学者认为,西方民宿的起源与朝圣活动息息相关。当时,大量的朝圣者涌入圣地,当地却不能满足所有朝圣者的住宿要求,为了解决朝圣者的住宿问题,当地居民开始为他们提供住处和简单的食物,从而产生了最初的民宿。此后为了促进经济发展,欧洲国家开始推动农业转型,为当地居民提供资金和政策支持,鼓励他们从事民宿经营。自此,欧洲的民宿业开始蓬勃发展。

关于"民宿"一词的起源,向来众说纷纭,其中两种观点尤为引人注意。

一种观点认为,民宿的源头可以追溯至日本的传统住宅形式——和式民宅(Minshuku)。这种独特的住宅风格以简约而精致的特质,在日本文化中留下深刻的烙印,为现代民宿的兴起提供了宝贵的灵感。和式民宅以其特有的温馨与亲切感,将人与自然和谐共生的理念融入其中,为客人提供了一个体验日本传统文化的绝佳场所。

另一种观点则认为,民宿的起源应归功于英国的B&B(Bed & Breakfast)模式。20世纪60年代初,在英国地理位置相对偏远、人口分布较为稀疏的西南部与中部地区,一些农家为了增加收入,开始尝试为过往的游客提供简单的住宿和早餐服务。这些农家通常位于风景秀丽、环境优美的乡村地带,游客在享受宁静的乡村生活的同时,也能享受当地的特色食物,体验当地特色文化。尽管当时的民宿数量有限,但这种经营方式却以其家庭式的招待和贴心的服务赢得了游客的喜爱,为英国的民宿业奠定了坚实的基础。

随着时间的推移,这两种民宿形式逐渐发展成为各具特色的民宿文化。日本的和式民宅以其独特的建筑风格和文化内涵吸引着世界各地的游客,而英国的B&B模式则以其亲切的家庭氛围和丰富的乡村体验赢得了众多游客的青睐。如今,民宿已成为旅游业中一个不可或缺的重要组成部分,为游客提供了一种更加亲近自然、深入体验当地文化的旅行方式。

（一）英国民宿

英国的民宿业可追溯到20世纪60年代初,当时,为了增加收入,英国西南部与中部地区的农家开始采用B&B(提供住宿和早餐)的经营模式。这种家庭式的招待方式,不仅为游客提供了体验当地自然、文化和生产生活方式的机会,更让游客能够深入了解当地的乡村生活。英国的民宿通常会提供几间带有独立浴室的卧室,这意味着游客在享受私密空间的同时,也能保持舒适和便利。民宿的价格通常包含一顿早餐,这也是B&B模式的一大特色。此外,民宿主人通常非常热情好客,他们会带领游客采收农产品、喂食牛羊等,让游客能够更深入地探索乡村的奥秘。随着民宿业的发展,英国开始实施等级划分制度,并为民宿主人提供全套学习课程,旨在以务实和追求品质的经营思路来推动民宿产业的发展。在装修方面,英国的民宿多数保持原有的建筑风格,同时注重体现主人的个人喜好,既有充满文艺气息的民宿,也有田园风格或工业风格的民宿,为游客提供了多样化的住宿选择。

（二）法国民宿

第二次世界大战后,法国着手重建,出现了农村人口快速涌入城市,留下许多空置农舍的情况。为了更好地保护历史遗迹和农家文化,法国政府鼓励居民保持古农庄特色,并将其改造为度假民宿,吸引游客体验乡村风情。

20世纪50年代初,法国迎来了第一家正式运营的农村民宿,这一创新模式很快得到了政府的支持。以此为契机,法国政府开始向经营民宿的农民提供经济补助,以鼓励更多的人参与到这一行业中来,各大银行也纷纷提供优惠贷款政策,为民宿业的发展提供了资金上的支持。随着民宿数量增长,法国成立了民宿联合会,为经营者提供资源分享和经验交流平台,并发布收录146家特色民宿的指南。如今,法国民宿呈现出多样化的形态,如乡村风情、复古阁楼及充满文艺气息的古堡等,让游客在享受舒适住宿的同时,深入体验当地产业氛围和历史文化,实现与环境的和谐共融。

法国政府对民宿的经营和安全标准有着严格监管,同时成立了民宿联盟,提供指导和支持。法国民宿采用等级制度,联盟会根据服务质量、环境、舒适度等因素综合评估,用麦穗枝数来标识等级,从一枝到五枝(最高),麦穗越多条件越优。但民宿价格由经营者根据等级、季节等因素自由定价,麦穗数量不直接决定价格。

进入21世纪,法国政府修订了民宿法,规定民宿房间数不得超过5间,超过则定义为"旅馆"。民宿计价方式多样,按天计价称为"Chamber",按周计价则称为"Gite"。如今,法国民宿日益多元化,除了提供住宿和饮食,还融入了养生SPA、瑜伽等新兴产业,展现出更加丰富的面貌。

(三)韩国民宿

韩国民宿体验是一种独特的文化沉浸之旅,让游客能够深入感受韩国的传统与现代融合的生活方式。这些民宿往往保留了韩国的传统建筑风格,如巧妙运用原木和石材,呈现出古朴而温馨的风貌。其内部的装饰同样引人入胜,韩式家具、传统韩服和工艺品点缀其间,让人沉浸在韩国的传统文化之中。韩国民宿致力于为游客提供舒适宜人的住宿环境,房间宽敞明亮,设施完善,并配备了现代化的便利设施,如无线网络、空调和热水器等。在韩国民宿中,游客可以体验地道的韩国生活,还能参与各种文化活动。许多民宿主人会亲自为游客准备传统的韩国美食,如泡菜、石锅拌饭、烤肉等,在品尝美食的同时,游客能深入了解韩国的饮食文化。此外,游客还可以参加各种传统文化体验活动,如制作韩服、学习韩国传统手工艺等,这为游客了解韩国文化提供了多种途径。

(四)美国民宿

美国民宿发展的起源大约在20世纪60年代,其出现主要是来自汽车旅馆的激烈竞争。在那个时期,美国民宿在便利性和价格上并没有明显的优势,由于美国人普遍更偏爱标准化的服务,美国民宿的个性化服务在初期并未得到广大市场的认同,其发展空间也相对有限。然而,进入20世纪70年代后,旅游业的焦点开始转向对自然和原生态的追求,以及对文化历史的探索。这一转变恰好符合美国民宿的特点,使得美国民宿开始逐渐崭露头角。在这一时期,美国民宿主要集中在美国西部的加州地区,是当地旅游业的一大亮点。

(五)日本民宿

作为亚洲民宿的"鼻祖",日本民宿以干净、舒适、配套设施好、服务周到、安全、文化主题鲜明等著称。

日本民宿历史由来已久,其起源可以追溯到1937年。长野县白马地区的16家以做登山向导为生的人家通过当地警方的许可,为滑雪者提供住宿,这就是日本民宿的雏形。之后,日本沿海城市出现了家庭旅馆形式的民宿。

进入21世纪,从泡沫经济中逐渐走出来的日本,把发展旅游业的目光转向国外,并在2003年提出了"观光立国"的政策,大力吸引外国游客访日,让民宿业再现生机。为了让民宿业更规范地发展,日本政府制定了《住宅宿泊事业法》(2018年6月实施),在法律层面承认民宿经营合法化①。

二、我国民宿发展概况

(一)台湾民宿的发展阶段

在对比两岸民宿的研究中,学者们普遍认为我国台湾地区的民宿发展受到了日本民宿的深刻影响。随着观光业的兴起,澎湖县马公市区的饭店房间供不应求②,为了适应市场需求,原本以包月出租房间的业者开始将房间按日租赁给观光客。经营者发现,以日租的形式进行经营能够获得更多利润,这促使越来越多的业者转型,民宿业开始在台湾地区发展。

1. 萌芽阶段

20世纪80年代,台湾民宿产业在垦丁公园等热门观光风景区逐渐崭露头角。这一时期,民宿的出现主要得益于当地居民的闲置房屋。这些居民察觉到旅游业的潜力和商机,便利用自家的空闲房屋或建筑,将其改造成为供游客住宿的民宿。在萌芽阶段,许多民宿的设施条件虽然较为简单,但足够满足游客登山观光和山区住宿的基本需求。

这些民宿往往位于风景优美的山脚下或林间,环境清幽,与大自然紧密相连。游客可以借此机会亲近自然,体验山区独特的风土人情。然而,由于民宿业刚刚起步,相关的制度和法规尚不完善,管理上也存在一定的不规范现象。例如,民宿的开业标准、卫生要求、安全设施等方面都没有明确的规定,导致民宿的服务质量和安全水平参差不齐。

2. 成长阶段

进入20世纪90年代,随着休闲旅游和体验自然的热潮持续升温,民宿逐渐发展成为台湾新兴产业中不可或缺的一部分。无论是原住民聚居的地区,还是非原住民生活的风景特定区、公园以及热门观光景点,都有越来越多的居民将闲置的房舍进行改造,或是新建楼房,以提供给游客住宿。这些民宿不仅为游客提供了亲近自然、感受当地文化的机会,也为当地居民创造了新的经济收入来源。

随着民宿数量的快速增加,相关部门也开始高度关注民宿产业的发展,在认识到民宿在促进乡村振兴和推动旅游多元化方面的巨大潜力后,相关部门积极出台了一系列扶持政策,如资金支持、税收优惠、培训指导等,旨在鼓励和支持民宿产业健康发展,为民宿经营者创造更加有利的经营环境。

---

① 马进峰,李文举.民宿概论[M].武汉:华中科技大学出版社,2023.
② 笪玲.山地民宿发展研究——来自贵州的案例[M].北京:中国旅游出版社,2018.

3. 成熟阶段

自2007年起,台湾民宿产业踏上了蓬勃发展与品质升级的崭新阶段。这一时期,民宿数量迅猛攀升,同时,经营者也开始深入挖掘台湾独特的风土人情和文化内涵,将其巧妙融入民宿的设计与运营中,力求为游客提供更加优质且富有深度的服务。民宿已不仅仅是游客的住宿之地,更成为他们感受台湾地方文化、欣赏自然美景的重要窗口,吸引着越来越多的游客驻足,沉浸其中。

为了切实保障游客的权益,同时确保民宿服务的安全与卫生标准,相关部门也显著增强了对民宿产业的监管强度,迅速制定并实施了严格的规范和标准,确保民宿在设施条件、服务质量及卫生安全等关键环节都能达到规定要求,从而为游客打造一个舒适、温馨的住宿环境,让他们在享受美好时光的同时,也能感受到台湾民宿的热情与专业。

(二)大陆民宿的发展阶段

我国大陆地区民宿产业始于20世纪80年代,至今已经历了三个发展阶段。首先是发展萌芽阶段,这一时期主要以农家乐形式为主,体现了市场的初步分层特点,可以被视为民宿的大众时代。其次是快速增长阶段,其特点是高端民宿崛起,以及消费市场的进一步分级,标志着民宿逐渐走向小众化。最后是品质提升阶段,民宿产业开始呈现出高端化、专业化、品牌连锁化的特点,并以民宿的分化为主导,进入了分众时代。

1. 发展萌芽阶段(1984—2003年)

我国大陆地区民宿起步于20世纪90年代初,最初的业态包括农家乐、客栈等形式,这是民宿行业的初始状态。在发展萌芽阶段,民宿的兴起多源于自发形成的需求。这一时期,乡村农家乐成为主流,农民依托自家院落营造出的田园风光,通过简单的装修让房屋达到基本的入住接待标准。这些民宿一般不追求高级奢华的设施,更注重自然、舒适的住宿环境。由于价格相对低廉,这些民宿吸引了大量城市居民前来体验乡村生活,品尝农家美食。经营方式在这一阶段相对粗放,民宿主人主要以收取床位费作为收入来源,这些民宿房间数量有限,往往只能满足小规模的接待需求。民宿主人多为房屋所有者及其家庭成员,同时也会雇用一些当地的农村未就业人口,因此这一阶段的民宿从业人员的素质普遍偏低,缺乏专业的服务技能和经营管理经验。农家乐在四川先行一步,特别是成都的"五朵金花"表现尤为亮眼,成为引领中国农家乐发展的佼佼者,四川不仅是"农家乐"概念的发源地,还是将这一旅游模式推向全国各地的关键力量。①

尽管存在一些不足,城市居民对于这一阶段的民宿仍然充满热情,他们追求的是淳朴的民风、独具特色的农家文化,以及与城市生活截然不同的乡村体验。这种对乡村生活的向往和追求,为民宿产业的发展奠定了坚实的基础。

---

① 吴晓隽,于兰兰.民宿的概念厘清、内涵演变与业态发展[J].旅游研究,2018(2):84-94.

2. 快速增长阶段（2003—2016年）

经过多年的稳步发展，民宿产业在硬件条件与服务品质方面均取得了显著的提升和完善。这一转变吸引了众多专业人士和民宿爱好者的关注，他们开始积极参与民宿投资，进一步推动了行业的发展。

在这一进程中，民宿经营模式也发生了变化，出现了产权和经营权相分离的新模式。这种模式的出现，不仅为投资者提供了更多的灵活性和选择空间，也促进了民宿经营的专业化和规范化，并使服务人员的素质也得到了较大的提高。越来越多的专业人士加入民宿服务队伍中。民宿的销售渠道除了传统的线下渠道，越来越多的民宿开始利用互联网平台进行宣传推广和销售，吸引了更多的游客关注和选择。

2012年以后，中国旅游度假需求呈现出迅猛增长的态势。大众出行的主体逐渐由商务出行转向个人旅游，对民宿等个体化主题酒店的需求也随之增加。在这一背景下，民宿如雨后春笋般涌现，民宿搜索数量呈现井喷式增长，这标志着民宿行业正式进入了大众时代。

3. 品质提升阶段（2017年至今）

自2017年起，民宿行业迎来了迅猛的发展与转型期。在这一阶段，民宿市场显现各种不同的需求，民宿行业逐渐展现出高端化、主题化和品牌化的发展趋势，引领着行业的不断进步。

2018年，国内民宿行业经历了一场深刻的调整与变革。在这场调整中，一大批低端民宿因无法满足市场需求而逐渐被淘汰，同时，大量的中高端民宿如雨后春笋般涌现，为市场注入了新的活力。这些中高端民宿不仅注重硬件设施的提升，更开始引入生活美学的概念，将民宿的内涵提升到了一个新的高度。

随着分众时代的深入发展，民宿行业逐渐与乡村振兴战略相融合，从过去的独立运营模式到如今的田园综合体开发模式，民宿已超越了单一住宿设施的定位，承载起了更多促进旅游发展的功能。当前，"民宿集群＋民宿旅游目的地"的方式已成为流行趋势，这种方式不仅激发了乡愁情怀，更带动了整个乡村的发展。民宿的发展不再局限于单一的营利模式，而是通过与产业链上的多个衍生环节结合，实现了多元化的发展。如今的民宿已不再是简单的住宿设施，而是成为人们营造、展示、传递和分享个人喜爱的生活方式、文化创意和情怀的重要平台。民宿追求的"小而美"被赋予了新的内涵，它们更加注重个性化和差异化，以吸引更多追求独特体验的游客。

在分众时代的大背景下，周边行业的对接、政府的关注、资本的进入等新型融资方式都为民宿行业的发展提供了有力的支持。同时，高端设计师的加入也为民宿带来了更多的创意与灵感，推动着民宿在精品小众路线上迅速发展。如今的民宿已成为一种独特的度假体验，让人们在享受美好时光的同时，也能够深入了解和感受当地的文化与生活。

（三）我国民宿发展演化特征

1. 具备复合型服务功能

如今，民宿已不再局限于提供基础的食宿需求，而是向观光游览、休闲娱乐、家庭生活及文化体验等多元化服务方向转变，使情感体验成为其核心功能。现在，游客在民宿住宿期间，可以参与丰富的观光游览活动，欣赏周边的自然风景和人文景观，同时，民宿还提供了多样化的休闲娱乐项目，让游客在轻松愉快的氛围中度过美好的时光。此外，民宿还致力于营造温馨的家庭生活氛围，提供亲情般的关怀和服务，让游客感受到如家般的温暖和舒适。更为重要的是，民宿还提供了丰富的文化体验活动，让游客深入了解当地的历史文化、风土人情，增强游客的文化认同感和归属感。

2. 形成独特的内涵和个性化特质

民宿的经营主体由单一向多元转变。起初，民宿主要由当地居民独立经营管理，随后逐步发展到企业、当地政府、村集体及个体等主体的参与。这种变化也促进了主客关系多样化，强调主客之间的互动与情感联系，通过营造家的氛围，将游客视为朋友和家人，开展多种形式的生活和文化交流活动。

3. 民宿产业逐渐形成

民宿产业已由单一的住宿业态发展成一种综合性产业，并带动相关产业的衍生与发展，形成了以民宿产业为核心的产业链和产业集聚效应。如以特色民宿为依托，围绕食、住、行、游、购、娱，大力发展休闲农业和乡村旅游业，丰富旅游业态，实现了产业联动发展。这不仅为当地村民提供了就业机会，还为乡村振兴发展注入新的活力，有力推动了民宿经济的发展。

4. 民宿集群

民宿集群并不是几家民宿的简单集合，而是由精品民宿引领，带动并孵化本地民宿逐步发展形成的住宿载体。通过资源整合、业态激活、文化重塑等方式，打造出"民宿＋在地体验"的综合度假产品，进而将民宿集群所在地激活成为有影响力的度假目的地。

第四节　民宿发展相关理论

民宿发展的相关理论为民宿经营者在市场定位与细分方面提供了指导。通过深入研究和了解目标市场，民宿可以更加准确地确定自身的市场定位，从而有效满足不同消费者的多样化需求。民宿由此可以针对人群的不同文化、价值观等特征进行市场细分，并据此推出满足各个群体认同感的特色产品和服务，以便更好地满足客人需求。

一、文化变迁理论

文明是人类社会进步风貌的展现,反映着一个群体的共同精神追求。文明并非一成不变,它随着人类历史的演进而不断调适与革新,在广阔的世界中经历着"适者生存"的抉择。文明内涵与结构的变迁,既源于文明自身的演进,也来自不同文明间的交流与融合。文明的自我提升与自我革新的动力形成了文明变迁的内在支撑,使得文明变迁成为文明学领域中的研究焦点。相关的学术流派包括进化论学派、文化传播学派、功能主义学派等,代表性人物有泰勒、摩尔根、帕森斯等,各学派相互激荡,共同推动了文明变迁理论的深入发展。

人类学家普遍认为,文化变迁是指由于内部自发的发展及不同文化之间的相互碰撞,所引发的文化内容和结构上的深刻变革。这种变迁并非局限于特定文化的短暂波动,而是通常指涉技术和社会结构层面上的重大变革,抑或文化自身经历碎片化后重新整合、循环往复的演变过程。摩尔根等早期进化论学派的学者运用文化变迁理论来揭示历史文化发展的普遍规律。他们视社会与文化为一个有机整体,其变迁与进化如同生物有机体一般,遵循着自然的法则与规律。随着社会的不断发展,文化传播学派则强调文化变迁实际上是一个不断传播与交流的过程。他们认为,文化通过不同渠道和方式在不同群体间传播,这种传播促进了文化的融合与创新。进入20世纪20年代,功能主义学派虽然更侧重对文化的静态分析,但同样认可文化是处于不断变化之中的。他们认为,这种变迁并非孤立存在,而是通过文化功能的变化、消失和替代等方式得以实现。这些功能的变化不仅反映了社会结构的调整,也推动了文化的不断发展与演进。由此可以得出结论:文化变迁是一个动态过程,它可能导致原有文化结构被全新的结构所替代,或者在既有文化结构的基础上通过创新形成新的文化模式。此外,不同文化间的接触与交融也会引发原有文化结构的调整和变化,推动文化向更加多元、丰富的方向发展。

二、产业生命周期理论

产业生命周期理论是基于 Vernon 在 1966 年提出的产品生命周期理论逐步发展与演化而形成的。在生物学领域,生命周期描述的是有机体从诞生、成长、成熟、衰老直至死亡的完整过程。当这一概念被引入经济学和管理学理论时,最初是用于描述产品的生命过程,后来进一步扩展到了企业和产业层面。众所周知,产品在市场上的销售表现和盈利能力并不是一成不变的,而是随着时间的推移而发生变化。这种变化与生物的生命历程有着相似之处,也经历了投入期、成长期、成熟期和衰退期的过程。每个阶段都呈现出不同的特点和挑战,需要企业根据市场变化灵活调整战略,以实现可持续发展。

产品生命周期就是反映了一个特定市场对某一特定产品的需求随时间变化的规律。这里的产品生命指的是产品的市场生命,而不是产品的物质生命,它是以销售额和企业所获得的利润额的变化来衡量的。20 世纪 70 年代 William J.Abermathy 和 M.

Utterback 提出 A-U 模型,20 世纪 80 年代 Gort 和 Klepper 提出 G-K 模型,20 世纪 90 年代 Klepper 和 Graddy 提出 K-G 模型,使得产业生命周期理论在各个分支的矛盾和融合中逐步迈向成熟。产业的生命周期是指行业从出现到完全退出社会经济活动所经历的时间。产业生命周期包括四个发展阶段:幼稚期、成长期、成熟期和衰退期。根据产业生命周期理论,民宿经营者可以判定民宿当前处于哪一期,并制定相应的策略和措施,更好地规划今后的发展路径。

三、认知-情感-意动理论

认知-情感-意动(Cognitive-Affective-Conative,CAC)理论认为,个体从外界获取的信息会受到感知和知觉系统的解码,继而引发个体的情绪反应,促成一定的行为倾向。认知、情感、意动之间存在极其密切的交互作用,是某种态度和行为形成的重要因素,个体通过对知识和信息的关注、记忆和加工,产生特定情感反应,并在此基础上有意识、有计划地进行综合决策。这一模型框架被广泛应用于个体态度和行为形成的研究中。认知一般是以抽象的、精确的、推理逻辑的形式出现;情感一般是以直观的、模糊的、非逻辑的形式出现;意动一般是以潜意识的、随意的、能动的形式出现。认知主要是关于"是如何"的认识,情感主要是关于"应如何"的认识,意志主要是关于"怎么办"的认识。

基于该理论,民宿业为了实现可持续发展,可以从以下三个方面着手。

(一)认知层面:打造独特民宿形象,提升品牌认知度

在认知层面,民宿可以通过独特的建筑风格、精致的内饰设计及丰富的文化内涵,来呈现独特的民宿形象,让游客在第一眼就能被吸引。这种独特的形象不仅能让游客产生好奇心和探索欲,更能通过口碑传播,提升民宿的品牌认知度。

(二)情感层面:营造温馨住宿氛围,增强游客情感连接

民宿可以营造一种温馨、舒适的住宿氛围,让游客在陌生的环境中感受到如家般的温暖。例如,提供贴心的服务,营造温馨的环境,组织丰富的活动等。当游客在民宿中体验到如家般的待遇时,他们会对民宿产生认同感和归属感,从而建立起与民宿之间深厚的情感连接。这种情感连接不仅能够促使游客再次选择该民宿,还能通过口碑传播,吸引更多的潜在游客。

(三)意动层面:游客与民宿形成价值共创

游客通过参与创新体验式服务,激发游客参与热情,增进对民宿深层次认知,提高游客情绪共鸣,形成较高的情绪价值,从而形成情感依恋,转化为情感行为并使之强化的心理过程。

四、空间重构理论

空间重构是指在城市规划、建筑设计和景观设计等领域中,通过对现有空间进行

重新组织、改造和优化，以实现空间功能的提升、空间品质的改善和空间价值的最大化。空间重构涉及对城市空间结构、功能布局、交通组织、绿化系统等方面的调整和优化，以满足人们对于美好生活环境的需求。空间重构理论的基础在于，它不仅仅是物理实体的存在，还是社会关系、文化表达和经济活动交织的场所。在这个意义上，空间并非仅仅被动存在，它还能够影响和塑造社会行为和文化认同。因此，空间重构旨在通过对这些交织的网络进行重新编织，来促进更加正义、包容和可持续的社会发展。在空间重构理论视角下，空间的物理改造不再仅仅关注于形态上的美观或功能上的高效，而是更加注重空间如何反映和服务于社会的多样性、如何促进社区的互动与合作，以及如何对环境的可持续性负责。这种方法强调了设计和规划过程中的多学科合作，以及社区参与的重要性。

空间重构不仅是对物理空间的调整和优化，更是一个具有深刻社会文化意义的过程。在民宿领域的研究与实践中，这种社会文化意义得到了充分的体现。

（一）空间重构在促进社会包容性和文化多样性方面发挥着重要作用

当城市规划者和设计师有意识地将边缘化社群的需求纳入考虑，并通过设计手段促进不同社会群体之间的交流和理解时，社会隔阂被打破，社会的整体和谐得以实现。在民宿业中，这种理念得到了具体落实。许多民宿项目不仅为游客提供了住宿服务，还通过组织文化交流活动、邀请当地艺术家和手工艺人展示作品等方式，为游客和当地居民创造了互动的平台，加深了彼此之间的了解和尊重。

（二）空间重构为传统文化的保护与现代生活方式的融合提供了契机

通过对具有历史意义的建筑和空间进行保护性的重构，我们不仅可以保留城市的历史记忆和文化身份，还能满足现代社会的功能需求。在民宿领域，这种保护性重构尤为常见。许多民宿项目选择在具有历史价值的建筑中进行改造，通过保留原始的建筑特色和文化元素，结合现代的设计理念和生活方式，为游客提供了一种既传统又现代的住宿体验。

（三）空间重构是推动经济发展的重要动力

通过优化空间布局和提升空间品质，可以吸引更多的投资并促进经济活动。在民宿业中，这种效应尤为明显。许多城市通过改善公共空间和交通系统，显著增强了城市的整体吸引力，进而吸引了更多的游客和投资者，这为民宿业的发展提供了广阔的市场空间和机遇。

本章小结

本章深入探讨了民宿的概况，涵盖了概念、特点、意义等各个方面。通过对民宿的定义、特点及民宿起源的详细分析，明确了民宿的内涵、类型，同时，将民宿与农家乐和酒店进行了对比。在民宿发展方面,从文化变迁理论、产业生命周期理论、认知-情感-意动理论、空间重构理论等多个角度进行了论述,阐述了与民宿发展的相互关系。

课后训练

一、知识训练

1. 请解释什么是民宿,并阐述其与其他住宿业态的主要区别。
2. 民宿有哪些常见的分类方式?请举例说明每种分类的特点。
3. 民宿业的发展趋势如何体现区域特色化?如何利用地方特色资源打造独特的民宿产品?

二、能力训练

1. 请结合民宿业的发展现状和趋势,分析民宿业在未来可能面临的挑战和机遇,并提出相应的应对策略。
2. 请调查当地民宿的设计风格、文化内涵及服务特色有哪些?

第二章
民宿政策与民宿标准规范化

 本章概要

近年来,国内旅游民宿如雨后春笋般在各地快速发展,并赢得了广大旅游消费者的广泛认可。各地各部门纷纷出台鼓励和支持旅游民宿产业发展的政策措施,助推旅游民宿市场更加健康有序发展。高标准、高质量是我国民宿产业发展的必由之路,政策和标准对于民宿产业的可持续发展有着积极的指导和促进作用。2023年2月1日,国家标准《旅游民宿基本要求与等级划分》(GB/T 41648—2022)正式生效,该标准有助于引导民宿行业形成发展新样态。通过对民宿相关政策的学习,掌握旅游民宿的标准规范,有助于民宿产业的持续健康发展。

 学习目标

知识目标

1. 掌握国家级、省级和地方层面出台的民宿产业相关政策。
2. 熟悉《旅游民宿基本要求与等级划分》(GB/T 41648—2022)国家标准。

能力目标

1. 熟练掌握民宿产业的相关政策,推动民宿产业高质量发展。
2. 指导民宿积极参与等级评定。

素质目标

1. 推动民宿产业与生态环境和谐共生,树立"绿水青山就是金山银山"的理念。
2. 传承工匠精神,增强文化自信,营造劳动光荣的社会风尚和精益求精的敬业风气。
3. 增强法治意识,深入理解并遵守相关法律法规,同时树立诚信经营、质量至上的理念,确保为消费者提供优质的服务和产品。

本章导入

文化和旅游部、国家乡村振兴局等10部门于2022年7月8日联合印发的《关于促进乡村民宿高质量发展的指导意见》提出,到2025年,初步形成布局合理、规模适度、内涵丰富、特色鲜明、服务优质的乡村民宿发展格局,需求牵引供给、供给创造需求的平衡态势更为明显,更好满足多层次、个性化、品质化的大众旅游消费需求,乡村民宿产品和服务质量、发展效益、带动作用全面提升,成为旅游业高质量发展和助力全面推进乡村振兴的标志性产品。

第一节 民宿政策

一、国家层面民宿政策

自2015年起,中国旅游民宿产业步入快速增长的轨道,显著推动了乡村旅游的繁荣与乡村振兴的进程。然而,在迅猛发展的同时,民宿产业也面临一系列挑战和问题。这些问题亟待解决,以确保产业的健康、可持续发展。为了促进全国民宿产业的健康发展,截至2024年2月7日,国家出台了24项政策涉及民宿产业,其中包含民宿扶持政策与民宿标准两大类型。

(一)民宿扶持政策

2015年11月19日,国务院办公厅发布《国务院办公厅关于加快发展生活性服务业促进消费结构升级的指导意见》(国办发〔2015〕85号),将"客栈民宿"纳入"生活性服务业"范畴,指出要积极发展客栈民宿等多种住宿餐饮服务的细分业态,以适应多层次多样化的消费需求。

2015年12月31日,中共中央、国务院联合发布了《中共中央 国务院关于落实发展新理念加快农业现代化实现全面小康目标的若干意见》(中发〔2016〕1号),文件明确强调,需积极开发特色民宿等乡村休闲度假产品,以此来推动休闲农业和乡村旅游的蓬勃发展。这一政策导向为民宿产业提供了明确的发展方向和动力。

2016年2月17日,国家发展改革委等十部门联合出台了《国家发展改革委 中宣部 科技部 财政部 环境保护部 住房城乡建设部 商务部 质检总局 旅游局 国管局印发关于促进绿色消费的指导意见的通知》(发改环资〔2016〕353号),其中着重强调积极引导居民践行绿色生活方式,支持共享经济,特别是鼓励通过民宿出租等创新形式,有效利用个人闲置资源,以实现资源的高效配置和环境的可持续保护。

2017年6月30日,国家质量监督检验检疫总局、中国国家标准化管理委员会联合发布《国民经济行业分类》(GB/T 4754—2017),首次将"民宿服务"纳入我国国民经济行业分类当中,代码为6130,属于"住宿业"(代码61)大类"住宿和餐饮业"(代码为H)门类。

2018年3月9日,国务院办公厅发布的《国务院办公厅关于促进全域旅游发展的指导意见》(国办发〔2018〕15号)指出,鼓励通过民宿改造提升等多种方式推进旅游扶贫和旅游富民,城乡居民可用自有住宅依法进行民宿经营。

2018年10月11日,国务院办公厅印发的《国务院办公厅关于印发完善促进消费体制机制实施方案(2018—2020年)的通知》(国办发〔2018〕93号)指出,在旅游领域进一步放宽服务消费领域市场准入,鼓励发展租赁式公寓、民宿客栈等旅游短租服务。

2018年11月25日,文化和旅游部发布的《文化和旅游部关于提升假日及高峰期旅游供给品质的指导意见》(文旅资源发〔2018〕100号)指出,加大乡村民宿、自驾车房车营地、一日游等产品建设。加大旅游新业态建设,着力开发文化体验游、乡村民宿游、休闲度假游、生态和谐游、城市购物游、工业遗产游、研学知识游、红色教育游、康养体育游、邮轮游艇游、自驾车房车游等。加快旅游产品升级改造,注重提升旅游产品的文化内涵、科技含量、绿色元素,重点打造以民宿为核心的乡村旅游产品、以教育传播为功能的体验产品。

2019年8月23日,国务院办公厅发布的《国务院办公厅关于进一步激发文化和旅游消费潜力的意见》(国办发〔2019〕41号)指出,要规范旅游民宿市场,推动星级旅游民宿品牌化发展,以丰富文化和旅游产品的供给。

2021年3月12日,《中华人民共和国国民经济和社会发展第十四个五年规划和2035年远景目标纲要》发布,提出丰富乡村经济业态,壮大休闲农业、乡村旅游、民宿经济等特色产业,提高农业质量效益和竞争力,推动乡村产业振兴。民宿产业首次被纳入国家五年发展规划,这一举措对民宿产业具有标志性意义。

2021年3月12日,教育部印发《教育部关于印发〈职业教育专业目录(2021年)〉的通知》(教职成〔2021〕2号),该专业目录中新增"民宿管理与运营"专业,对民宿专业人才发展具有里程碑意义。

2022年7月8日,文化和旅游部等十部门印发《关于促进乡村民宿高质量发展的指导意见》,提出到2025年,初步形成布局合理、规模适度、内涵丰富、特色鲜明、服务优质的乡村民宿发展格局,需求牵引供给、供给创造需求的平衡态势更为明显,更好满足多层次、个性化、品质化的大众旅游消费需求,乡村民宿产品和服务质量、发展效益、带动作用全面提升,成为旅游业高质量发展和助力全面推进乡村振兴的标志性产品。

2022年9月27日,人力资源社会保障部、市场监管总局、统计局颁布《中华人民共和国职业分类大典(2022年版)》,"民宿管家"等18个新职业位列其中,为民宿职业人才培养提供了明确的职业方向。

2022年10月13日,自然资源部办公厅发布的《自然资源部办公厅关于过渡期内支持巩固拓展脱贫攻坚成果同乡村振兴有效衔接的通知》(自然资办发〔2022〕45号)指出,在符合国土空间规划和用途管制要求、确保安全的前提下,鼓励对依法登记的宅基地等农村建设用地进行复合利用,发展乡村民宿、农产品初加工、电子商务等农村产业。

2023年2月17日,文化和旅游部发布《文化和旅游部关于推动非物质文化遗产与旅游深度融合发展的通知》(文旅非遗发〔2023〕21号),在重点任务中提出,鼓励将旅游民宿与非物质文化遗产资源有效对接,推出一批体现非物质文化遗产特色的旅游民宿,以此达到丰富旅游产品的目标。

2023年3月24日,文化和旅游部发布的《文化和旅游部关于推动在线旅游市场高质量发展的意见》(文旅市场发〔2023〕41号)指出,为促进行业协调发展,对星级旅游饭店、A级旅游景区、等级旅游民宿、国家级旅游休闲城市和街区、国家级旅游度假区、国家级夜间文化和旅游消费集聚区、国家级滑雪旅游度假地、全国乡村旅游重点村镇及优质小微商户给予一定的标签展示和推荐,推动旅游经营者数字化转型升级。

2023年6月30日,文化和旅游部办公厅与中国银行联合发布的《文化和旅游部办公厅 中国银行关于金融支持乡村旅游高质量发展的通知》(办资源发〔2023〕121号)指出,建立管理规范、运行有效的乡村旅游项目库。入库项目重点支持盈利模式成熟的乡村民宿等主体,中国银行秉持"美丽乡村,普惠同行"的理念,推广"美丽乡村贷""民宿贷"等期限、担保方式、定价灵活的乡村旅游特色产品。

2023年9月27日,国务院办公厅发布的《国务院办公厅印发〈关于释放旅游消费潜力推动旅游业高质量发展的若干措施〉的通知》(国办发〔2023〕36号)指出,建设一批富有地域文化特色的乡村旅游重点村镇,推动实施旅游民宿国家标准,打造"乡村四时好风光"线路产品,开展"游购乡村"系列活动。

2023年11月13日,文化和旅游部发布的《文化和旅游部关于印发〈国内旅游提升计划(2023—2025年)〉的通知》(文旅市场发〔2023〕118号)指出,推动实施旅游民宿国家标准,制定民宿管家服务规范行业标准,改善旅游消费体验。推动放宽旅游民宿市场准入,培养一批优秀旅游民宿主人和管家,培育和发布一批等级旅游民宿,推动旅游民宿持续规范发展,支持经营主体转型升级。

(二)民宿标准

1. 国家标准

2017年2月27日,住房城乡建设部、公安部、国家旅游局三部门联合发布《农家乐(民宿)建筑防火导则(试行)》,从消防基础设施要求、消防安全技术措施、日常消防安全管理、施工现场消防安全管理、消防安全职责等方面对农家乐(民宿)进行了具体的消防安全要求。

2020年9月29日,国家市场监督管理总局、国家标准化管理委员会两部门发布《乡村民宿服务质量规范》(GB/T 39000—2020),在乡村民宿的建筑、客房、餐厅等设施设备方面,建筑安全、食品安全、治安消防安全等安全管理方面,卫生消毒、环境保护等环境卫生方面,从业人员、服务内容等服务要求方面均做了详细的规定,旨在确保乡村民宿在建筑、设施、安全、环境和服务等各个方面都能达到高标准,为游客提供舒适、安全、卫生的住宿体验。同时，这些规定也有助于提升乡村民宿的整体形象和竞争力，推动乡村旅游业的发展。

2022年7月11日，《旅游民宿基本要求与等级划分》（GB/T 41648—2022）国家标准正式发布，自2023年2月1日起实施。该标准包括范围、规范性引用文件、术语和定义、等级和标志、总体要求、公共环境和配套、建筑和设施、卫生和服务、经营和管理、等级划分条件、等级划分办法11个部分，适用于正式营业的旅游民宿，包括但不限于民宿、宅院、客栈、驿站、庄园、山庄等，为旅游民宿管理部门和经营者提供了规范的、可参照的依据，对规范行业发展具有重要意义。

2. 行业标准

2017年8月21日，国家旅游局首次发布国家民宿行业标准《旅游民宿基本要求与评价》（LB/T 065—2017）。2019年7月3日，文化和旅游部发布《旅游民宿基本要求与评价》（LB/T 065—2019）。《旅游民宿基本要求与评价》（LB/T 065—2019）替代《旅游民宿基本要求与评价》（LB/T 065—2017），对"旅游民宿""民宿主人"等术语进行了官方定义，将民宿划分为三星、四星、五星三个等级，并从经营、安全卫生、环保等方面对民宿提出了具体要求。2021年2月25日，文化和旅游部发布了旅游行业标准《旅游民宿基本要求与评价》（LB/T065—2019）第1号修改单，将民宿等级更改为丙级、乙级、甲级，增加"提供餐饮服务时应制定并严格执行制止餐饮浪费行为的相应措施"条款。

3. 团体标准

民宿团体标准是指由民宿相关团体按照团体确立的标准制定程序自主制定发布，由社会自愿采用的标准。2018年3月28日，由中国饭店协会等单位起草的团体标准《中国民宿客栈经营服务规范》（T/CHA 001—2018）发布。该标准规定了民宿客栈的术语和定义、经营基本条件要求、标准民宿客栈和精品民宿客栈经营服务技术条件，适用于在中华人民共和国境内各种形式的正式营业的民宿客栈经营服务企业。

二、省级层面民宿政策

据统计，截至2024年1月23日，国内省级层面的民宿政策已收集21个。其中，省级管理办法4个，规划和标准6个，奖励与扶持政策11个。从政策出台年份来看，2016年出台2项，2017年出台1项，2018年出台2项，2019年出台4项，2020年出台3项，2021年出台3项，2022年出台2项，2023年出台4项。

（一）华东地区

华东地区的山东省、江苏省、上海市、浙江省、江西省、福建省、安徽省出台了省级层面民宿政策，下面进行介绍。

1. 山东省

2023年3月26日，山东省文化和旅游厅等发布的《山东省文化和旅游厅等9部门关于印发〈山东省旅游住宿业高质量发展实施方案（2023—2025年）〉的通知》（鲁文旅发

〔2023〕9号）指出，紧紧围绕推进旅游住宿业供给侧结构性改革，到2025年实现星级民宿数量大幅增长。实施新兴业态培育计划，重点推进旅游住宿产品的多样化与个性化发展，建设、改造一系列特色住宿设施，涵盖客栈、民宿、小木屋、帐篷、集装箱及房车等，以满足游客的不同需求和喜好。星级旅游饭店和星级民宿将被纳入机关、企事业单位的会议、活动、公务接待及疗休养定点名单，通过合作提升产品知名度，实现资源共享。严格执行国家、行业及地方标准，如《旅游民宿等级划分与评价》等，确保旅游住宿产品达到规范水平。此外，修订完善《乡村酒店基本要求与评价》《山东省旅游民宿等级划分与评定》并组织评定，以进一步推动旅游住宿服务质量的提升。实施人才队伍素质提升行动，每年组织100名星级旅游饭店高级管理人员、星级旅游民宿主人赴境内外学习培训。

2. 江苏省

2022年8月13日，江苏省人民政府办公厅发布的《江苏省政府办公厅关于转发省文化和旅游厅省发展改革委江苏省贯彻"十四五"旅游业发展规划实施方案的通知》（苏政办发〔2022〕64号）指出，推进"旅游＋"和"＋旅游"，引导和推动相关行业与旅游业融合发展，推进民宿集聚化、品牌化、特色化、规模化发展，建成一批等级旅游民宿精品，培育一批等级旅游民宿品牌，督促乡村民宿经营主体落实房屋安全管理责任。

3. 上海市

2023年11月2日，上海市农业农村委员会等发布的《关于推动上海乡村民宿高质量发展的若干措施》提出，健全乡村民宿工作机制，上下联动确保工作落实；坚持规划引领有序发展，结合实际，重点培育和打造乡村民宿集聚点，加强招商引资；完善住宿治安管理制度，实现游客登记全覆盖；落实房屋质量安全要求，规范设计、施工、用途，确保房屋结构安全稳固；开展集中联合执法检查，建立联合执法工作机制；建立资源供给流转平台，盘活建设用地指标；促进多种业态融合发展，推动民宿与其他产业融合发展；引导经营主体加强自律，鼓励成立行业组织；加大品牌宣传推广力度，鼓励民宿积极参与星级评定等。上海市通过以上这些措施促进乡村民宿高质量发展。

4. 浙江省

2016年8月10日，浙江省公安厅发布《浙江省公安厅关于印发〈浙江省民宿（农家乐）治安消防管理暂行规定〉》（浙公通字〔2016〕60号），该规定全文共15条，对民宿（农家乐）做了界定，对监管部门、职能职责、行业许可、硬件设施、责任义务、治安管理基本要求、消防安全基本要求等做了明确要求。2016年12月5日，浙江省人民政府办公厅发布《浙江省人民政府办公厅关于确定民宿范围和条件的指导意见》（浙政办发〔2016〕150号），对民宿的建筑设施、消防安全、经营管理进行了规定。浙江省对于全国民宿政策的制定起到了示范作用。

5. 江西省

2020年8月3日，江西省人民政府办公厅发布《江西省人民政府办公厅关于促进民宿健康发展的意见》（赣府厅发〔2020〕25号）。该意见指出，通过明确民宿合理开发的范围、明确重点民宿村镇、促进民宿与其他相关产业的融合发展民宿新业态、创新多种民宿经营模式、凸显江西民宿地域文化特色、塑造民宿品牌等方式构建江西民宿发展体系,在民宿建设、运营、配套等方面逐步实现规范建设管理,通过简化民宿证照办理、民宿用地保障、民宿资金扶持和奖补、拓宽融资渠道等方式完善民宿产业扶持政策。

6. 福建省

2022年6月24日,福建省人民政府办公厅发布《福建省人民政府办公厅关于促进民宿发展若干措施的通知》(闽政办〔2022〕36号),提出了强化规划引领、放宽民宿市场准入、支持利用农村闲置资源发展民宿、引导民宿经营者创新特色发展、加大财政资金扶持力度、加强扶持性金融产品开发、鼓励选择民宿开展培训和疗休养、推动管理和服务水平提升、促进交流合作和宣传推介、建立健全促进民宿发展协调机制10条措施,以促进福建省民宿持续健康发展。

7. 安徽省

2021年2月26日,安徽省人民政府办公厅发布的《安徽省人民政府办公厅关于促进旅游民宿发展的指导意见》(皖政办〔2021〕2号)指出,要坚持规划先行、规范有序,坚持生态优先、持续发展,坚持文化引领、群众参与,坚持注重品质、体现特色,坚持政府引导、市场主导5个基本原则;突出统筹规划发展布局、突出抓好环境保护、有序盘活闲置资源、创新培育产品业态、注重强化科技支撑、动态实施标准管理、宣传推广民宿品牌7项重点任务;强调组织领导、资金支持、人才培训3个组织保障;同时还明确了民宿的开办条件。

(二)华南地区

华南地区的广东省、广西壮族自治区、海南省出台了省级层面民宿政策,下面进行介绍。

1. 广东省

2019年6月21日,广东省人民政府出台《广东省民宿管理暂行办法》(广东省人民政府令第260号),该办法共6章40条,对广东省内民宿管理部门的职能职责做了明确规定,旨在明确广东省内民宿管理部门的职责,促进民宿行业的健康发展。

2. 广西壮族自治区

2020年11月25日,广西壮族自治区人民政府办公厅印发《广西壮族自治区人民政府办公厅关于印发广西旅游民宿管理暂行办法的通知》(桂政办发〔2020〕87号),该办法共7章35条,适用于广西壮族自治区行政区域内旅游民宿的开办、经营及其监督管理活动,对开办要求、开办程序、经营规范、服务与监督、法律责任做了明确规定,支持在具有丰富文化和旅游资源的乡村发展旅游民宿,对位于景区周边、特色村镇、历史文化街区、国家风景道、边关地区等区域,自然环境优美、生态环境良好、民族文化特色鲜明的旅游民宿聚集地,县级以上人民政府应当给予相应的政策扶持,引导旅游民宿规范有序发展。

3. 海南省

2018年2月11日,海南省人民政府发布《海南省人民政府关于促进乡村民宿发展的指导意见》(琼府〔2018〕8号)指出,坚持政府引导、多方参与,规划引领、生态优先,注重品质、突出特色,产业融合、农民增收的原则,成熟一批推出一批,稳步推进海南省乡村民宿发展。

(三)华北地区

华北地区的北京市和山西省出台了省级层面民宿政策,下面进行介绍。

1. 北京市

2019年12月18日,北京市文化和旅游局等八部门印发《关于促进乡村民宿发展的指导意见》的通知,从经营主体、经营用房、生态环境、公共安全、从业人员、规范经营等六大维度,为乡村民宿设立了明确的开办条件。不仅明确了乡村民宿的发展目标,还详细阐述了审批流程,确保乡村民宿在开办过程中能够遵循规范,有序进行。同时,明确了各相关部门的职责分工,为乡村民宿的规范运营提供了有力保障。为支持乡村民宿的发展,提出了加强政策支持、资金支持、金融扶持、服务引导、人才培养、宣传推广6项保障措施,这些措施的实施,为乡村民宿的发展提供了全方位的支持。

2. 山西省

2023年4月20日,山西省文化和旅游厅关于印发《山西省乡村民宿业发展规划(2022—2030年)》的通知,通过模式创新、机制创新、品牌创新和业态创新,着力塑造"山西人家"系列乡村民宿品牌,着力打造乡村振兴民宿高质量发展样本区域、京津冀"康养山西·夏养山西"乡村民宿度假后花园、乡村文化遗产民宿先行试点区域,重点培育城郊游憩型、交通廊道型、景区依托型、文化乡居型、生态康养型五大类型民宿。

(四)华中地区

华中地区的湖南省、河南省出台了省级层面民宿政策,下面进行介绍。

1. 湖南省

2020年12月17日,湖南省住房和城乡建设厅印发的《湖南省住房和城乡建设厅关于规范和推进乡村民宿建设的指导意见》(湘建设〔2020〕195号)明确了乡村民宿建设的范围,并强调了在建设过程中需注重营造独特的风貌特色,以保护当地生态环境为前提。要完善民宿的基础设施配套,这不仅包括基本的住宿设施,还包括与游客体验密切相关的各项服务设施。在提高民宿建筑设计水平方面,要注重与当地文化、自然环境的和谐融合。此外,为确保民宿的结构和设施安全,还提出一系列严格的标准和要求。

2. 河南省

2019年12月10日,河南省文旅厅发布的《河南省文化和旅游厅关于促进乡村民宿发展的指导意见》指出,乡村民宿是一种新的旅游业态,要做好乡村民宿整体布局,优化乡村民宿发展环境，加强乡村民宿资源调查和乡土文化保护传承，推进乡村民宿发展"走县进村"活动，注重乡村民宿招商工作，创新乡村民宿发展模式，加强乡村民宿标准化管理、抓好乡村民宿发展工作培训。

（五）西南地区

西南地区的四川省、云南省、重庆市、贵州省出台了省级层面民宿政策，下面进行介绍。

1. 四川省

2017年11月22日出台的《四川省旅游扶贫示范区、示范村和乡村民宿达标评定管理办法》明确了申报"四川省旅游扶贫示范区""四川省旅游扶贫示范村""四川省乡村民宿旅游服务质量达标"的基本条件，以及组织机构与职责、评定程序、监督管理、评分细则等内容。

2. 云南省

2021年10月15日，云南省文化和旅游厅办公室印发《云南省旅游民宿等级评定和复核实施方案》的通知，方案明确了省级旅游民宿等级评定机构职能，州市级旅游民宿等级评定机构职能，乙级、甲级旅游民宿评定程序，丙级旅游民宿评定程序，旅游民宿等级评定要求，旅游民宿等级复核，旅游民宿等级评定和复核专家，旅游民宿等级证书和标牌等事项。

3. 重庆市

2019年12月7日，重庆市规划和自然资源局印发《重庆市规划和自然资源局关于进一步加强乡村民宿规划建设管理工作的通知》，要求严守各类红线底线、切实加强规划引领、严格空间用途管制、严控项目建设规模、严格规划用地手续办理、发挥集体经济组织主体作用、加大监督执法力度。

4. 贵州省

2023年2月27日，贵州省人民政府办公厅发布的《贵州省人民政府办公厅关于促进贵州民宿产业高质量发展的指导意见》指出，要坚持"生态优先、文化为根、以人为本、融合发展、规范有序"的基本原则，围绕"四新"主攻"四化"，深入实施旅游产业化"两大提升""四大行动"，实现民宿产业规范化、市场化、特色化、融合化、品牌化、集群化发展，基本形成管理规范、服务一流、独具特色、产业集聚的发展格局，全力推动民宿产业高质量发展。该意见包含总体要求、主要任务、保障措施3个部分，明确提出了要加强规划引领、加强基础设施和公共服务配套、扩大民宿总量、开展精准招商、提升经营效益、强化标准评定、提升特色水平、推动融合发展、加强品牌塑造、强化宣传营销、提升规范水平、优化证照办理、加强社会协同等13条具体任务。2023年6月29日，贵州省文化和旅游厅印发《民宿质量等级划分与评定》（DB52/T 1743—2023），将贵州民宿等级评定从低到高划分为青山级（三星级）、银山级（四星级）、金山级（五星级）。

（六）东北地区

东北地区的黑龙江省出台了省级层面民宿政策，下面进行介绍。

2021年11月30日，黑龙江省文化和旅游厅发布《黑龙江省文化和旅游厅关于印发〈黑龙江省旅游民宿等级评定和复核管理办法（试行）〉的通知》，共31条，指出省、市文化和旅游行政部门应建立旅游民宿等级评定机构，明确规定了等级评定机构和责任、等级评定程序、等级评定的基本要求、等级评定复核及处理、等级标牌使用和管理、等级评定和复核专家管理等事项。

（七）西北地区

西北地区的陕西省、新疆维吾尔自治区出台了省级层面民宿政策，下面进行介绍。

1. 陕西省

2018年1月17日，陕西省商务厅发布《陕西省特色民宿示范标准》，为规范陕西省内特色民宿的经营与发展，确保游客的舒适与安全，制定了详细的标准规范，涵盖经营规模、建筑设施、消防安全、设计与装饰、环境、配套设施等方面。2018年8月16日，陕西省旅游发展委员会发布《关于规范秦岭地区农家乐（民宿）发展的指导意见》，提出要强化环境保护、规范经营活动、完善发展规划、提升服务品质、坚持依法监管、加强行业自律，促进秦岭地区农家乐（民宿）与生态环境和谐发展。

2. 新疆维吾尔自治区

2019年8月，新疆维吾尔自治区文化和旅游厅、自治区财政厅联合印发《新疆维吾尔自治区旅游民宿奖励扶持办法》，从民宿床位、民宿等级等方面制定具体的奖励措施，同时强化政策配套，促进新疆民宿产业发展。

（八）港澳台地区

1. 香港地区

香港地区对于民宿没有专门的管理政策，香港特别行政区政府强调民宿、酒店和宾馆均须依据《旅馆业条例》接受同等监管，以保障游客安全。

2. 台湾地区

台湾地区民宿产业和民宿管理发展较早，且发展较好。台湾地区在2001年制定有关民宿管理的办法，让民宿家庭为游客提供有偿住宿，这一举措为类似于欧美B&B（Bed and Breakfast）的民宿商业模式提供了法律基础，自此，民宿得以合法经营。2017年11月，台湾地区有关部门公告修正民宿管理办法，对民宿规定大幅"松绑"，重点包括客房总楼地板面积规定，从旧规的5间、150平方公尺以下，提高至8间、240平方公尺以下。

三、地方层面民宿政策

近年来地方民宿政策的出台呈"星火燎原"趋势，各省、市、县、区、镇等纷纷出台民宿政策，包含地方政府工作报告、政府民宿产业发展意见、地方民宿管理办法、民宿地方标准和规范、民宿发展扶持办法、民宿发展规划等类型，数量有几百余项，极大地促进了各地民宿产业的发展。

（一）地方政府工作报告

地方政府工作报告是地方政府的一种公文形式，是在地方人民代表大会上向代表们发布的、以上一年的主要工作回顾以及当年的目标任务和重点工作为主要内容的政府工作报告。此报告中，地方政府总结当地民宿产业的发展成果，并明确下一年民宿产业的发展目标或任务，充分体现了当地政府对民宿发展的重视。

以三亚市为例。2024年1月10日，在三亚市第八届人民代表大会第五次会议上三亚市市长的政府工作报告中提出，推进农村生活污水处理"投、建、管、养"一体化管理模式，持续改善农村人居环境，打造清洁乡村。推动农旅融合发展，持续做精共享农庄项目，继续创建省级共享农庄。全力推进第二批和美乡村示范村和美丽乡村群落建设，支持创建乡村振兴示范村。谋划乡村旅游公路建设，持续深化"美丽农村路"示范创建。加快推进农村公路和危旧桥梁建设改造，推动农村基础设施覆盖到村、延伸到户，以上工作计划为民宿发展奠定了良好基础。同时提出有序实施乡村振兴项目，引导大型农业企业发展农产品精深加工，支持种养大户、家庭农场、农民合作社、农业企业发展产地初加工，支持发展庭院经济和特色民宿，做精做优"土特产"文章，提高农民经营性收入。深化农村集体经营性建设用地入市试点，加快建立城乡统一的建设用地市场，激活农村资源要素，增加农村集体和村民的财产性收入，明确提出了要支持民宿发展。

（二）政府民宿产业发展意见

地方政府出台的民宿产业发展意见，是指政府为了促进当地民宿产业的发展，明确民宿发展的目标、梳理政府与行业的发展任务、制定一系列产业发展保障措施，面向各级政府、民宿相关部门和单位发布的官方文件，一般包括指导思想、基本原则、发展目标、主要任务、保障措施等内容。

以贵州省黔西南布依族苗族自治州为例。2023年11月24日，黔西南州人民政府办公室印发《黔西南州关于促进民宿产业高质量发展的实施方案》，提出纳入州县旅游相关规划，制定民宿发展政策措施，完善基础设施建设，强化"民宿＋"产业发展，支持民宿行业自律，推动民宿产业助力乡村振兴，推进民宿产业数字化建设，加大民宿产业招商引资，加大宣传推广力度，强化民宿规范管理的工作路径，打造1个民宿产业聚集区和14个民宿产业集群，聚焦"产业强州、文教兴州、和谐稳州"三大战略目标，突出全州"天文、地文、人文"资源优势，以市场为导向，推动民宿产业体系化、规范化、产业化、品牌化、法治化发展，为建设"康养胜地、人文兴义"注入新动能。

（三）地方民宿管理办法

地方民宿管理办法，是指地方政府为了加强地方民宿业的规范管理，促进民宿业健康有序发展,根据《中华人民共和国旅游法》《中华人民共和国标准化法》及相关法律法规和政策规定,结合地方实际而制定的当地民宿行业的管理办法。地方民宿管理办法一般包含依据、目的、适用范围、民宿定义、规模界定、管理原则、政府和部门职责、发展规划、行业促进、开办条件和流程、经营规范、监督管理、法律责任、政府扶持、实施日期等内容。

以成都市为例。2023年1月9日,成都市文广旅局会同市委网信办、市公安局、市规划和自然资源局等17部门联合印发了《成都市旅游民宿管理办法(试行)》。该办法共6章36条,包含设立条件、经营规范、鼓励和扶持、监督管理等内容。该办法明确规定设立旅游民宿应当具备的必要基本条件,应当符合当地环境保护有关规定与要求,应当为消费者营造多元消费场景等内容;明确规定经营规范中旅游民宿应当符合治安、消防、卫生、建筑、环境保护、食品安全等相关规定,应该遵守相关法律法规,应当建立安全管理责任制,应当具备良好的职业道德和相应技能等内容;明确规定各级政府应当加强对旅游民宿产业发展的规划指导、强化资金保障、完善公共服务设施、打造民宿品牌、加强人才培养、建立行业协会,鼓励旅游民宿经营者自愿申请旅游民宿服务质量等级评定等内容。

(四)民宿地方标准和规范

民宿地方标准和规范,是指地方政府为了推动民宿产业标准化、规范化发展,促进当地民宿品质化提升而出台的民宿标准和规范,包括民宿基本要求、民宿服务规范、民宿分级与评定、民宿消防安全规范等不同类型。

以贵州省兴义市为例。2020年11月30日,兴义市人民政府办公室印发《兴义市民宿管理办法(暂行)》,在开办要求中明确了申报条件、改造原则、改造总体要求,明确了申报流程、安全要求、管理机制。在申报条件中指出经营用客房单栋建筑不超过14间、不超过4层、建筑面积不超过800平方米;在改造原则中指出非封闭阳台(顶层为露台)出挑不能超过1.8米;改造总体要求中指出改造坡屋面的坡比不能大于40°等具体规定。

(五)民宿发展扶持办法

地方民宿发展扶持办法,是指地方政府为了促进当地旅游民宿产业快速发展,打造当地民宿品牌,而制定的扶持民宿业发展的政策文件。根据《贵州省示范农家乐和民宿评选工作方案(2022—2025)》,贵州省文化和旅游厅、省发展改革委开展全省示范农家乐和民宿评选工作。通过在全省评选一批基础条件完备、经营效益较好、服务质量优质、带动能力较强、产品特色突出、管理规范有序的农家乐和民宿,给予一定资金支持,发挥典型引领和示范带动作用,推动全省民宿、农家乐的品质提升、服务提质、效益提高,带动城乡居民就业增收,促进旅游产业发展。获得贵州省"示范农家乐"称号的,每户奖励5万元,获得贵州省"示范民宿"称号的,每户奖励10万元,并颁发奖牌和证书。

（六）民宿发展规划

民宿发展规划，是指地方政府为了明确当地民宿产业的发展目标、定位、品牌特色、发展布局、特色民宿项目等而编制的地方民宿产业发展规划，一般包含民宿发展背景、民宿发展现状、发展战略与定位、发展目标、总体布局、发展任务、规划项目、保障措施等内容。

以深圳市为例。2023年12月26日，深圳市深汕特别合作区公共事业局印发《深圳市深汕特别合作区民宿产业发展专项规划（2023—2027）》。该规划共分为深汕民宿产业发展背景、深汕民宿产业发展现状、深汕民宿发展定位规划、深汕民宿产业空间规划、民宿发展的规模与效益、深汕民宿产业发展举措、深汕民宿发展三年行动计划七大部分。

以贵州省安顺市为例。2023年7月5日，安顺市人民政府办公室印发《安顺市创建民宿产业示范区三年行动方案（2023—2025年）》，为全面提升安顺市旅游民宿产业化水平，建设全省民宿产业示范区，做大做强民宿经济，扩大安顺民宿的品牌影响力，助推安顺市建设一流旅游城市、黄果树建设世界级旅游景区，提供了政策支持，明确了发展目标、重点任务和保障措施。通过实施"五大工程"（产品建设工程、产业融合联动工程、公共服务配套工程、品牌形象塑造工程、人才培育工程），建设一批自然风光型、屯堡文化型、民族文化型民宿项目，进一步丰富安顺住宿供给，增加游客停留时间，打造"安顺民宿"品牌，形成安顺民宿核心吸引力和竞争力。到2025年，新增民宿1110家以上，培育等级民宿72家以上，限额以上民宿企业数量达到16家以上。培育安顺经开区幺铺镇、黄果树旅游区白水镇、黄果树镇，西秀区浪塘村，镇宁自治县高荡村作为民宿发展重点村镇。全市民宿数量达2500家以上，床位总数5万张以上，培育具有全国影响力的专业化运营企业2家以上，引进国内头部民宿企业6家，培育具有全国影响力的本土民宿企业2家、培育本地民宿品牌6个。民宿及相关产业直接从业人员10000人以上。全市民宿接待人数超过50万人次，年均增长20%以上。民宿综合收入5亿元以上，年均增长20%以上。

贵州旅游产业发展持续向好，民宿产业成文旅投资热门[①]

春浓花好产业兴。2023年，贵州旅游产业发展持续向好，其中民宿产业最为耀眼夺目——省政府办公厅发布《关于促进贵州民宿产业高质量发展的指导意见》，明确到2025年，全省新增民宿经营主体5000家，评定等级民宿600家，实现民宿产业规范化、市场化、特色化、融合化、品牌化、集群化发展。

在第二届中国民宿产业发展大会暨首届安顺民宿产业发展大会和2023

---

① 赵林，张芬.贵州旅游产业发展持续向好，民宿产业成文旅投资热门[N].贵州日报，2023-04-12（10）.

"多彩贵州"酒店、民宿专题招商推介会,以及第十七届贵州文化旅游产业发展大会等活动中,民宿产业都成了主角。

2023年3月31日举行的贵州省民宿产业招商推介会,推出民宿招商项目227个,现场推介项目46个,集中签约民宿招商项目17个。贵州民宿成为行业关注焦点,民宿产业成为文旅投资热门。

第二节 民宿标准规范化

一、民宿标准制定

随着国民经济的增长、消费市场的迭代、休闲时代的发展,旅游民宿作为一种体验城乡美好生活的住宿新业态,深受广大消费者喜爱,成为乡村旅游的重要内容和新热点,也成为促进乡村旅游提质增效、服务乡村振兴战略的有效途径。但同时,民宿在发展过程中遇到用地、消防、卫生等方面的问题,也存在政策法规体系不健全、发展定位不清晰、产品供给单一化、无特色、淡旺季分明、经营两极分化严重等问题。

为有效破解行业困局,文化和旅游部加快引导民宿规范化发展,以标准化管理为抓手开展行业治理的系列工作。2017年,国家旅游局发布《旅游民宿基本要求与评价》(LB/T 065—2017),明确规范旅游民宿定义,阐述了旅游民宿的评价原则,并对旅游民宿的基本要求、安全和环境设施管理要求、卫生服务规范,以及等级及划分条件等内容作出明确规定。为进一步突出文旅融合,规范和引导旅游民宿高质量发展,推动全面工作,文化和旅游部市场管理司及时开展标准修订工作,于2019年7月3日正式颁布和实施《旅游民宿基本要求与评价》(LB/T 065—2019)。

《旅游民宿基本要求与评价》(LB/T 065—2019)从三个方面作出进一步强调:一是更加突出发展新理念,强调文旅融合发展;二是加强对卫生安全、消防等方面的要求,强调进一步健全退出管理机制;三是将旅游民宿等级由金宿、银宿两个等级优化调整为三星级、四星级、五星级三个等级,并围绕三星级、四星级、五星级旅游民宿的划分条件进行了明确界定。

2021年2月,文化和旅游部发布《旅游民宿基本要求与评价》(LB/T 065—2019)第1号修改单,将旅游民宿等级明确为甲级、乙级、丙级三个等级,并首次将制止餐饮浪费行为的有关要求纳入标准。

2023年2月1日,《旅游民宿基本要求与等级划分》(GB/T 41648—2022)正式实施,标志着我国民宿业的"新国标"正式生效。《旅游民宿基本要求与评价》全国甲级、乙级旅游民宿评定结果公示从早期旅游行业标准,历经两次修订,到2023年归口于全国旅游标准化技术委员会正式成为国家标准,意味着民宿服务质量提升与管理规范的重大创新,与时俱进地规范引导旅游民宿健康成长,将极大推进民宿经济、乡村旅游、休闲产业规范有序发展,带动周边城乡融合交流,推动涉农产业兴旺、农民增收致富,促进文化和旅游业发展。

二、标准主要内容

《旅游民宿基本要求与等级划分》(GB/T 41648—2022)国家标准于2017年立项,由文化和旅游部提出,全国旅游标准化技术委员会归口管理,中华人民共和国文化和旅游部、浙江省文化和旅游厅、浙江旅游职业学院等单位共同起草。

《旅游民宿基本要求与等级划分》(GB/T 41648—2022)分为11个章节,包括范围、规范性引用文件、术语和定义、等级和标志、总体要求、公共环境和配套、建筑和设施、卫生和服务、经营和管理、等级划分条件、等级划分办法。该标准规定了经营管理的总体要求,包括经营条件、规模、安全、卫生、防疫、环保等方面的要求;规范了建筑和设施要求,包括建筑装修、客房设施、厨房与餐厅、公共休闲设施、布草间、消洗间、卫生间等各功能区的设施要求;明确了卫生和服务要求,包括客房、餐厅、厨房、室内外公共区域及客用品卫生,主人服务、日常接待服务、定制化服务和其他服务等要求;提出了经营和管理要求,包括通过媒体平台开展宣传和营销、建立管理制度和服务规范、有效处理各类投诉等;给出了公共环境和配套要求;说明了旅游民宿等级划分条件和划分办法,旅游民宿等级评定机构对丙级、乙级和甲级实行动态管理机制。

截至2024年2月,文化和旅游部评定131家旅游民宿符合全国甲级旅游民宿标准,109家旅游民宿符合全国乙级旅游民宿标准。

三、民宿国家标准的特点及意义

(一)特点

1. 大众普适性

基于全国各地社会经济文化发展水平、旅游客源结构、市场消费偏好、民宿发展现状及特点、运营能力的差异,技术要求标准设定为普遍适用,最大限度把存量民宿纳入国家标准覆盖和管理范畴。必备要求是对旅游民宿的安全、卫生、基本住宿设施设备作出要求,对配套设施、公共空间、餐饮等不作硬性规定。采用选项条款,体现民宿产品多样性的特性,又赋予了民宿主体自主选择权,有助于推动全国民宿形态的多样化与丰富性。

2. 证照合规性

在必备条件中,等级旅游民宿必须符合治安消防、卫生防疫、环境保护、安全等有关法律法规的要求,将依法取得相关证照合法经营等有关规定和要求作为前置条件。该条款要求民宿经营者需要取得当地政府要求的相关证照,强调证照齐全,即卫生证、营业执照、特种行业许可证、消防检查合格意见书等齐全。其中,提供餐饮服务的民宿,还须持有食品安全许可证。

3. 等级系统性

国家标准等级划分为甲级、乙级、丙级三个等级,其中丙级对应为大众型民宿,乙级对应为品质型民宿,甲级对应为标杆型民宿。甲级旅游民宿创建注重模式创新、示范作用、主人特质与主人文化、文创产品、在地文化等方面。乙级旅游民宿要求在设施和设备、经营和管理、社区贡献方面有突出表现。

4. 包容开放性

在国家标准中,鼓励民宿多元化、包容性发展,设计了许多开放性条款,在现行法规下把旅游民宿的边界定得尽可能宽泛,留足发展空间,从而引领行业快速发展快速迭代,鼓励创新驱动、多元包容性增长。其范围适用于正式营业的旅游民宿,包括但不限于民宿、宅院、客栈、驿站、庄园、山庄等。对于旅游民宿的定义,是利用当地民居等相关闲置资源,主人参与接待,为游客提供体验当地自然、文化与生产生活方式的小型住宿设施。民宿主人既可以是民宿业主也可以是经营管理者。

5. 实施可操作性

国家标准高于行业标准,又源于行业标准。自2017年《旅游民宿基本要求与评价》行业标准发布以来,懂标准、懂民宿的评定员队伍逐渐形成,懂经营、有情怀、有文化等多元背景的民宿主人为提升评定专家的专业水平、优化评定专家队伍提供了有力的人才支撑。

(二)意义

1. 时代特征:民宿的发展价值,得到了国家层面的认可

国家制定的民宿标准传递着乡村振兴、共同富裕、城乡统筹、文旅融合、文化传承、绿色发展等新理念,改变了民宿质量良莠不齐的现象,极大地促进了民宿的升级换代,让行业的整体水平得以提高;为旅游民宿管理部门和经营者提供了规范的、可参照的依据,对规范行业发展具有重要意义;为旅游度假市场提供了有效的消费指引,填补了旅游领域现行国家标准的空白;兼顾民宿的非标准化的特性,赋予了民宿更多的个性化发展空间,实现了民宿标准化与个性化的有机融合。同时,标准的推广实施将进一步规范管理、提升品质、维护消费者合法权益,促进旅游民宿行业的高质量发展。

2. 民宿特色:对新兴产业的认知,从行业范畴扩展到全社会领域

民宿通过融合在地特色、场景、内容、文化、社交以及主人的个性等元素,构筑起一种充满诗意的生活方式,这种生活方式本质上是对自然生活的回归,民宿因此成为一种独特的生活方式的象征。个性、特色、亲民是民宿重要的特质,而国家制定的旅游民宿标准也恰好体现了这些特点,与民宿的理念高度契合。

3. 民宿趋势:为民宿行业未来高质量发展指引方向

国家制定的民宿标准,在经营规范、卫生安全、环保生态等方面为民宿提供了标准化的指导原则,并明确了运营、接待、服务等方面的发展趋势,同时对民宿的发展方向

提出了新的要求，聚焦民宿规范化管理，为合理维护旅游消费者安全权益提供了充分保障。

（1）民宿发展的文化性。

旅游民宿强调民宿主人参与接待，旨在为游客提供当地自然、文化与生产生活方式的体验，其中，甲级民宿中尤其强调"文化特色"。游客在民宿中获得的住宿体验，不仅仅局限于物理空间的停留，更来自文化氛围的浸润。从民宿的装修设计与在地文化的融合，到民宿主人由内而外表现的文化内涵，再到民宿所营造的如家一般温馨的文化氛围，使游客获得丰富的情绪价值；民宿的功能从单一的住宿服务拓展到多维空间的打造，给游客提供了体验高品质文化生活和尝试新型社交方式的平台。为了塑造有文化差异、独特性和鲜明主题的民宿，未来需要进行深入的文化挖掘、文化整理、文化弘扬和文化更新。

（2）民宿发展的示范性。

随着旅游消费者需求的不断演变和升级，民宿不再只是单纯地提供住宿功能，而是涵盖食、住、行、游、购、娱等全方位服务的旅游综合体或特色民宿目的地。这一转变不仅为乡村产业的发展开拓了更广泛的想象空间，也通过"民宿+"的多元化业态经营模式，全面延伸产业链、拓展价值链，形成新的特色产业及优势产业，带动资金流、物流、信息流、人流向乡村汇聚，较好地带动乡村地区经济发展，实现农业增效、农村发展、农民增收。

（3）民宿发展的可持续性。

民宿发展需要建立绿色环保的理念，确保民宿从建造到运营的每一个环节都将绿色环保作为核心价值。为此，应使用先进的绿色材料、节水设施、清洁能源等技术装备，提升能源利用效率，保护生态环境。民宿经营者应当承担起企业公民的责任，加强环保宣传，唤醒公众环保意识，积极回馈社会，保护当地生态环境和文化遗产。此外，还要鼓励民宿和社区合作，通过经济、文化及人员的深入交流，带动城乡融合、地方发展。

（4）民宿发展的乡愁性。

乡土文化和地域文化是乡村文化的灵魂，是"乡愁"的核心寄托，也是乡村民宿文化营造的主要源泉。在推动乡村民宿高质量发展过程中，民宿需要充分利用所在地区生态、气候等自然环境，深入挖掘自身历史传统、人文要素与民俗文化，充分展示乡土文化和地域特色文化，融合乡村地区生产、生活、生态方面的各类元素，开发相关的民宿乡愁产品，让游客感受民宿风景之美、人文之美、体验之美、安心之美。

本章小结

本章通过对民宿政策和标准规范化的学习，帮助学生学习并掌握国家、省级和地方层面的民宿政策，其中地方层面的民宿政策从地方政府工作报告、政府民宿产业发展意见、地方民宿管理办法、民宿地方标准和规范、民宿发展扶持办法、民宿发展规划六个方面分别进行阐述。帮助学生学习并掌握民宿标准制定的发展进程、民宿国家标准的特点及意义、旅游民宿基本要求与等级划分。不同层面的民宿政策对促进民宿的发展,发挥着不同的积极作用。国家标准《旅游民宿基本要求与等级划分》(GB/T 41648—2022)的颁布,对民宿的评定和管理有着重要的指导作用。旅游民宿是文化和旅游融合的重要载体,也是乡村振兴的助推器,是促进文化和旅游消费、推动文化和旅游产业高质量发展的重要支撑。

课后训练

一、知识训练

1. 简单列举我国民宿政策。
2. 民宿政策对促进民宿发展起到哪些积极作用?
3. 《旅游民宿基本要求与等级划分》(GB/T 41648—2022)国家标准中对于旅游民宿是如何定义的?旅游民宿等级是怎样划分的?

二、能力训练

1. 思考《旅游民宿基本要求与等级划分》(GB/T 41648—2022)国家标准中对于不同等级旅游民宿具体要求有哪些?这些要求的原因有哪些?
2. 组织参观当地旅游民宿,根据《旅游民宿基本要求与等级划分》(GB/T 41648—2022)国家标准评定要求,进行全国甲级或乙级民宿预评估并提出旅游民宿发展建议。

第三章
民宿投资决策

本章概要

随着旅游业的复苏、人们的旅游方式和消费习惯的改变,民宿以个性化的住宿产品形式获得游客的青睐。民宿的发展既满足城市居民的多样化旅游需求,又从各个层面推动乡村振兴发展。本章从民宿项目投资相关的基础知识点进行汇总,为民宿项目投资决策提供指导。

学习目标

知识目标

1. 掌握民宿投资决策的原则和意义、方法,以及可行性研究的主要内容。
2. 熟悉民宿投资决策的特征、动机,以及可行性研究各阶段和步骤。
3. 了解民宿投资项目后评价的必要性、主要内容、方法以及经济后评价的主要内容。

能力目标

1. 能够运用民宿投资的原则和意义,准确把握民宿投资决策的正确方向。
2. 具有解析民宿项目投资可行性研究的能力。

素质目标

1. 民宿行业快速发展,多元化的民宿投资主体通过发展民宿带动乡村振兴。
2. 深刻理解专业知识在民宿行业投资发展中的实际应用及其广阔前景,并具备基本的创新精神,致力于构建人与自然和谐共生的美丽中国。

本章导入

2022年,国家文物局印发《关于鼓励和支持社会力量参与文物建筑保护利用的意见》(以下简称《意见》)。《意见》明确了社会力量参与文物建筑保护利用的指导思想、工作原则,以及参与内容、方式和程序等,对社会力量参与文物建筑保护利用进行规范和引导。

《意见》提及,社会力量参与文物建筑保护利用可以获得一定时限的管理使用权,管理使用期限最长为20年。在管理使用期间,可以利用文物建筑开设博物馆、陈列馆、艺术馆、农家书屋、乡土文化馆和专题文化活动中心等公共文化场所,也可以开办民宿、客栈、茶社等旅游休闲服务场所。利用文物建筑丰富城乡业态,充分发挥文物建筑的文化价值和公共服务属性,为社区服务、文化展示、参观旅游、经营服务、传统技艺传承和文创产品开发等,提供多样化、多层次的服务。

第一节 民宿投资概述

一、民宿投资

(一) 投资的内涵

在日常生活中,我们经常听到"投资"这个词,即使很多人对其经济含义并不十分了解,但是人们对投资普遍抱有浓厚的兴趣,并积极尝试各种形式的投资活动,如购买股票、证券,或参与银行理财等。在现代经济社会,投资的核心理念通常是将资金或物品投入某一领域,期待未来能获得增值回报。

投资是什么?西方经济学中投资指的是为了将来的消费或价值(可能是不确定的)而牺牲现在的消费或价值。从宏观经济的角度来看,一定时期的投资总量与储蓄总量总是相等的,在不考虑外资因素的情况下;从金融学的角度来讲,相较于投机而言,投资的时间段更长一些,更趋向是为了在未来一定时间段内获得某种持续稳定的现金流收益,是未来收益的累积;而在经济学的范畴内,投资是与储蓄相对应的。

在我国,由于投资较长时期里仅限于资产投资范畴,因此投资被定义为:经济主体为了获取预期的效益,投入一定量的货币资金而不断转化为资产的全部经济活动。在这个定义中,投资的内涵如下。

第一,投资是由投资主体进行的一种有意识的经济活动。投资活动的经济主体即投资主体或者投资者。

第二,投资活动的目的是获取一定的预期效益。随着人类社会发展,投资所追求的效益范畴也在不断扩展,它不再仅仅局限于经济效益,而是经济效益、社会效益和环境效益的综合体现与统一。

第三,投资的手段和方式多种多样。投资可以运用多种方式,一种是直接投资,主要形成实物资产;另一种是间接投资,主要形成金融资产。

第四,投资是一个复杂的行为过程,"收益是风险的补偿,风险是收益的代价"说明了在投资过程中,收益与风险并存的道理。

（二）投资的类型

投资按其运用形式和投入行为的程度不同，可分为直接投资和间接投资。直接投资（Direct Investment），是指将资金直接投入投资项目的建设或购置以形成固定资产和流动资产的投资。间接投资（Indirect Investment），是指投资者通过购买有价证券等金融资产，以获取一定收益的投资。

民宿投资是一种实物投资，所谓实物投资就是直接投资，将投资资金用于购置固定资产或流动资产，直接用于生产经营，以获得预期收益的一种投资形式。民宿项目的投资具备投资周期较长、资金流动周转率低、收益期望值高等特点。特别是中高端民宿，建设前期需要大量资本投入，在建设和经营的每个阶段都需要不断追加资金，投资的回报周期相对较长。

为了解全国旅游民宿产业发展现状，2023年文化和旅游部旅游质量监督管理所组织开展了全国旅游民宿发展情况调研，并在《中国旅游报》上刊登了《旅游民宿发展的现状、问题与对策》文章。根据调研结果，从旅游民宿投资金额方面看，全国旅游民宿投资50万元以下的占比为10.35%，投资50万元以上、500万元以下的占比为55.79%，投资1500万元以上的占比为13.44%。从旅游民宿经营性质来看，旅游民宿使用自有房屋经营的占比为53%，通过租赁方式经营的占比为41%，与房主共同经营的占比为6%。在旅游民宿投资资金来源方面，民宿主自有资金占主导地位，占比高达76.32%，合伙人共同筹资的占比为19.74%，其他主要是银行贷款。

2023年全国民宿发展现状如图3-1所示。

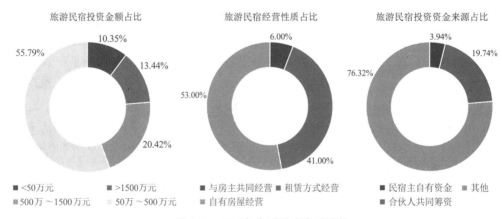

图3-1　2023年全国民宿发展现状

（三）民宿投资的特征

1. 民宿投资的不可逆性

民宿投资的不可逆性主要体现在一旦投入成本，就难以完全收回。一旦投入，资金无法通过卖出或改变用途来取回。尤其对于中高端民宿，如实体建筑等，其专用性非常高，很难通过改变功能或用途来进行回收。

2.民宿投资类型的多样化

民宿投资具有多样化特点,可根据投资者是否拥有产权进行分类:一种是民宿产权投资,即投资者持有民宿的所有权;另一种是民宿非产权投资,投资者可通过租赁合作等方式参与民宿经营而无须拥有产权。

3.民宿投资的不确定性

民宿投资的不确定性指的是投资者难以准确预测未来的收益情况,即使进行了财务上的精确核算,民宿经营依然会受到政策、经济、市场和经营管理水平等多种因素的影响。

4.民宿投资风险的客观存在

投资本身带有一定风险,而民宿投资的未来收益不确定性使其风险更加显而易见。民宿投资所面临的风险是多方面的,既包括经济波动、市场竞争激烈、政策法规变化和技术更新换代等外部系统性风险因素,也涵盖经营管理不善、财务状况不稳定和人事管理问题等内部非系统性风险因素。尽管严格管理可以控制内部管理风险,但外部因素,诸如经济周期的变化、政策环境的调整、市场竞争的加剧和技术进步的推动等,都是影响民宿投资风险的重要因素。

(四)民宿投资的动机

随着经济的发展和个人收入的增加,人们对生活品质的追求日益增强。在这种情况下,以放松度假、享受身心愉悦为目的的旅游业蓬勃发展,民宿作为旅游目的地的新兴业态,吸引了越来越多投资者的关注。

1.市场前景广阔

随着旅游业的不断发展,民宿市场展现出广阔的前景,特别是在一些热门旅游目的地和城市中,高端民宿的需求持续增加。民宿已经逐渐成为一种新的生活方式,在提供更自由、舒适和个性化的住宿体验的同时,也成了当地旅游的亮点之一。因此,在这样一个充满活力的市场中,创办民宿项目蕴含着巨大的商机。

2.投资成本相对较低

相较于传统酒店建设,民宿建设的投资成本更为经济,所需的技术支持和专业人员也较少。此外,民宿的运营成本和人力成本相对较低,运营流程也相对简单,因此更加灵活且高效。

3.可以满足游客的个性化需求

随着现代社会的发展,人们越来越注重个性化的生活方式,追求与众不同的住宿体验。民宿以提供多样化的房间风格、个性化的服务和丰富的活动选择著称,能够满足游客的个性化需求,为游客带来独特而富有创意的住宿体验。

4. 环保理念得到推崇

随着环保意识的提升，人们对旅游业的环保和可持续发展的关注日益增加。民宿作为绿色旅游的典范之一，其环保理念备受赞誉和认可，因此得到了更广泛的社会认可和支持。

二、民宿投资决策的原则、意义及特征

（一）投资决策的原则、意义

投资决策是通过对收益和风险的权衡，主要解决如何投（投资策略）、投在何处（投资选择）和何时投（投资时机）的问题。此外，投资决策还需考虑投资人的风险承受能力是否与预期回报相匹配，以及投资人的权利和义务，以确保投资人的权益得到保障。投资人在进行投资决策时要对影响因素进行全盘统筹，以在限定的时间内实现既定的投资目标。

1. 投资决策的原则

（1）投资决策科学化原则。

投资者在对拟建项目进行客观的、公正的、独立的且不受外部因素影响的技术经济可行性研究的基础上，进行实事求是的评价，并坚持"先论证，后决策"的原则，杜绝"边投资边论证"，更不应"先决策，后论证"。

（2）投资决策民主化原则。

没有决策民主化，就不可避免地会产生片面性和主观性，投资决策的科学化就难以实现。

（3）投资决策责任制原则。

所谓投资决策责任制原则，就是要求决策者对其行为所带来的后果负责。投资是有风险的，因此，投资决策应建立在高度责任制的基础上。

（4）提高经济效益原则。

投资活动的目的就是要有经济效益，因而投资决策要以提高经济效益为中心。经济效益有微观经济效益和宏观经济效益之分，也有远期经济效益和近期经济效益之别。在进行投资决策时，应坚持宏观经济效益与微观经济效益、远期经济效益与近期经济效益相统一的原则。

民宿投资决策是民宿经营中非常关键、重要的一环。只有在充分考虑了投资资本的时间价值和风险价值后，才能制定出科学的民宿投资策略。在面临投资决策时，民宿投资者需要在多个方案中进行谨慎选择，这一决策极为重要，因为它直接关系到资金的有效配置以及未来收益的最大化。

2. 投资决策的意义

（1）资本利用。

对于企业而言，投资决策通常涉及大量的资金。正确的投资决策可以帮助企业合

理分配和使用有限的资本资源,确保资金得到最有效的运用。

(2)影响现金流。

投资决策将对企业未来的现金流量产生重大影响。正确的投资可以带来持续的现金流入,影响企业的价值创造方向;现金流量可以反映企业的盈利质量,决定企业的市场价值;企业的现金流量状况可以反映企业的偿债能力,以及揭示企业生产经营中所存在的问题,反映企业的生存能力。

(3)风险管理。

在民宿投资项目中,需要对未来的经济环境、旅游发展趋势等进行预测,但这些预测往往会受到政策、自然灾害、社会事件等不确定因素的影响。通过科学方法和工具进行投资决策,有助于投资者评估和管理风险,从而避免或减少潜在的财务损失。

(4)未来收益。

投资的核心在于愿意为未来的回报而放弃当前资产的利益。因此,投资决策不仅仅考虑眼前的资金运用,更着眼于长期的财务增长和目标实现。

(5)经济发展。

从宏观角度来看,有效的投资决策有助于推动经济增长,促进社会资源的优化配置,提高整体经济效率。

(6)社会责任。

企业在进行投资决策时,还会考虑环境保护、社会责任等因素,这有助于构建可持续发展的社会和经济环境。

投资决策是复杂的,需要考虑市场、财务和风险等多方面的因素。无论是企业还是个人,都应该根据充分的信息和理性的分析做出决策,以实现财务目标和长期稳定发展。

(二)民宿投资决策的特征

1. 针对性

投资决策需要有明确的目标和针对性。没有明确的投资目标会导致决策失去方向;而未能实现投资目标的决策则可视为失策。在进行民宿投资决策之前,应进行充分的可行性研究,以避免盲目投资,确保投资决策符合客观的经济发展和项目建设需求。

《民宿蓝皮书:中国民宿发展报告(2020—2021)》明确表示,经过前些年民宿行业蓬勃发展期后,投资民宿行业渐渐趋于理性化。对于新进入民宿行业的民宿主来说,投资与回报预期不应盲目停留在状态最好时期,而需要了解目前行业的成本与营收的整体趋势,理性看待民宿行业,以免造成投资失误。

2. 现实性

投资决策的现实性至关重要,特别是在民宿投资中。它是投资行为的基础,也是现代化投资经营管理的核心所在。投资经营管理是一个反复循环的过程,即决策—执行—再决策—再执行。因此,民宿的投资经营活动是基于正确的投资决策之上的。没有正确的投资决策,就难以实施合理的投资行动。

3. 择优性

投资决策具有优选性,即在投资决策过程中,需要提供多个可行的投资方案以实现投资目标。因此,投资决策是对多个方案进行评判选择的过程,最终选择的方案就是最优的。优选方案可能不是绝对意义上的最优方案,而是在所有可行的投资方案中,最符合当前需求且能够带来最高满意度的那一个。

4. 风险性

投资决策涉及风险,即未来可能出现的不确定因素。因此,投资决策应考虑实际中可能发生的各种可预测或不可预测的变化。投资环境常常变化,风险是无法避免的,但我们可以通过历史数据和概率统计方法来估计和控制风险,以降低其影响。民宿投资决策面临着不确定性,特别是系统性风险较难预测和控制。因此,投资者需要评估和管理风险,以达到预期的收益目标。

5. 回报周期长

民宿投资决策通常考虑长期目标,除了初期的各项成本外,还需考虑后期的运营成本。《民宿蓝皮书:中国民宿发展报告(2020—2021)》指出,民宿投资回报周期较长,至少需要8~10年。从民宿经营实际情况分析,民宿运营最初的2~3年通常很关键,是存活与否的关口期。

6. 多样化

民宿投资者通常会选择多种投资工具和资产类型,开发和推介多样化的民宿产品,以降低风险并获得更好的收益。通过多样化投资,投资者可以分散风险,减少对单一民宿产品的依赖。

7. 预测性

民宿投资决策常需要预测未来发展,包括市场趋势、经济增长等。投资者会利用历史数据、市场情报和专业意见等信息来做出预测,从而制定合适的投资策略。

8. 灵活性

民宿行业的发展情况多样,各种类型的民宿共存,而政策和市场调整则经常变化。因此,民宿投资决策必须具备灵活性,以应对这种环境的不确定性,随时调整策略来适应政策和市场的变化。民宿投资者应当不断审视并调整其投资组合,以确保在市场变动中保持资产价值和收益的最大化。

民宿投资需要深思熟虑,投资者需具备充分的知识、技能和对市场的敏感度,以便审慎评估和有效管理风险。

第二节　民宿投资决策与分析

一、民宿投资的可行性研究

民宿投资的可行性研究是民宿投资建设前期工作的重要组成部分,是在民宿整体建设或局部建设的必要性、技术上的可行性、经济上的合理性,以及具体实施的可能性等方面进行综合分析研究,采用最佳的方案,为下一步的投资决策提供科学的依据。

(一)民宿投资可行性研究的主要内容

1. 总论

(1)民宿项目提出的背景和依据。

项目提出的背景,指的是项目在何种宏观与微观环境下被提出,这直接关联到项目实施的具体目的。项目提出的依据是指项目建立所依据的文件和内容。这些文件包括项目建议书、选址意见书,以及政府、部门和投资者的批复文件和协议。其目的在于评估项目是否符合规定的投资决策程序。

(2)投资者概况。

投资者概况包括投资者的名称、法定地址、法定代表人、注册资本、资产和负债情况、经营范围和经营概况(近几年的收入、成本、利税等),建设和管理拟建项目的经验,以考察投资者是否具备实施拟建项目的经济技术实力。

(3)民宿项目概况。

民宿项目概况包括项目的基本信息,如项目名称、性质、地址、法人代表、占地面积、建筑面积、覆盖率、容积率、建设内容,以及投资和收益情况等。这些信息有助于相关部门和人员充分了解拟建项目的情况。

(4)可行性研究报告编制依据和研究。

可行性研究报告编制依据和研究是指可行性研究报告所依据的方法、文件和其他信息资料,具体而言,这些依据和研究通常涵盖以下几个方面:相关部门发布的有关可行性研究内容和方法的规定文件;关于技术标准和投资估算方法的规定;项目前期的准备工作和必要手续,这是投资者在投资过程中需处理的必要事务;市场调查研究资料;投资者提供的其他有关信息资料等。

2. 民宿项目建设必要性分析

从宏观角度来看,必须考虑项目建设是否符合国民经济发展、结构调整的需求,同时也需要符合国家的产业政策。这涉及项目在整个旅游经济发展中的地位和作用,以及项目是否与国家的发展方向一致。

从微观角度来看，则需要分析项目产品是否符合市场的需求和要求，以及项目建设是否符合当地政策要求。同时，还需考虑项目建设对于企业自身战略发展的要求，以及是否能够为企业带来生产效益和收入。这一方面关注项目在市场上的可行性及其对企业发展的推动作用。

考虑宏观和微观两个方面的因素对于全面评估建设项目的可行性和潜在收益至关重要。

3. 民宿项目的分析与结论

民宿项目的分析与结论，即通过科学的方法预测项目在特定时期的供给量和需求量，并对它们之间的关系进行定量和定性分析，以便最终得出结论，具体包括民宿项目的发展现状与前景、现有产出能力的调查与分析，以及市场需求的调查与预测等方面的分析。

4. 项目承担单位的基本情况

项目承担单位的基本情况包括人员状况、固定资产状况、现有建筑设施与配套仪器设备状况、专业技术水平以及管理体制等。

5. 项目建设条件分析与结论

项目的建设条件主要包括：物质资源条件，即自然资源条件、原材料和动力条件等；交通运输条件；工程地质和水文地质条件；项目地质条件和环境保护条件等。

6. 项目建设目标

项目建设目标主要包括：项目建成后所需达到的能力目标；项目建设的工程技术、工艺技术、质量水平、功能结构等目标任务；总体布局和总体规模。

7. 环境影响评价

环境影响评价主要包括：建设项目概况；建设项目周围环境现状；分析、预测和评估建设项目对环境可能造成的影响（至关重要）；建设项目环境保护措施及其技术、经济论证；建设项目对环境影响的经济损益分析；对建设项目实施环境监测的建议；环境影响评价的结论。

8. 劳动安全与卫生防疫评价

劳动安全与卫生防疫评价主要涉及建设项目劳动安全卫生预评价的主要依据和建设项目概况，主要包括：建设项目的主要危险、危害因素及其定量或定性评价；劳动安全卫生对策措施（如建筑及场地布置、工艺及设备、工程设计、管理以及事故应急等方面的措施）及其他综合性措施；预评价结论和建议。

9. 地质灾害危险性评估

地质灾害危险性评估主要包括：项目建设区和规划区的地质环境条件基本特征，以及项目建设区和规划区各种地质灾害的危险性现状、预测和综合分析论证；防治地质灾害的措施与建议;建设场地和规划区适宜性评估结论等。

10. 项目实施进度安排

项目实施进度安排主要包括:项目实施进度总计划(施工前的准备工作、施工阶段及后期的维护服务工作);工程建设施工进度计划(工期目标、关键节点、保证措施、应急预案);设计联络建议计划;材料、设备供应计划(供应、运输及仓储);设备安装系统测试计划;项目验收计划(自检与自验、预验收、竣工验收);培训服务计划(强弱电、消防、人防等操作系统培训服务);工程进度计划管理(进度控制责任人、控制要求、方法,以及进度执行计划的编制要求和主要进度计划的控制策略)等。

11. 招标投标管理

招标投标管理主要包括:招标范围、招标方式及招标组织形式;招标文件编制、公告、答疑、开标和评标组织;中标、核标、投诉与处理;应注意的其他事项与建议等。

12. 投资估算和资金筹措

投资估算和资金筹措主要包括:招标范围、招标方式和招标组织形式;招标文件的编制、公告、答疑、开标和评标组织等;中标、核标、投诉处理等事项;应注意的其他事项和建议。

13. 社会影响与可持续发展分析

社会影响与可持续发展分析主要包括对社会影响、社会适应性和社会风险进行分析以及相应的结论。

(二)民宿投资可行性研究的不同阶段

1. 投资机会研究阶段

投资机会研究阶段是为了寻求最佳的民宿项目投资机会而进行的准备性调查活动,其主要目的是发现有价值的民宿项目投资机会。这一阶段的主要任务是提出建设民宿投资方向的建议,这意味着在确定的地区和部门内,根据自然资源、市场需求以及当地政策等因素的调查、预测选择建设项目,并寻求最有利的投资机会。

投资机会研究阶段主要依据国家的中长期计划和发展规划进行,其内容包括地区情况、经济政策、资源条件、劳动力状况、社会条件、地理环境、国内外市场情况,以及工程项目建成后对社会的影响等。

2. 初步可行性研究阶段

初步可行性研究是在投资机会研究的基础上进行的较为详细的分析论证,用于评估民宿项目的可行性。在这个阶段,需要考虑国民经济和社会发展长期规划、行业规划、地区规划及国家产业政策等。通过调查研究和市场预测,从宏观上分析论证民宿项目建设的必要性和可能性。初步可行性研究在投资机会研究与详细可行性研究之间扮演着重要角色,对大型复杂的民宿项目而言是不可缺少的。通常情况下,进行深入的可行性研究需要收集大量的基础资料,耗费较长时间和较多费用。因此,在此之前进行民宿项目的初步可行性研究是必要且科学的。然而,对于简单的民宿改造项目,初步可行性研究阶段并非必需。这类民宿改造项目在确定投资机会后可以直接进行可行性研究。

3. 详细可行性研究阶段

详细可行性研究是可行性研究中的深入阶段,也是投资决策的重要环节。民宿项目的可行性研究通常包括以下几个方面的分析和论证。

1)项目概况及用地情况分析

民宿投资项目的可行性分析首先需要对投资的民宿项目概况及用地情况进行详细分析,具体内容如下。

(1)民宿类型:描述拟投资的民宿项目是度假村、乡村民宿、城市客栈还是特色民宿等类型。

(2)等级情况:介绍民宿的星级或评级情况,包括豪华级、高档级、舒适级等级别。

(3)规模大小:说明民宿项目的规模,包括房间数量、床位数量、建筑面积等。

(4)地理位置:详细描述民宿项目所在地的地理位置,包括城市、乡村、山区等,以及交通便利性、景观环境等因素。

(5)用地类型及合规性:分析用地的性质和用途,确保用地符合规划要求和相关法律法规的规定,保证项目的合规性。

(6)地形情况:描述用地的地形地貌特征,包括平整度、坡度、土壤条件等,评估对民宿建设可能产生的影响。

通过对民宿项目概况和用地情况的详细说明,可以全面了解项目的基本情况和用地环境,为后续的可行性分析提供必要的基础数据和参考依据。

2)区位分析

民宿项目所处位置的社会环境、经济环境和自然环境等区位因素对投资决策具有决定性作用。区位分析主要包括地理位置、社区环境、自然条件三个方面。

(1)地理位置:投资项目的地理位置对民宿类型起着关键作用。民宿所在的城市、旅游景区或度假区会直接影响其类型和服务项目的设置及设施的布置。

在城市地区,民宿可能更加注重便利性和舒适性。其服务项目可能更偏向于商务旅行和短期住宿客人的需求,如商务客栈、精品民宿等;在旅游景区,民宿可能更注重体验性和主题化,提供多样化的服务项目,如文化主题民宿、乡村田园民宿等,旨在吸引游客体验当地特色文化和风土人情;在度假区,民宿可能更加侧重休闲和度假体验,依托当地的自然资源和配套设施,打造出独具特色的民宿产品。这些民宿的服务项目更加丰富,如度假别墅、度假庄园等,注重提供高品质的住宿、餐饮和娱乐设施,以满足游客的度假需求,以吸引游客前来度假和休闲。

峰兮洞穴民宿

峰兮洞穴民宿(图3-2)坐落于贵州省兴义市则戎镇长冲村,距离万峰林景区22千米。民宿毗邻"野钓天堂"万峰湖,距离万峰湖旅游码头仅3千米,距离吉隆堡景区7千米。民宿建于与万峰湖湖面直线距离500米的悬崖之上,占地面积为2000平方米。设有9间客房、智能专用停车场、餐厅、会议室、悬崖无边泳池、茶室及多功能厅等。独特的天然洞穴与现代建筑碰撞出了一种野奢之美,酒店视野独特开阔,在房间内就能感受山川与湖泊带来的宁静,远离喧嚣,融入大自然。

图3-2　峰兮洞穴民宿

(2)社区环境:投资项目的社区环境对民宿的建设和经营有着重要的影响,周边环境的优美程度、社区氛围的品质都能直接影响民宿的投资成本和市场吸引力。社区环境主要包括交通状况、社区经济、民俗风情和环保等方面。

① 交通状况:交通的通达性直接影响客人对民宿的选择。尽管出行方式多种多样,但通常来说,1~3小时的到达时间是最为理想的。如果行程时间少于1个小时,客人在心理上可能会失去对旅程的新鲜感和仪式感;如果多于3个小时,客人则会失去耐心。

② 社区经济:社区经济和文化水平对民宿的档次有着重要的影响。在历史名城等文化氛围浓厚的地区,民宿的建筑风格和装修风格往往更加讲究文化气息,以展现当地的历史和文化底蕴;城市地区的民宿通常会更多地考虑与当地社区环境融合,成为展示城市文化的窗口。这些民宿通常具备交通便利、设施优良、闹中取静的优势,吸引着那些追求城市生活体验的游客;乡村地区的民宿则通常坐落在自然风光优美的环境中,成为休闲、养生和旅游的理想住宿之地,吸引着喜欢自然风光的游客。此外,社区居民的素质和态度也是影响民宿建设和经营的重要因素。当社区居民对新建的民宿持开放和热情的态度时,会极大地降低民宿建设和经营的难度,为民宿的长期发展提供宝贵的社区支持和良好环境。

③民俗风情：社区民俗文化对民宿的吸引力起着至关重要的导向作用。通过深入挖掘并充分利用当地社区的风俗和传统文化，民宿可以显著提升其独特魅力，吸引更多客人并深化他们的文化体验。具体而言，民宿可以采取以下举措：组织文化主题活动，民宿可以组织各种与当地民俗文化相关的主题活动，如传统节日庆祝、民俗表演、手工艺品展示等，让客人深度体验当地的文化氛围；进行特色装饰和布置，在民宿的装饰和布置上融入当地的传统元素和风俗特色，如采用民族风格的家具摆设、地方特色的壁画装饰等，营造出浓厚的文化氛围；提供文化体验项目，设计并提供各种与当地文化相关的活动，如传统手工艺制作、民间美食制作等，让客人亲身参与并感受当地的传统文化魅力；提供导览和讲解服务，提供专业的导览和讲解服务，向客人介绍当地的历史文化、传统习俗和民间故事，增加客人对当地文化的了解和兴趣。通过这些方式，民宿可以打造出独具特色的文化体验，吸引更多的游客，提升客户满意度，同时也为当地文化的传承和保护做出积极的贡献。

④环保与消防：社区环保绿化和消防安全观念对民宿经营至关重要，它们直接关乎民宿的形象塑造、客人的安全以及长期经营的可持续性。在环保绿化方面，积极参与社区的环保和绿化活动，保护当地生态环境，改善居住环境，提升民宿的品牌形象。通过种植绿植、实施节能减排等措施，营造出清新舒适的居住环境，吸引更多环保意识强的客人。在消防安全方面，安全意识和设施是民宿经营中不可或缺的一部分。确保民宿建筑符合消防安全标准，配备完善的消防设施，设置逃生通道，定期进行消防安全检查和演练，这些措施能提高客人在紧急情况下的安全保障感，保障客人的生命财产安全。在环保宣传和教育方面，积极倡导环保理念，通过宣传教育活动向客人传达环保的重要性，引导客人增强节约能源、减少废物产生及保护环境的意识，共同建设和谐的生态环境。在社区合作和交流方面，通过与社区居民、当地政府和环保组织建立良好的合作关系，共同推动环保和消防安全工作。通过参与社区活动、提供资源支持等方式，增进与社区的交流与合作，共同促进社区的绿色发展和安全建设。民宿经营者应充分重视社区环保绿化和消防安全观念，将其纳入民宿经营的各个方面，为客人提供安全、舒适、环保的住宿环境，从而增强民宿的可持续发展能力。

（3）自然条件：自然条件与民宿的地理位置紧密相关，它们共同影响着民宿的风格、建筑设计和装饰材料选择。例如，贵州省的喀斯特地貌地区，由于夏季多雨，建造民宿时需要考虑以下方面：地形特点，喀斯特地貌地区地形复杂，可能存在山体滑坡、地基沉降等问题，在选址和建设民宿时，需要对地形进行详细调查和评估，选择稳定的地段，采取合适的地基加固和防护措施，确保民宿的安全性和稳定性；防潮排水，多雨的夏季容易导致地面积水和潮湿环境，因此在民宿建设中应考虑有效的排水系统和防潮措施，以防止水患和霉菌滋生，保持室内干燥舒适；建筑材料选择，考虑到喀斯特地貌地区的气候特点，应选择耐水、防潮、抗霉菌的建筑材料，如防水涂料、防水地板和墙面材料等，以延长民宿建筑的使用寿命并提高抗灾能力；自然风光利用，喀斯特地貌地区独特的自然风光是吸引游客的重要资源，民宿建筑应充分利用周边的自然环境和景观，可考虑采用开放式设计、大面积的窗户和露台等设计手法，为客人提供绝佳的观景

案例拓展

大理民宿
疯长后
遇冷

体验。综上所述,对于喀斯特地貌等自然条件复杂的地区,民宿的建设需要综合考虑地形、气候、水文等因素,在设计阶段需要采取相应的建筑设计和防护措施,以确保民宿的安全、舒适和可持续发展。

3) 市场分析

市场分析在民宿项目投资建设中是至关重要的环节,不可或缺。通过对竞争对手、市场规模和消费水平、消费市场定位等因素的分析和论证,可以为民宿项目的投资建设提供重要参考,帮助投资者制定科学的投资策略和经营计划,提高项目的成功率和盈利能力。

(1) 竞争对手分析:对民宿项目的投资决策而言,进行客观、理性的竞争对手分析至关重要。除了竞争对手外,还要考虑潜在的互补者,即那些与民宿项目在某些方面相辅相成的企业或服务提供者。通过竞争对手的分析,可以清晰认识自身的优势和劣势,进而利用优势、规避劣势,精准进行市场定位和产品设计开发。例如,各类民宿协会的成立不仅为同业竞争对手提供了交流的平台,还有助于规范行业行为,推动产业发展。

(2) 目标市场规模和消费水平分析:目标市场规模和消费水平是民宿项目建设过程中需要认真考虑的重要因素。目标市场规模的大小直接影响民宿项目的规模和档次,而消费水平则决定了民宿项目的定位和服务水平。进行市场规模和消费水平分析的关键指标如下。

① 人流量:考察目标市场的客流量,包括潜在的游客数量以及预期的客流增长趋势。高人流量意味着潜在的客户群体庞大,有利于提高民宿项目的入住率和收益水平。

② 人均消费水平:分析目标市场客户的消费水平,包括他们愿意支付的住宿费用以及其他额外消费,如餐饮、娱乐等。人均消费水平高低直接影响民宿项目的定价策略和服务标准。

③ 平均停留天数:了解目标市场客户的平均停留天数对评估民宿项目的客房周转率和入住率非常重要。长期停留的客户可能会带来更高的消费额,但也需要更丰富的服务和设施。

通过对目标市场规模和消费水平的深入分析,民宿投资者可以更准确地把握市场需求,制定合适的经营策略和服务标准,提高民宿项目的竞争力和盈利能力。

(3) 消费群体分析:市场竞争激烈的环境下,了解并满足消费者的需求是保持竞争优势的关键之一。对目标市场进行细分的一些关键步骤如下。

① 目标消费群体:确定民宿项目的主要受众群体,即最有可能成为客人的消费者群体,如家庭旅游者、情侣度假者、商务游客等。对目标消费群体进行深入的调查和分析非常重要,可以帮助民宿投资者了解他们的偏好、需求和消费习惯。

② 辅助消费群体:除了目标消费群体,还需要考虑其他可能会影响民宿项目经营的消费群体。这些群体可能是目标消费群体的家人、朋友、同事等,他们的需求和意见也会影响目标市场的选择和经营策略。

③潜在消费群体:在市场细分中,还需要考虑潜在的消费群体,即可能成为民宿客人的群体,但目前尚未被充分开发和利用的群体。通过市场调研和分析,识别并开发潜在的消费群体,拓展民宿项目的客人群体。

通过对目标市场进行细分,民宿投资者可以更精准地把握目标消费群体的需求和特点,制定相应的市场定位和营销策略,提高民宿项目的吸引力和竞争力。

4) 投资回报分析

投资回报分析是民宿项目投资前的重要评估工作,主要目的是评估投资额与项目预期收益之间的关系。投资回报分析包括投资额的估算、投资回收期的计划、年营业额预算、效益分析等内容。

(1) 投资额估算:投资额是指民宿投资需要付出的成本,主要包含前期投入和建成后的经营管理成本。前期投入除了民宿主体建筑的投入,还包括公共设施、停车场建设、外延部分的绿化或者围墙建设等方面的支出。经营管理成本除了固定的租金、水电费、人工费、日常易耗品和布草送洗费用,还包括民宿建筑设备等维修养护费用,以及其他相关开支。

(2) 投资回收期计划:投资回收期又称为还本期,指拟新建民宿的方案,其投资总额以该民宿开业后的利润来补偿的时间。投资回收期值越小,民宿投资的经济效益就越大,计算公式如下:

$$投资回收期 = 投资额 / (年盈利额 + 税金)$$

投资回收期计划可以为民宿确定利润目标和还本的期限,对民宿的经营具有较大的参考价值和指导意义。

(3) 年营业额预算:民宿年营业额预算包括客房、餐饮、活动项目以及其他部门的收益,这些收益的预算只有在对每年的住客率和客房价格进行正确评估之后才能进行。

(4) 效益分析:民宿项目投资前的关键环节,主要用于评估项目的经济效益,其中盈余是投资者关注的核心指标。

(三) 民宿投资可行性研究的步骤

1. 调查研究

调查研究包括收集信息、提出问题、确定预期目标等关键步骤。通过调查研究,投资者可以全面了解民宿项目所处的市场环境和潜在机遇,为后续的投资决策提供数据支持和决策依据。

2. 拟定投资方案

根据宏观环境和现有条件拟定有价值的民宿投资方案,一般来讲,要达到预期目标可能存在诸多可实施的方案。有价值的方案强调方案的可实施性,能够为后续的投资决策提供参考和指导。

3. 选定投资方案

对拟定的民宿项目投资方案进行比较、分析,然后选择最满意的实施方案是确保投资成功的重要步骤。透过科学方法和全面分析比较,可为投资者提供最佳的决策支持,以确保投资项目成功落地并长期稳健地发展。

4. 确定实施计划,提出合理化的建议

确定了民宿项目实施方案以后就要制订实施计划,或是细化可行性研究和项目评估中的实施计划;或是修改实施计划;或是根据论证的结果重新制订实施计划。在项目实施中并不是所有条件都能满足要求,需要为顺利实施提出合理化建议,使项目实施发挥应有的效益。

二、民宿投资的决策方法、决策分析与评价程序

民宿投资主要考虑的是投资回报,投资者通常偏好低风险或风险适中且收益高的民宿项目。在实际中投资民宿项目时,市场竞争激烈,因此应避免盲目投资。对于无收益或者高风险低回报的民宿项目,应该谨慎选择。

(一)民宿投资的决策方法

1. 确定性决策

确定性决策是一种在已知条件下进行的决策过程,通常用于简单且结构明确的问题。它基于已知的自然状态和各种可能的决策方案,决策者通过比较它们的收益或损失值,选择最优方案。

2. 非确定性决策

非确定性决策是在对未来可能发生的情况虽有所了解,但又无法确定或无法估计其发生概率情况下做出的决策。常见的非确定性决策方法主要有以下几种。

(1)最大收益值(率)法。

最大收益值(率)法又称乐观法,其基本思想是先求出各个方案在各种可能的自然状态下可能的最大收益值(率),然后比较这些收益值(率),选出其中最大的收益值(率)对应的方案作为最终决策方案,即"大中取大"。这种方法通常被喜欢冒险、具有超人直觉和较强承受能力的决策者所采用。

(2)最大最小收益值(率)法。

最大最小收益值(率)法又称悲观法或瓦尔德决策准则,在决策理论中被广泛运用。其主要过程是先求出各个方案在各种可能的自然状态下的最小收益值(率),然后比较这些最小收益值(率),选出其中最大的作为最终决策方案,即"小中取大"。这种方法通常被比较保守、稳健的决策者所采用,因为它可以保证在各种可能的情况下收益不低于此值。

(3)最小最大后悔值决策法。

最小最大后悔值决策法最初是由萨凡奇提出,在西方也被称为萨凡奇决策准则。这种决策方法的主要过程如下:当决策者面临多种方案选择时,首先需要估计每个方案在各种状态下的收益率或收益值。在每种状态下,各个方案的收益率或收益值是不同的,其中收益率或收益值最大的方案被认为是该状态下的最佳方案。如果决策者选

择了其他方案,那么他可能会感到后悔。所选方案的收益率或收益值与最大收益率或最大收益值之间的差异被称为该方案的后悔值。在分析时,首先计算出每个方案在各种状态下的后悔率或后悔值,然后找出各个方案的最大后悔值或后悔率,并从中选出最小者,即"大中取小",作为选择方案。这种方法通常被那些对失败会感到后悔的决策者所采用,因为它可以使决策者的后悔程度最小化。

(4)乐观系数法。

乐观系数法又称折中分析法,是一种指数平均法,它是位于最小收益值(率)与最大收益值(率)之间的评选标准。在这种方法中,可以赋予最大收益值(率)较高的权重,加重了最大收益值(率)在比选标准中的作用。计算时采用加权平均方法,将各个方案的收益值(率)进行加权平均,得出各个方案的折中收益值(率),然后选出折中收益值(率)最大的方案作为最终的决策方案。其计算公式为:

$$R = a\max(A) + (1-a)\min(A)$$

式中:R 表示各方案的折中收益率;$\max(A)$ 表示最大收益值(率);$\min(A)$ 表示最小收益值(率);a 表示乐观系数,在0和1之间。

(5)完全平均法。

完全平均法又称等概率法,是一种决策方法,其基本思想是假定各自然状态出现的概率完全相等。然后,将各方案在各自然状态下的收益值(率)与假设的概率相乘,求出各方案的期望收益值(率)。最后,从这些期望收益值(率)中选出最大的作为最终的决策方案。

3. 风险型决策

风险型决策也称随机决策。虽然在经过调查研究后,能够估出各自然状态可能出现的概率,但不能肯定其是否发生。也就是说,事件的发生是随机的。因此,这种决策就带有一定的风险性。

风险型决策基本思路:根据已知条件下直接有的或计算出来的状态收益值(率)或损失值及概率,计算出状态期望值,然后累计状态期望值得到方案期望值,即可能出现的所有自然状态下方案的期望值,最后根据方案期望值的大小来决定取舍。

风险型决策更多地采用决策树分析法。所谓决策树分析是指应用概率对不同方案的风险进行比较的一种分析方法。它在对各种可供选择的项目或方案进行决策时,采用形象化的决策树图形,即把各方案可能出现的状态、概率及产生的结果直接标于图形上,以供计算分析并做出决策。决策树的图形结构如图3-3所示。

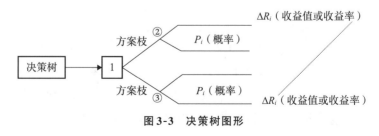

图3-3 决策树图形

图 3-3 中的方框节点为决策点。从决策点引出去的若干分枝,称为方案枝,表示可供选择的方案。方案枝的分岔点是多个随机点或机会点,在此点发生的机会事件将影响方案的选择结果。由随机点引出的若干分枝分别代表不同的机会事件及其概率,故称其为概率枝。每一方案的机会事件为互斥事件,它们的概率之和应等于 1。不同机会事件下的收益值或损失值可以在概率枝的末端列出。决策树的决策步骤是从最右边的决策点(树梢)开始,从该点寻找最优方案,找到最优方案后,以其期望值代替该决策点,进而逐步向左(树根)推算。在筛选方案的过程中,会进行修枝操作,最终选出最佳的决策方案。整个决策过程在决策树上是从右向左逐步推算、依次选择的过程。

利用决策树进行决策,按其选择最优方案所需的决策活动次数来划分,可分为单级决策和多级决策。凡只需要进行一次决策活动,便可选择出最优方案,达到决策目的的决策,就称为单级决策;凡需要进行一次以上的决策活动,才能选择出最优方案,达到决策目的的决策,称为多级决策[①]。

(二)民宿投资决策分析与评价程序

民宿投资建设项目的全过程,即从投资意向开始到投资终结,周期较长。第一阶段主要集中在民宿市场调查与投资机会分析,第二阶段是民宿投资的初步可行性研究阶段,第三阶段可行性研究阶段,第四阶段是民宿项目投资评估阶段,第五阶段是民宿项目投资决策审批阶段。

第三节 民宿投资项目后评价

一、民宿投资项目后评价的必要性

投资项目后评价是对已经完成的项目进行全面、客观的分析,包括项目的目标、执行过程、效益、影响等方面。通过这种评价,我们可以确定项目是否达到了预期目标,是否合理有效,以及主要效益目标是否实现。同时,通过分析评价的结果,我们可以找出项目成功或失败的原因,总结经验教训。这些评价结果不仅可以为未来新项目的决策提供建议,提高投资管理水平,还可以为已经实施的项目提供改进意见,从而达到提高投资效益的目的。

投资项目后评价主要是为了以后更科学地做出决策,这是出资人对投资活动进行监管的重要手段之一。投资项目后评价内容涉及项目的决策程序、实施内容、资金使用情况,以及运营状态等方面。通过分析项目的成功或失败原因及主要责任环节,为出资人的投资活动监管和投资效果测评提供支撑依据。同时,这种评价工作也有助于建立和完善投资监管体系及责任追究制度。

---

① 简德三.项目评估与可行性研究[M].上海:上海财经大学出版社,2004.

民宿投资项目后评价有利于增强项目竞争力,实现稳健长远的发展。采取有效策略构建投资民宿项目后评价管理体系,形成科学合理可行的民宿投资决策,增强民宿项目投资效益,避免投资决策失误,规避投资的风险,加强监督管理,从整体上提高管理投资水平。

二、民宿投资项目后评价的主要内容和方法

(一)民宿投资项目后评价的主要内容

通常来说,民宿投资项目后评价的主要内容包括两个方面。

其一,对民宿投资项目的建设必要性、生产建设条件、技术实施及经济效益等方面进行评价。

其二,对民宿投资项目的前期准备工作、实施过程及运营阶段进行评价。

(二)民宿投资项目后评价的方法

民宿投资项目后评价方法的基本原理是比较法,也称为对比法。这种方法将项目投产后的实际情况、效果等与决策时期的预期目标进行比较,以找出差距、分析原因,并提出改进措施和建议,最终总结经验教训。一般来说,民宿投资项目后评价的分析方法主要有以下四种。

1. 效益评价法

效益评价法又称为指标计算法,是通过计算反映项目在准备阶段、决策实施阶段和运营阶段所产生的实际效益指标,来衡量和分析项目投产后实际取得的效益。这种方法将项目实际产生的效益或效果与实际发生的费用或投入进行比较,从而进行盈利能力分析。在项目后评价阶段,效益指标包括财务效益、经济效益和社会效益,在统计分析时完全依据实际值进行计算,并采用前期评估中使用过的经济评价参数,以确保在可比性和计算口径一致的情况下判断项目决策的正确性。

2. 影响评价法

影响评价法又称为指标对比法,是通过对项目完成后产生的客观影响与立项时预期的目标进行对照。这种方法将项目后评价指标与决策时的预测指标进行对比,以衡量项目实际效果与预测效果或其他同类项目效果之间的差异,从中发现项目存在的问题,进而判断项目决策的正确性。

3. 过程评价法

过程评价法是将项目从立项决策、设计、采购一直到建设实施的各个程序和环节的实际进程与预先设定的计划和目标进行比较。通过对整个过程的评价,找出主观愿望与客观实际之间的差异,从而发现导致项目成功或失败的主要环节和原因,并提出相关的建议措施。这有助于确保以后同类项目的实施计划和目标更符合实际和更具可行性。过程评价一般具有工作量大、涉及范围广的特点。

4. 系统评价法

系统评价法是在后评价工作中将效益评价法、影响评价法和过程评价法有机结合起来进行系统分析和评价的一种方法。在这三种方法中,效益评价法从成本—效益的角度判断决策目标是否正确;影响评价法则评估项目产生的各种影响因素,其中最重要的是项目效益;过程评价法从项目建设过程中分析造成项目产出和投入与预期目标产生差异的原因,是效益评价和影响评价的基础。此外,项目的效益与设计、施工质量、工程进度、投资估算等密切相关,因此需要将这三种评价方法结合起来,以得出最佳的评估结论。

总之,项目后评价的各种方法之间存在着密切的联系。只有全面理解和综合应用这些方法,才能满足项目后评价的客观、公正和科学的要求。

三、民宿投资项目经济后评价和综合评价

(一)民宿投资项目经济后评价

1. 项目经济后评价的作用

项目经济后评价的作用由其任务所决定。其主要作用包括:将可行性研究阶段对项目寿命期内投入产出所作的预测与项目投产后的实际情况,以及未来阶段的经重新修正的预计情况相对比;从经济角度分析项目经济后评价并总结项目投资的成功和失败之处;利用所得到的经验和教训,为项目的进一步优化及今后类似项目的投资决策和管理提供参考。

2. 项目经济后评价的实际经济效益指标

项目经济后评价是根据国家现行的财税制度和国家主管部门认可的评价方法,对已建成的项目重新进行费用与效益的预测分析。这种评价考察项目的实际获利能力、偿还能力等经济状况。

项目经济后评价的主要指标有财务内部收益率、财务净现值、投资收益率、投资回收期、投资借款偿还期、利息备付率、偿债备付率等。

项目经济后评价是从国家整体角度出发,考虑已建成项目投产后的效益和费用,通过采用影子价格、影子汇率、影子工资及社会折现率等经济评价参数,分析项目带来的实际净效益,评价已建成项目在经济上的合理性。一般来说,经济后评价的结论应服从于经济效益评价的结论,因为经济效益是判断项目优劣和进行项目最终决策的主要依据。项目经济后评价的主要指标包括经济内部收益率和经济净现值等。

(二)项目综合评价结论和建议

项目综合评价结论和建议应该突出重点、简明扼要、观点明确。一般地,项目综合评价结论和建议主要包括如下内容。

其一,关于项目决策的正确性、实现预期目标的程度、实际经济效益及优化方案的评价意见。①项目决策的正确性,评价项目决策是否符合实际情况和预期目标,是否

考虑了各种关键因素,并提出对决策的合理性评价。②实现预期目标的程度,分析项目实施后是否达到了预期目标,包括成本、时间、质量等方面的目标,对实现程度进行评价,并指出影响实现目标的因素。③实际经济效益,评价项目投产后的实际经济效益,包括财务效益、经济效益和社会效益等方面,对经济效益的达成程度进行评估,并提出改进建议。④优化方案的评价意见,针对项目实施过程中发现的问题和经验教训,提出优化方案和改进建议,以提高项目效益和管理水平。

其二,在评价中发现的问题和经验教训的总结。①列出项目实施过程中出现的问题,包括决策失误、执行不力、成本超支、进度延误、质量问题等。②总结项目经验教训,指出问题的根源和解决方法,包括改进决策机制、加强项目管理、提高执行力、强化成本控制等方面。针对类似项目后续决策,根据评价发现的问题和经验教训,提出对类似项目后续决策的建议和注意事项,包括加强前期调研、提高决策的科学性和准确性、强化项目管理、加强成本控制、优化资源配置等。

其三,对建设单位的自评报告和地方、行业主管部门的初评意见提出再评估意见时,可以采取以下步骤。①审查自评报告,仔细审查建设单位提供的自评报告,核实其中的数据和信息的真实性和准确性,确保自评报告的完整性和可靠性。②分析初评意见,对地方、行业主管部门的初评意见进行分析,了解其对项目的评价标准和依据,评估其评价的客观性和权威性。③比对资料,对比自评报告和初评意见,找出其中的异同之处,关注评价的重点,确定需要进一步评估的内容和重点。④深入调查和核实,针对自评报告和初评意见中存在的疑点和不明确之处,进行深入调查和核实,确保评估的准确性和可信度。⑤提出再评估意见,根据深入调查和核实的结果,提出再评估意见,明确项目的优劣势和存在的问题,提出改进措施和建议。⑥沟通和反馈,与建设单位和地方、行业主管部门进行沟通和反馈,说明再评估的意见和建议,征求各方的意见和反馈,以促进评估工作的进展和完善。

案例拓展

莫干山民宿代表作:"裸心谷"

本章小结

民宿投资决策主要是通过可行性分析研究来完成民宿项目的投资。首先需要理解投资的内涵、类型及民宿投资的特征和动机,掌握民宿投资决策的原则、意义及特征;其次需要理解民宿投资决策可行性研究的主要内容、不同阶段和步骤,了解不同的民宿投资的决策方法;最后需要理解民宿投资项目后评价的必要性,掌握民宿投资项目后评价的主要内容和方法,了解项目经济后评价作用、相应的效益指标,以及综合评价的结论和建议。

课后训练

一、知识训练

1. 民宿投资的特征是什么?
2. 民宿投资的动机是什么?
3. 民宿投资决策的方法有哪些?

二、能力训练

1. 运用民宿投资的原则和意义,思考在把握民宿投资决策的正确方向时应注意的方面。
2. 以小组的形式,选择当地某一家特色民宿并分析其投资可行性。

模块二

民宿筹建

第四章
民宿定位与设计

 本章概要

　　民宿定位与设计是民宿项目的前期工程,是民宿项目开启前必不可少的环节。定位板块包括区域选址,民宿特色定位、目标客户群体的定位及在地文化的定位。首先介绍区域选址,这对民宿项目起着决定性的作用,在很大程度上影响了民宿的设计风格、客户群体和未来的经营管理;其次对民宿特色定位的前期调研、目标客群定位,以及在地文化对于民宿特色的影响展开叙述;最后对民宿设计原则与要素进行详述,根据原则及民宿的功能划分、区域空间阐述民宿设计实务。

 **学习目标**

知识目标

1. 了解民宿选址的重要性和影响因素。
2. 理解民宿特色定位、目标客户定位和在地文化定位。
3. 掌握民宿设计的原则与要素。

能力目标

1. 具有对民宿选址因素进行分析的能力。
2. 能够对民宿区域内的环境进行调研,提升对民宿特色定位和目标客户群体的分析。
3. 能够根据民宿设计的要素进行设计。

素质目标

1. 引导学生了解民宿项目前期的任务,从乡村振兴、创新创业角度,帮助学生理解乡村发展的路径。
2. 帮助学生正确理解自然环境与人文情怀,以及与乡村建设的关联,提高审美能力。
3. 激发学生对乡村的热爱,提高学生的社会责任感,引导学生积极投身于乡村振兴的建设和发展。

本章导入

民宿发展助力乡村振兴

2021年文化和旅游部发布全国甲级、乙级旅游民宿评定结果公示,认定甲级旅游民宿31家、乙级旅游民宿27家,依托传统古村落和历史老宅改造的就多达17家。它们携带着特有的文化基因和浓浓的乡愁,承载着不同代际人群对乡村生活的强烈渴望与共鸣。

中国民宿的主流发展区域在乡村,通过建设乡村民宿带动乡村旅游,实现唤醒乡村、重塑乡村的历史使命。2017年,国家旅游局发布《旅游民宿基本要求与评价》,旅游民宿定义为利用当地闲置资源,民宿主人参与接待,为游客提供体验当地自然、文化与生产生活方式的小型住宿设施①。深圳新旅民宿客栈发展研究中心高级顾问徐灵枝对这一概念进行了深入解读。民宿范围可以很广,景区、乡村、城市等地都可以发展民宿,但有两个前提,即非标和单体,以"民"为主,以"宿"为基。民宿行业联动三产(一产:生态农业、创意农业、休闲农业;二产:建筑装饰行业、制造业;三产:旅游、度假、服务),其发展让城市现代化与乡村生活有机融合。向游客说好一个故事,给他们提供一种度假方式,让他们体验一种文化,收获一份闲适,储存一份美好。一种"民宿+"的新模式出现,在高质量发展过程中,既有住宿行业的共性,又有民宿特色个性,探索一条"规范与情怀,专业与特色"的发展途径,促进着乡村旅游的进阶发展,激发乡村的新活力从而达到乡村复兴的最终目标。

案例拓展

全国首批31家甲级民宿公布

第一节 民宿区域选址

一、民宿选址的意义

选址是民宿项目确定的第一步,对民宿的发展至关重要。民宿选址会影响民宿的定位,影响民宿的经营与发展,以及游客体验。

(一)民宿选址影响民宿的定位

1. 位置

开民宿的第一件事就是选址,位置选择对民宿的成功起着关键性的作用。酒店业盛传一句成功的秘诀,即"位置,位置还是位置"。这一秘诀对民宿业来说同样适用。单体民宿前期引流主要依靠民宿周边环境和旅游资源,因此选址必须考虑对客源的吸引力。不同类型的民宿会依托不同的环境,结合当地的特色形成民宿独特的风格,而

---

① 王璐.民宿"体验温感":概念、感知与评价[D].厦门:华侨大学.2021.

这种风格会成为民宿对外宣传的营销点,也会成为吸引游客前来的亮点。

2. 区域内特色自然景观和文化

特色区域会吸引特定的目标客户群体,一方面便于精准营销,另一方面有利于民宿打造品牌文化。众多游客选择民宿的原因是希望在独特的自然景观中体验当地人的生活方式,感受文化氛围,寻找有温度、有个性的住宿环境,这承载着他们对理想生活的向往与期盼。因此有特色的自然环境与区域文化是吸引游客非常重要的因素。根据市场细分原则,民宿依托周围环境和地理位置,形成其独特的吸引力。比如,房屋附近的山谷河流,知名的或者未开发的风景名胜,又或者具有人文情怀的部落村庄等,这些资源都能成为吸引大量城市游客的亮点。

(二)民宿选址影响民宿的经营与发展

民宿作为新兴的住宿业态,既有以单体民宿的发展模式存在的,也有以民宿集群或者连锁品牌的模式存在的。值得注意的是,民宿的发展与当地政府的支持息息相关,若没有政府提供有力的保障,民宿的发展举步维艰。其一,政府招商引资发展当地的其他产业,丰富业态才能留得住游客;其二,政府对当地自然景观或者景区的宣传和管理也影响客流量,稳定的客流量是民宿发展的前提;其三,政府提供的政策支持、基础设施建设、与当地村民的沟通协调及资金补助等,都是民宿经营和管理过程的外部支持条件。

(三)民宿选址影响顾客的体验

1. 个性化体验

民宿是一种非标准的住宿业态,属于生活美学的产物,凭借其独特的个性、丰富的文化内涵成为游客的新选择,尤其受到那些追求高品质生活、渴望将自然风光与人文环境结合的小众休闲度假游客的青睐。如今的旅游模式已从传统的走马观花转变为个性化、富含文化底蕴且小众化的体验。一些依托景区的民宿通过食、住、行等全方位融入,让游客能够深度体验当地的生活方式。这些民宿不仅延续了景点的自然美景,还为游客带来了独一无二的景观体验,这种体验因稀缺性和唯一性而显得尤为珍贵,其价值也随之倍增。

2. 产业结构合理

民宿为游客营造了一种休闲度假的愉悦氛围,合理丰富的产业结构体系能为游客提供更多元化的体验层次。从食、住、行、游、购、娱的角度来说,品尝当地美食、欣赏当地美景、购买当地土特产、体验当地手工艺技艺及参与文化活动等,都是游客在旅行中的需求。

二、民宿选址的影响因素

(一)区域内的自然环境与人文环境

民宿行业与其他行业类似,都是销售产品的行业,但其独特之处在于产品的属性。

周边的自然环境、宜人的气候、独特的自然景观及富有特色的在地文化都是民宿的卖点。

1. 自然环境

自然环境是一个综合性的概念,涵盖地形特征、气候特征、水文特征、植被特征和土壤特征等,好的自然环境对人的心理健康有着积极的促进作用。不同地域有着不同的特征,如贵州喀斯特地貌、北方辽阔的平原,以及雄伟的青藏高原等,这些特色地貌均构成了优质的自然旅游资源。此外,瀑布或者河流等水资源也是考量的因素。当地的气候特征,包括气温、降水、光照等影响着区域的游客量,气候的多样性不仅丰富了自然环境的层次,还吸引了大量寻求不同旅居体验的游客。植被与土壤之间存在着密切的联系,肥沃的土壤滋养了茂密的植被,进而形成了各具特色的农业景观。依山傍水、花鸟鱼虫等乡村资源往往是民宿选址重要的指标。无论是置身绝美山巅,还是身处苍山洱海边,游客都将自然风光尽收眼底,身心与自然融为一体。

2. 人文环境

区域内的人文环境包括特色文化和传统手工艺技艺。人文环境有两个突出的特征是社会性与文化性。当地的民风是社会性的体现,呈现当地人的生活方式和生活态度。而当地的特色文化活动则体现了其文化性,是一种精神形式,涵盖人文景观、服饰、建筑、音乐等多个方面,还包括神话传说和民俗风情。手工艺技艺也是人文环境的一个重要表现形式,在个性化旅游时代备受游客青睐,除了能让游客感受乡村的原始魅力,也能让他们收获独一无二的体验感。

(二)区域内的交通

1. 时间与距离

理想的民宿应既能提供远离城市喧嚣的宁静,又能确保游客进出便捷。时间与距离成为影响消费者决策的重要因素。一般而言,到达民宿的时间一般控制在2小时左右为宜,时间太短,游客缺乏"逃离感",新鲜感不足,时间过长则可能令游客望而却步。

2. 周围交通信息

民宿选址需要靠近主要交通枢纽,并具备详细、准确的交通信息,包括最近的高铁站、车站或者机场的距离,交通工具的信息,民宿周边的路况和停车便利性等。以乡村民宿为例,其选址需要考虑生态环境和宁静的乡村氛围,因此,通常会避开那些虽然交通便利但环境嘈杂的路边地点。

3. 周边旅游资源交通信息

除了考虑抵达乡村民宿的交通条件,民宿周边是否有其他旅游资源同样重要,例如,周边是否有方便可达的景区或者是否有独特的植被景观和山水风光等,如果有,民宿应向游客提供准确的旅游资源与交通信息。此外,规划并设置合理的停车场也是民宿运营中必须考虑的因素之一。

（三）区域内的基础配套设施与业态发展

游客向往的理想中的乡村生活或者山居生活，和现实中的生活状态是存在差距的，这主要是因为游客希望在室外体验原始风貌的自然环境和乡土气息，同时又需要民宿配备符合现代化生活方式的基础设施。

1. 基础设施与周边配套

完善的基础设施和便利的周边配套是民宿客人重要的需求，具体包括水电网、道路、路灯、排水系统、防灾设施等是否完善且无安全隐患，网络是否畅通，周边环境是否便捷，以及其他配套设施（如餐饮店、派出所、医院、超市、娱乐场所等）是否齐全，甚至知名连锁品牌的加入都会是影响游客体验的一环。

2. 区域内产业结构

乡村景观和产业结构也是民宿选址需要考量的因素。从旅游的角度，休闲农业的发展为现代城市人提供了放松身心与休闲度假的理想去处，田园景观的多样性成为吸引并留住游客的关键指标之一。保留并利用当地原有产业，通过民宿旅游业的整合，从经济层面推动了生态农业采摘、手工业体验等产业资源的发展。这不仅能够吸引游客积极参与，还能有效促进当地农副产品的销售。

（四）当地政府与政策的支持

1. 当地政府的支持

目前国家针对民宿业的政策尚在发展与完善中，作为一种新型的、非标准化的住宿业态，各地政府和文旅局的相关法规制度发展程度不一，对这个行业的支持力度也不尽相同。乡村民宿本就依托于乡村旅游，如果没有政府的支持，缺乏基础设施的投入，势必会影响此区域的招商引资以及后续的发展。因此在项目投资前需要了解当地政府的支持力度，以免出现问题影响整个项目的发展。

2. 政策的支持

乡村民宿虽然只是作为一种住宿业态，但却是乡村文化与旅游的重要载体，也是乡村振兴的重要抓手。除了政府的支持，还需要政策的加持。政策鼓励民宿投资者采用租赁（而非买卖）闲置宅基地的方式进行投资，鼓励利用农村闲置房屋盘活资源，与农民的合作方式可采用出租、入股、联营等方式进行。保证投资者、村集体以及农民三方的利益，共同激发乡村活力。

（五）物业租金与建造成本

1. 物业租金

物业租金问题是民宿前期投入中非常重要且突出的问题。当前，乡村民宿业产权结构多样化,包括租赁、合作、地方政府代建、委托运营等多种形式。清晰的产权结构有助于减轻后期运作负担。在选择房屋时,独立小院相较于集中式的房屋,在产权上存在的潜在纠纷较少,也能从某种程度上减少邻里间的矛盾,在征得业主同意之后,对小院进行改造的自主性也相对较大。然而,租金过高势必会影响民宿的后期收益。因此,合理的租期一般为10～20年,通常采用年付的形式降低资金的风险。例如,贵阳开阳县在"水东乡舍"项目实施过程中,农户以闲置房和土地入股,市民以改造资金入股,公司负责房屋改造并经营,经营后市民分红60%、农户分红20%、公司分红20%、公司收入的10%分配给属地村集体。管理公司的一个重要职责是作为桥梁,连接投资者、农户(业主)及当地村集体,确保各方顺畅合作。

2. 建造成本

民宿的建造成本受多种因素影响,主要包括民宿规模、地理位置、建筑改造、室内装修和室外景观园林等。

(1) 民宿规模。

民宿按房间数量区分规模,房间越多规模越大。

(2) 地理位置。

位于景区或者是高价地段的民宿,人力成本和土地费用相对会更高;而处于较为偏远区域的民宿,运送费用又会相对偏高。

(3) 建筑改造。

建筑改造费用包括专业的建筑师和设计师的费用,制订合理的施工计划,确保项目安全,选择并供应材料,以及支付工人的费用等。

(4) 室内装修。

民宿室内装修风格多样,如木屋或者全景落地窗等。高档的室内装修和豪华的家具会增加成本,而简约大气的装修、经济实惠的家具则可以降低成本。发挥创意,就地取材是降低成本的有效方式。

(5) 室外景观园林。

民宿的园林设计应当精致且自成一道风景,包括院落绿化、融入当地风格特色、修整围墙、布置水池等,提升整体美观度和吸引力。

案例拓展

荔波尧古村:古村悠悠传新韵

第二节 民宿特色定位

市场定位是20世纪70年代美国营销学家艾·里斯和杰克·特劳特提出的,其含义是指企业根据竞争者现有产品在市场上所处的位置,针对客人对该类产品某些特征或属性的重视程度,为本企业产品塑造出与众不同的、给人印象鲜明的形象,并将这种形象生动地传递给客人,从而使该产品在市场上确定适当的"品位"。简单来说,市场定位就是在目标客户心中树立起独特的产品形象①。民宿作为一种非标准化的住宿业态,区别于酒店的标准化服务,主打的是给客人提供有个性、有温度、有品位的住宿环境和服务品质。因此民宿的特色定位是吸引游客前往的非常重要的因素,也是区别于其他住宿业态的竞争优势。乡村民宿主要依托乡村景观、自然风景及特殊文化资源,或者以景区为核心的周边区域,形成了独特的休闲旅居度假形态。如今,民宿品质趋向高端化发展,升级品位、提升服务、创建特色成为发展新任务,其基础需要项目初期就做好民宿的市场定位。

《2023年中国大陆民宿业发展报告数据报告》显示,截至2022年中国现有民宿97730家,民宿总数和总入住量分别恢复到了2019年的85.2%和106%。这并不表示民宿行业的发展一片红火,相反,缺乏特色、盈利较低、竞争较大是普遍存在的状况,低端民宿仍然有很多,硬件条件较差、服务质量不佳、更新迭代慢仍然是民宿行业现处的境况。鉴于市场定位对民宿经营发展的重要性,以及民宿行业中现存的问题,精准的民宿市场定位必不可少。

一、民宿定位前期调研

(一)区域和市场总量调查

项目区位的选址可以决定民宿的风格定位、目标客户群体及在地文化的定位。市场不同民宿的档次也会相应产生变化,休闲度假区的高端奢华民宿偏多,经济型民宿则聚集在交通便利的景区附近。其一是需要对旅行目的地的游客量进行深度调研。旅行目的地游客量的标准共有三个档次:300万人次以上的人口流动量为第一档次;100万—300万人次的人口流动量为第二档次;100万人次以下的人口流动量为第三档次。而在项目选址的目标区域,游客量需要在150万人次以上,有6—8个月的旅游旺季,才能满足经营周期需求。其二是需要对游客的深度调研。调研的内容包括:游客来自哪里?逗留几天?消费情况如何?对区位的消费标准满意度如何?愿意为区域花费的预算是多少?是否会再次游览。项目投资者需要了解的信息如下。

(1)项目区域的年客流量、客流量月份分布、淡旺季分布等信息。

(2)调查客人来自何地、客人逗留的天数。

(3)客人的消费情况、预算及对消费的标准的评价。

(4)客人再次游览的意愿程度。

(二)区域交通系统调查

城市规划专家指出,民宿选址应以休闲度假型的旅游目的地为佳,适合游客一到两天的短暂停留,同时,选址应确保距离发达城市群不超过小半天车程,这样既能确保

---

① 陈宝森.基于工商协同机制的卷烟品牌精准营销研究——以"苏烟"品牌为例[C]//中国烟草学会.中国烟草学会2012年学术年会论文集.江苏中烟工业有限责任公司,2012:6.

民宿拥有稳定的游客量,又有利于其持续经营。交通便利性是游客出行考虑的重要因素之一。比如莫干山民宿集群区域,与周边城市的距离均在2小时车程之内,这就基本确定目标客户群体了。此外,机场或高铁站与民宿的距离不宜超过1小时,以确保游客到达目的地之后,能够方便快捷地到民宿。乡村民宿的目标客户群体多为城市居民,过长的交通时间会降低客人期望值,进而影响后续的服务体验。项目区域交通调查需要考虑的问题包括以下几项。

(1) 距离最近的机场或者高铁站有多远?

(2) 高速路路口离民宿有多远?

(3) 公共交通能否直达? 需转乘吗? 有多远?

(4) 自驾游的客人是否有可用的停车位?

(三) 区域自然环境与旅游资源调查

在规划民宿之前,首先需要深入了解所选择的区位。这包括考察所选区域是否具有良好的自然生态环境、旅游景观以及人文资源。同时,我们还需要调研周边民宿的数量、定位、软硬件设施的档次、价格区间以及淡旺季和年平均的入住率。此外,游客的主要来源地(如周边城市或一线城市)和他们的来访目的也是关键信息。客流量对于民宿的发展至关重要,特别是在初期阶段,当民宿自身尚未建立起足够的吸引力时,更需依赖区域流量。然而,一旦民宿建立起良好的口碑,两者就会形成相互促进的良性循环。在自然生态环境方面,气候是一个很重要也很稳定的考量因素。良好的气候条件能够吸引较为稳定的客源,例如,夏季凉爽的地区会成为炎热地区游客的首选避暑胜地;而气候差异大的地区,如北方冬天的雪景,对南方游客具有极大的吸引力。民宿的功能不仅仅局限于提供住宿,它更多的是作为让游客体验当地生活方式和文化氛围的途径。因此,当地的文化特色也是一个重要的考量因素,那些具有代表性或者被大众熟知的当地文化在前期更容易吸引客源,而一些小众的文化特色也会逐渐成为游客的选择之一。为了更全面地了解所选区位,我们还需回答以下问题。

(1) 周边自然景观和地理环境有什么特点?

(2) 周边旅游资源的特色是什么? 离民宿的距离有多远?

(3) 当地的气候怎么样?

(四) 区域发展环境调查

对项目所选区域的外部环境进行全面调查必不可少,这不仅关乎前期项目投资的预估,还直接影响后续发展的投入与规划。首先要关注当地政策对民宿投资和发展的支持力度,是否有优惠政策,这些政策能否为民宿项目提供有力的支持。同时,考虑到民宿经营过程中会大量使用当地人力资源,因此还需要调查居民对民宿项目的态度,确保项目能够得到当地社区的支持与认可。其次,对当地民宿业态进行深入调查,包括民宿的档次分布、经营氛围是否友好等。这有助于我们了解市场竞争情况,以及如何在市场中定位自己的民宿项目。此外,我们还需要考察当地的配套设施是否完善,包括水电网、道路、路灯、排水系统等基础设施,以及周边餐饮店、公共交通、超市、派出所、医院、娱乐设施等生活设施。这些设施的完善程度将直接影响民宿今后的运营管理和游客体验。

党的二十大报告提出,加快建设农业强国,扎实推动乡村产业、人才、文化、生态、组织振兴。启动实施文化产业赋能乡村振兴战略。民宿作为非标准的住宿业态,既是乡村旅游重要的组成部分,又是当地文化向外展示的窗口。随着民宿行业的逐渐成熟,民宿项目逐渐朝着连锁化、品牌化、集群化的趋势发展。以宁夏中卫黄河宿集为例,该宿集集合了众多知名民宿品牌,共同打造了一个富有本土特色的文化旅游综合体。这种集群化的发展模式不仅吸引了大量游客,还改变了以"住"为核心的传统理念,推动了"民宿+"新业态的发展。在民宿区域发展环境调查过程中,我们需要关注以下几个关键点。

(1)当地政府的支持与优惠政策。

(2)当地民宿业态调查。

(3)当地配套设施。

(4)当地的特色农业、手工艺等产业结构的现状。

二、目标客户定位

客户画像,即客户特征标签化。通过收集客户的社会属性、偏好特征、消费行为等各个维度的信息和数据进行分析,挖掘潜在的、有价值的隐性数据,从而描绘客户全貌,对需求进行量化。随着休闲旅游的发展,民宿的客户群体主要集中在"80后"和"90后",其中,青年群体、城市白领和年轻的亲子家庭占据较大比例,他们更倾向于追求个性化与品质化的民宿体验。深入了解民宿的客户群体,分析这类客户群体的特征、消费习惯,对于精准定位目标客户群体至关重要。目标客户群体越明确,越容易形成稳定的客户群体。客户画像可以从自然特征、客户诉求、社会特征及心理特征方面来建模,这些因素都会影响民宿的定位。基于目标客户群体的分析,我们能够有针对性地设计民宿产品,例如,针对亲子家庭,民宿的硬件设施应注重安全性,并提供户外活动空间和儿童游乐场所等;而对于年轻群体,可以打造具有拍照打卡功能的场景,营造独特的空间体验感,以满足他们的个性化需求。

三、在地文化定位

近年来,乡村民宿发展势头极其迅猛,全国各地都在利用当地的文化与旅游资源吸引游客,用特色化、品质化的乡村民宿留住游客,目的在于助力当地乡村的振兴。无论是乡村民宿还是客栈民居,都如雨后春笋般涌出。然而,大部分民宿存在严重的同质化现象,文化元素提炼不足,服务品质参差不齐,乡村特色不鲜明,导致乡村民宿发展陷入低端化、低品质、高竞争的恶性循环。

何为在地文化?它是一种理念,是特定区域的生态、民俗、传统、习惯等文明的集中表现,既包括物质性的城市风貌、乡村聚落、饮食服饰、特产资源等,又涵盖非物质性的风俗习惯、文学艺术、科技教育与道德风尚等[①]。从文化的角度来说,民宿的发展对于当地乡村的人文历史、自然生态起着传承与保护的作用,用现代的文化创意去延续民风民俗,利用场景挖掘新空间,比如近山亲水、赛事演艺、夜游文化及数字技术在场景中的运用等,重塑乡村的魅力和提升乡村的竞争力。

因此,民宿只有具有内涵才能有市场。在保证居住品质的前提下,同时也需要注重文化内涵的挖掘和展现。优秀的传统乡土文化是乡村民宿的灵魂,要坚持在保留乡土气息的同时提升品位,在质朴中展现大美,在保留中寻求创新,在创新中彰显品质。将乡村民宿与当地自然环境、乡土文化有机融合,既保留当地民居风格,又彰显地域人文特色,让游客在乡村民宿中不仅能享受山水之美,更能体验文化之韵,真切感受到乡愁记忆,享受田园之乐。

案例拓展

区位分析

第三节 民宿设计原则与要素

一、民宿设计的原则

(一)区域特色化原则

1. 融入自然环境

在考虑民宿设计时,为了满足游客追寻原汁原味的自然环境和人文环境的需求,应坚持可持续发展和保护生态环境的原则,追求质朴与自然,最大限度地保留原本的建筑外观和周边的自然环境,在此基础上美化周边并提高审美。在设计过程中,要巧妙地将现代休闲生活方式与当地环境相结合,实现环境艺术化与民宿个性化的和谐共存。设计之初需要考虑自然环境与建筑空间的融合,满足住宿基本功能之后,构建人与自然互动的场所,带动附近的环境景观资源,使民宿不仅满足居住的需求,还能满足游客的心理需求。另外还需要因地制宜,根据当地的气候条件进行调整。比如,气候偏潮湿的地区,雨量充沛,防潮去湿就是必不可少的一项工作。气候偏干燥的区域,木质结构房屋应注意防火。

2. 延续人文景观

民宿在旅行过程中扮演着重要角色,它不仅仅提供住宿服务,还能让游客亲身体验到周边丰富的人文环境。丰富多元的乡村元素、村落文化、民俗民风、文化礼堂等都能成为民宿在地文化的延续。如何将民宿周边的文化元素融入民宿建筑风格设计是

---

① 姚岚,岳芸竹,朱念.在地文化工作站促进职业教育产教融合的价值内涵与实践路径[J].教育与职业.2023(24):57-62.

建筑师面对的重要问题,这就需要因地制宜、因房而设、因客而异。文化信息和资源不能被直接使用,而是需要设计师先对其进行深入了解和研究,提炼出最具特色和代表性的文化元素,将其精华体现在建筑外观、景观庭院、房间装饰,以及民宿整体设计等方面。比如,北京四合院建筑,是合院建筑的一种,四合房屋,中心为院,俗称合院。传统的四合院以家庭为单位居住,相对外界来说是比较隐秘的庭院空间。院中饲鸟养鱼,种有花草树木,叠石造景,游客可以和家人在院中休息、聊天饮茶,享受宁静与快乐。四合院的建筑设计和格局体现了中国古代社会的家庭结构及阴阳五行学说,客人可以在此深度体验北京的民风民俗。

（二）景观环境设计原则

1. 还原乡土风情

民宿的景观环境设计应致力于还原乡土风情,从建筑外观、庭院到景观设计,均可就地取材,巧妙运用乡村农作物进行美化。比如,石灰墙面或者泥土砖墙可用花墙或绿篱来装饰,也可利用废旧的瓶瓶罐罐作为庭院小品、墙饰的制作原料。民宿不仅要在建筑外观和传统装饰符号上融入当地文化元素和民风民俗,更要通过居住体验、产品结合及民宿服务等维度,营造独特的文化氛围,实现真正的在地化。让游客能够体验到"户庭无尘杂,虚室有余闲,久在樊笼里,复得返自然"的诗中意境。

2. 设计观景体验

空间有序,四时有景。纵向空间通过植被的层次分割,横向空间则通过花木、小品、路径等元素的巧妙组合,营造出丰富的层次感。景观设计中可以通过设置平台、阶梯、水池、小路等元素,创造出丰富的空间层次感,提升游客的体验感和趣味性,充分利用自然元素,如水池、石头、树木、花草等,对民宿景观进行设计,增加民宿的活力与美感。借景入室是民宿常用的设计方式,既提升了民宿的氛围感,使游客欣赏到美景,又对周围的环境起到了保护作用。另外,设计时也需要考虑功能性的区域,比如行走、休闲、餐饮区域等。

民宿设计应将当地特色与美学、可持续发展的设计理念融合。作为一种个性化的住宿业态,民宿反映的是本地民风民俗、民宿主人的生活方式。越来越多的人开始追求极致的质感与时间感,追求与空间、与物件之间的内在情感连接。好的民宿就像是一把"诗和远方"的钥匙,让人们可以随时"开门",逃离城市生活的浮躁。

（三）可持续发展与环保原则

莫干山的裸心系列民宿在环保设计方面极具代表性,它是中国首家荣获美国LEED绿色建筑认证的高端乡村民宿,这一认证是国际建筑可持续性评估的重要标准。裸心谷的设计与其民宿定位相为呼应,即为都市人提供一个能够回归自然,寻找真我的世外桃源。裸心谷的建筑物建造依照原有的山地地形走势,大量使用了当地盛产的竹子进行手工艺技术设计。夯土小屋墙体既可以蓄热也可以隔热,房间里冬暖夏凉,基本用不上空调,同时,这种设计免去了油漆的使用,既保持了自然的乡土气息,又极大地降低了能源消耗。

(四)民宿体验设计与互动交流原则

体验经济是服务经济的延伸,是农业经济、工业经济和服务经济之后的第四类经济类型,强调感受性满足,重视消费行为发生时的心理体验①。其最大的特征是全程互动性参与、个性化感受、映像性回忆,而这些恰恰是新消费时代文化娱乐和休闲旅游产品的延伸、迭代升级与价值提升的一个切入点。因此,文化旅游活动愈发注重提供新鲜独特的体验感受与高度的互动性。同时,民宿的空间设计也直接影响着客人的体验质量。

1. 入口处

民宿的第一印象体现在入口区域或者停车场。开阔的出入口给客人大气、便利之感;隐蔽的设计容易给客人留下私密且独特的印象。自驾游的客人会对有规范合理的停车场的民宿颇有好感,因为这样的设计充分考虑到了他们的需求。

2. 民宿接待厅

民宿接待厅类似酒店的大堂,虽然规模上可能无法与酒店相比,但是功能却是一样的,都用于迎送客人。接待厅的装修风格最能体现民宿的特点,从而在客人心里留下深刻印象。

3. 庭院

庭院是乡村民宿中让客人休息、观赏的场所。精心设计的庭院区域能向客人展示民宿主人的品位,是容易让民宿主人和客人产生共鸣的空间。比如,在庭院中种植的不同花草和树木,设置休息的座椅、遮阳伞及亲子活动的场地与设施等,不同的庭院设计能让客人体验不同的乡村生活。庭院往往有着无声胜有声的交流效果。

4. 客房

客房属于客人私密的空间,其功能性设计与艺术审美相结合,能为客人带来深刻的居住体验。标准化的设施确保了高品质的现代生活需求,而个性化配置则增添了独特韵味。此外,客房还让客人能够尽情领略乡村美景的非凡魅力。比如,露台上的大浴缸虽然客人真正使用的机会不多,但却是房间的一个亮点,是一个看似不合理却巧妙设计。

5. 公共区域

让客人能切实感受到民宿主人温度的空间应该是公共区域。例如,就餐区美味的食物让人放松,品尝的同时还能听到来自民宿主人或者其他客人的故事,深入互动交流在这一刻达到峰值。民宿的魅力就在于,它能营造出一种契合当下时刻、融合天时地利与人和的独特氛围。

---

① 曾梦宁.新格局下的新消费[J].中国金融家,2021(10):75-77.

（五）民宿与社区共建原则

居住在同一个地理范围内的居民以集体行动来处理共同面对的社区生活议题，解决问题的同时也创造共同的生活福祉，逐渐建立居民和环境的紧密社会联系，这一过程被称为社区营造[①]。民宿作为乡村旅游中的重要一环，担负着乡村振兴的使命，和民宿所在的村落形成了一种一荣俱荣、共生依赖的关系。

社区营造的主要目的是整合"人、文、地、景"几大社区发展方向。下面从民宿社区共建的角度进行分析。民宿与"人"建立了联系，民宿不仅给当地社区的居民带来了工作机会，还为他们引入了城市生活方式；社区居民的民风民俗也感染着民宿，形成民宿的特色，此时城市现代生活和乡村生活进行了有机融合。民宿与"文"息息相关，民宿是当地文化向外展示的窗口，对文化起到了保护并延续的作用；社区内的优质文化氛围也滋养着民宿，从而吸引着游客。民宿与"地"相互依存，民宿依靠社区的地理环境吸引了游客，游客的前往带动了当地社区的休闲农业与观光农业的发展，优化了当地社区的产业结构，提高了当地居民的生活条件。民宿与"景"相得益彰，民宿与当地独特景观环境形成一种关联和延伸，让游客深度体验，沉浸式探寻触发心灵的空间，最终实现民宿与当地社区的有机融合，乡村生态与文化创意经济的完美重构。

二、民宿设计要素

讲故事可以分为三个阶段：告诉—分享—融合。在告诉阶段，讲故事只是单向地向客人讲述"我的故事"，在民宿设计环节呈现民宿主人的理想生活与情怀，讲述"我与我的民宿的故事"。到了分享阶段，当客人到达民宿之后，民宿主人与客人之间开始建立关系，讲述"和你有关的故事"，讲述"你看到了一个什么样的民宿"。融合阶段是最高层次，到了这个阶段，就好像民宿主人已经进入了客人的心里，客人就是故事中的人物角色，讲述的就是"你的故事"，讲述"你如何使用、体验这些民宿"。

民宿设计可以分为三类：第一类是以建筑外观为特色，独特的建筑造型与空间设计是民宿的亮点；第二类强调民宿主人的文化氛围，他们温暖亲切、多才多艺，以个人的独特魅力及对乡村生活的深情厚谊感染每位入住的客人；第三类则聚焦于独特的山水景观，拥有无可取代的自然环境，配备良好的软硬件设施，让客人能够欣赏独一无二的风景，获得深刻的入住体验。

（一）民宿名字设计

民宿是心灵寄托的驿站。一些精品民宿，或传承古风，或独具新意，或隐于原野，无论是哪一种，都是为游客专门定制心灵之旅的场所。因此，一个容易让游客产生记忆点和联想的名字尤为重要。民宿的名字必须经过精心提炼，有特殊的含义，或者代表着民宿的定位与文化。例如"花间堂"，寓意花丛中长出的房子，在古镇与古宅中修

---

① 李游莉.基于地域文化视角下的青城山民宿旅游开发研究[D].成都：成都理工大学，2020.

旧如旧,传承家庭的中式生活哲学,与民宿诗情画意的底色契合;又如"松赞",它是藏区文化的一种体现,是民宿与在地文化相融的典范,采用"松赞+具体地名"命名每一家民宿,不仅定位清晰准确,还能把此种文化融入民宿愿景,形成强大的品牌效应。民宿名字设计应遵循易于记忆与传播、凸显地域文化,以及符合民宿休闲氛围的原则,能够让客人产生美好的联想。

（二）民宿建筑改造

按照地域划分,民宿可分为城市民宿、景区民宿、村落或古镇民宿,以及乡村民宿。不同地域大小及地域特色的民宿吸引着不同的客户群体。民宿本身就是依托周边环境生存的行业,所选区域都会成为民宿吸引游客的服务亮点。民宿的价格也是民宿档次的直接体现,从经济型民宿到中端、精品乃至野奢型民宿,如莫干山的西坡、大乐之野等就属于高端精品民宿,而部分乡村民宿属于经济型,是农家乐或者旅居房的升级版。民宿建造的房源有很多种,主要改造的房屋类型可以分为以下几种。

1. 老房改造民宿

曾经的乡村交通不便、基础设施落后,许多村民为了生计外出务工,导致很多村成了空心村,闲置房屋较多。如今在乡村振兴战略的推动下,盘活老旧闲置住宅、发展民宿产业,不仅带动了村民增收,还让乡村更具活力,吸引了许多外地投资者和本地乡贤回乡创业,积极参与到乡村的建设中来。乡村老房改造的民宿成为主要房源,被称作"住进历史中,重现旧宅光彩"。在改造过程中,项目团队采用现代技术对原先的建筑结构进行保存,以修旧如旧的方式,结合当地的山水格局,把老屋的历史痕迹最大限度地保留下来。在这一过程中,就地取材进行必要的修缮、保留原有的墙面和房屋结构是常见的做法。在此基础上,营造符合当下现代生活品质的院落景观和室内空间,构成一种极致矛盾的反差,外面是古朴的土墙,里面则是现代化的体验空间。此外,还可以利用闲置或废弃的农家场所,打造相关的文化体验空间,适配乡村文旅产业。

水东乡舍改造前后对比及水东乡舍老宅改造外部如图4-1和图4-2所示。

图4-1　水东乡舍改造前后对比

图4-2　水东乡舍老宅改造外部

2. 艺术设计民宿

艺术设计民宿通常以极具个性化的设计理念体现在民宿的各个方面,是民宿主人心中理想的外在体现。这类民宿围绕独立的主题元素,如某一民族元素、某一设计风格或者当地的某种文化元素等,运用独特的艺术处理方式和具有创意的生态环境设计理念,将民宿外观和当地环境自然融合。这类民宿不仅满足基本的住宿功能,还通过空间布局传递生活美学的理念。尤为特别的是,这些民宿的设计元素前卫且精致,充满了个性化的创意与独特性。

阿迷·艺宿以独龙族为设计元素的房间如图4-3所示。

图4-3 阿迷·艺宿以独龙族为设计元素的房间

3. 农家体验民宿

"居山间,宿民家,醉青山"通常是游客对乡村民宿的深切向往。宿在山顶或者村落之间,青山绿树环绕,虫鸣鸟叫做伴,雨天赏山色空蒙之景,晴天观晚霞犹在绿荫中之色。乡村作为城市之外的情感与精神空间的另一个出口,承载着人们对简单质朴生活的向往和对自然环境的热爱。在这里,乡村生态环境成为理想的居住环境,丰富的生活文化转化为观光资源,生态农业与休闲农业则为游客提供了丰富的娱乐活动,这一切构成一种以民宿为中心的新型农业经营形态模式。

天目山月亮玖号民宿如图4-4所示。

图4-4 天目山月亮玖号民宿

4. 别墅风格民宿

目前民宿的内部组成有多种模式,有几间房加上一个院落的单体民宿,也有多栋相连且各自配备院落的建筑,更有整个村落被规划为民宿区域,各式房型错落分布。通常由民居建筑群组成的民宿被称作别墅风格民宿,这类民宿拥有优越的自然环境,设施现代化且豪华,设计审美媲美高端酒店。从外部的私人院落、泳池,到内部的独立会客室、厨房、餐厅等硬件设施一应俱全,适合大家庭聚会或公司团建活动,既提供公共活动的空间又有私密独立的领域。民宿所在的村落或者森林区域,更容易让游客沉浸式体验当地的美食、人文景观、生态环境、休闲农业等,营造出一个宜居、宜游、宜业的乡村社区,增强了乡村的活力,延续了乡村的生活和文化。民宿与乡村社区的共建产生了良性互动,初步达成了社区居民用美营造乡村社区、打造舒适的田园生活环境的目标。

梧桐山院落民宿如图4-5所示。

图4-5　梧桐山院落民宿

(三)民宿功能空间设计

《源于中国的现代景观设计:空间营造》一书中提出了景观设计的三要素:空间布局(空间属性和空间形态)、路径引导(平面和竖向的人流动线)、观景休验(借景与意境体验)。这三要素对于民宿的体验设计也同样适用。民宿的户外与室内空间设计,以及与景观的融合,均旨在服务于客人,为他们规划出最佳体验路线与意境,从而留下深刻印象。民宿的差异化主要体现在环境的独特性、感受的个性化及生活的舒适性上。通过这些方面,民宿能够为游客提供与众不同的住宿体验。

1. 户外空间的设计

民宿设计不是简单地设计一栋房子,而是通过民宿中"宿"的功能构建一种生活形态,包括对建筑的设计、环境的规划与庭院氛围的营造。换位思考客人的需求。多有一些留白,看似"无用"的空间给客人。民宿的客人普遍来自城市,想要暂时远离高压、稠密的刻板生活,客人需要一个足够开阔,足够放松的空间来休息。

(1) 庭院。

随着"宅度假"逐渐流行起来,可观可玩的庭院成为民宿氛围营造非常重要的空间元素。庭院景观是反映民宿主人精神世界的场所,理想的户外休闲区不仅可以提供休闲功能,还可以增加娱乐性和观赏性。石头小路、木材栅栏、当地老物件等均能体现乡土气息,在满足功能性需求之余,还能体现当地特色,就地取材更能融入当地环境。植物是营造氛围的载体,民宿中能做到三季有花、四时有景便能营造出诗情画意的氛围。不同层次的植被乱而有序地排列,彰显着乡村的色彩,使庭院散发出勃勃生机。此外,设置供喝茶、聚会与闲聊的座椅或者亭子,为客人提供一个晒晒太阳、发发呆的空间,这种闲适散漫的生活方式满足了客人的休闲需求。

民宿的小院景观、植被、石板路及庭院休闲区如图4-6、图4-7所示。

图4-6　小院景观、植被、石板路

图4-7　庭院休闲区

(2) 水系景观。

水元素的加入会给庭院增加一些灵气与活力,园林景观离不开水池的设计。夏天清凉的泳池,冬天温暖的温泉都能给客人留下深刻的印象,大大提升了娱乐性。此外,水池的巧妙布局还成功突破了民宿地理位置的限制,即便是小池子,也能让小朋友们尽情玩乐。同样,点缀其间的观赏性假山与小喷泉,更为庭院增添无限乐趣。

匠庐·阅山的顶楼观景亭、戏水池、露台及无边水池如图4-8、图4-9所示。

图4-8　匠庐·阅山的顶楼观景亭、戏水池、露台

图4-9　匠庐·阅山的无边泳池

（3）庭院光照。

庭院光照氛围的营造包括自然光照和景观灯源。民宿庭院的改造大都会保留原本的结构和植被，甚至是建筑外墙等，营造老宅院落的氛围。白天有通透的自然光，随着太阳东升西落而推移切换，屋顶透过窗户投射下的光影、树木在墙面上形成的斑驳图案，共同美化着庭院的景观；夜晚搭配低色温、温暖的装饰灯光，营造出一种温馨宜人的氛围。夜色中的灯除了照明的功能，还要能给庭院营造绚丽多彩的空间氛围。灯光设计需要和场景、意境相符，灯具需隐蔽安装，做到"见光不见灯"。在灯光组合上，颜色应主次分明，避免杂乱，适当融入民宿主题或者亮点，使其成为客人拍照打卡点，能够起到好的宣传作用。

过云山居夜晚整体灯源如图4-10所示。

图4-10　过云山居夜晚整体灯源

2. 室内空间的设计

民宿室内空间不同于酒店，因功能和场地的限制，通常仅有门庭、前台、公共会客空间、走廊和餐厅。在室内布局上，采用棉麻、藤编等天然材质的家具，旨在营造一种清新自然、休闲舒适的空间氛围，体现出一种"慢生活"的态度，让人感受内心的安宁。此外，原木色家具与素色地砖也是必不可少的元素，这些元素使得室内与户外自然环境融合在一起。室内色彩比例遵循"背景色60%＋吸引色30%＋点缀色10%"的原则，恰当的配色更能展现家居品位，提高审美层次，使空间更具灵动感。室内光线设计应遵循"5∶3∶1"的黄金定律，即集中性光线、辅助性光线与最基本的光线比例为5∶3∶1，为室内空间增加层次感和艺术性。

（1）公共区域。

公共区域是供客人共同使用的休闲空间，集会客、聊天、休闲、就餐等多种功能于一体。充足的公共区域能够让客人尽情放松，比如坐在室内透过窗户远眺，或是通过宽敞的全景落地窗，将室外的青山绿水尽收眼底，这里便成为民宿内部的观景胜地。

此外，一些民宿还会将公共空间打造成独具特色的区域，无论是从功能布局还是装饰风格上，仿佛一个家庭的客厅，设有开放式的阅读区、休息区等，为客人提供交流互动的场所。这种休闲氛围以及精心设计的布景能够吸引客人驻足停留，他们可以拍照、闲坐、聊天。民宿主人以分享生活美学的态度，向客人展示每一处细节，力求做到移步换景，这是民宿体验设计的理想状态。公共区域与户外庭院是一个整体，风格和装饰物需要做到统一，以充分展现民宿的主题特色。通常民宿会将一楼设计为公共空间，包括接待的前台和员工的工作区域，以便更好地服务每一位客人。

民宿户外休闲空间、烧烤区域示例如图 4-11、图 4-12 所示。

图 4-11　户外休闲空间示例

图 4-12　烧烤区域示例

（2）客房。

民宿的客房的风格定位没有固定的标准，既可以有统一风格的房间，也可以根据不同房间的特点打造多样化的风格。但无论采用哪种风格，房间内的家具、装饰及色彩都应服务于整体主题。在进行客房设计时，需要站在客人的角度，了解他们的需求。除了基本的住宿功能，应该围绕观景、赏景等元素展开，打造能够吸引客人的亮点，满足住客的心理需求，如设置室内亲子游乐空间、露天浴缸、全景大平台或悬崖观景等，给客人一种"必打卡"的非凡体验。

民宿房间的质感往往体现在细节之处。在房间的隔音设计与通风方面，尤其是老房改造的木质结构房，采用效果好的隔音棉或者是增加隔音夹层是首要任务。为避免潮湿房间产生霉味，应确保良好通风，安装新风系统或采用中央空调，并定期除湿。房间内的基础水电设施必须得到保障，需定期调试和检查，如确保热水供应满足高峰期需求，浴室地漏排水迅速。同时，要注意墙壁潮湿渗水问题及乡村房屋定期除虫，及时排查和解决潜在问题，避免给客人带来不便。用电安全是民宿运营中的重中之重，需与当地供电局合作进行电力增容，并确保用电要求符合当地规定，特别是木质结构房屋更需格外注意。此外，无线网络的覆盖也是影响客人入住体验的关键因素，畅通的无线网络已成为现代生活不可或缺的基础设施。正如中国旅游协会休闲度假分会会长魏小安所言,民宿是城市化的延伸,很多民宿是城里人建设、城里人享受,用于日常休闲和乡村度假。因此,客房内的设施需符合现代生活的标准,以满足客人的多样化需求[①]。

秋田布谷的亲子客房玄关与相关设施如图4-13所示。

图4-13　秋田布谷亲子客房玄关与相关设施

（3）走廊或楼梯。

民宿在保持整体风格协调统一的基础上,还需要精心设计一些特色区域,使其成为民宿的亮点。走廊和楼梯是客人的必经之路,在发挥其基本功能的同时,还可以巧妙地融合民宿的特色元素,设计特别的场景或者提供特别的拍摄角度,这样既能让客人沉浸于民宿的主题氛围,又可以让喜欢拍照的客人乐在其中,进而促进民宿的宣传与推广。

楼梯角落和展示墙示例分别如图4-14、图4-15所示。

图4-14　楼梯角落示例　　　　　　　图4-15　展示墙示例

---

① 魏小安.激活沉睡资源 发展民宿经济[J].中国房地产,2016(29):19-21.

(4)特色区域。

民宿在营造环境氛围时,遵循就地取材的原则,结合地理环境,使用原生态树木及当地丰富的材料做装饰,这种做法不仅有益于环境保护,还能通过减少材料运输,显著降低人力和成本投入。

原生态石阶和树木的保留如图4-16所示,当地的席子做成的屏风如图4-17所示。

图4-16　原生态石阶和树木的保留　　　　图4-17　当地的席子做成的屏风

(5)员工工作区域。

员工工作区域的大小根据民宿的规模来确定,虽然不必像传统酒店那样一应俱全,但基本配备如消毒间、布草间、杂物间、就餐区域及厨房仍是必要的。房间低于15间客房的小体量民宿,员工工作区域满足日常工作需求即可,但体量稍大的民宿,员工工作区域需要随着对客服务功能的增加进行调整。

(四)民宿品牌形象设计

品牌形象设计(VI设计)包括标志设计、色彩方案、字体和排版、象征图案、标语口号、吉祥物及品牌应用等要素,其目的是通过视觉元素传递企业品牌形象和价值观,建立一个独特的品牌形象,使企业在市场竞争中占据有利地位,有效传达企业希望表达的信息与情感。对于民宿而言,其独特的文化与情怀正是需要通过这样的设计方式向目标客户展示其特色与体验。独特且易于识别的标志、清晰亮眼的配色方案、便于印刷的名片和朗朗上口的宣传口号,带有民宿文化符号的吉祥物等都是民宿文化输出元素,让目标客户以及潜在客户更容易看见,便于宣传。

1. 统一性与规范性

民宿VI设计的内容需保持统一性,可以通过色彩、字体及图案等方式来实现。要避免出现风格差异化的设计元素,以免失去了品牌传播的记忆点。为确保规范性,民宿VI设计应采用符合标准的颜色、字体和图案比例进行约束。

2. 独特性与辨识度

民宿的标志设计需要具有独创性,通过创新设计元素展现民宿的主题内涵,比如可以使用独特的字体或者图案来避免雷同。一个成功的标志可以让客人产生深刻印象,并且再次见到时能想到民宿的名字。例如,若民宿的品牌理念是温馨舒适,设计中则可选用暖色系作为主导,以此传达品牌的情感调性,让受众能将视觉体验与民宿的品牌理念联系到一起。

3. 延用性和适用性

民宿VI设计应具有延用性,使受众能够识别品牌,不断强化认识的过程中留下深刻印象,这包括在客人入住期间接触到的各种物品和媒介上,如布草、洗漱用品、餐具,以及房间门牌、指示牌等,都应采用统一的视觉元素。同时,这种设计还需具备广泛的适用性,能够在不同的场景和媒介中保持良好的视觉效果,确保品牌形象的连贯性和一致性。

迷你小山居的民宿品牌Logo如图4-18所示,品牌Logo在不同媒介的使用如图4-19所示。

图4-18 迷你小山居的民宿品牌Logo

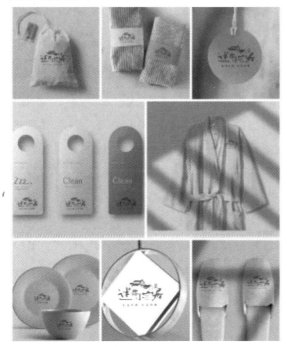

图4-19 品牌Logo在不同媒介的使用

(五)民宿动线设计

民宿动线设计主要包括客流动线设计和物流动线设计,车流动线设计偶有涉及。客流动线设计是指游客在民宿区域内活动时所必须经过的路线规划。因此,进行动线设计时需从客人的视角出发，综合考虑民宿空间设计、功能区划分对游客行走、聚集及停留行为的影响，其中还应包括民宿主人希望向客人展示的、希望客人能感受到的民宿特色文化。民宿主人要出入口需设置在游客进出方便的位置，最好有一眼能看到的标志。动线路径需清晰明确，遇到岔路口时，可增设体现民宿特色的指示牌，为游客提供温馨的指引。可将特色户外景观或者室内精心设计的场景安排在游客必经之路上，让他们更好地了解和感受民宿的特色。而较为私密的休闲空间则应安排在角落或相对隐蔽的位置，以避免往来人群的打扰。

庭院动线设计如图4-20、图4-21所示。

图4-20　庭院动线设计（一）

图4-21　庭院动线设计（二）

物流动线设计是指物品从采购、储存、消费到最后垃圾处理这一系列过程中，在空间上的移动和转移规划。为了不影响游客在民宿内的游玩观赏体验，物资流动路线应当尽量避开民宿内部的主要游览路径，而是隐蔽地设置在民宿的后院或边缘区域。同时，堆放物品的地点也避免出现在客人休闲区域的视野范围内，以免破坏视觉美感和休闲氛围。

车流动线是民宿区域外部的车辆流动路线，但并不是每个民宿都必须设计。对于位于景区内的民宿，则需要遵循景区的管理规定，提前告知客人停车位置及抵达民宿的路线指引。

本章小结

本章主要围绕民宿定位与设计展开，从民宿区域选址到民宿特色定位，既要考虑选址的影响因素，也需要进行定位前期调研。通过对目标客户和在地文化定位，进而确定民宿的设计风格，最后根据原则及民宿的功能划分、区域空间阐述民宿设计实务。

一、知识训练

1. 民宿选址的影响因素包括哪些?
2. 影响民宿的建造成本的因素包括哪些?
3. 民宿景观设计原则指的是什么?

二、能力训练

1. 试分析自然环境与特色文化是如何影响某一民宿选址的。
2. 以小组的形式,模拟建设一家特色民宿,具体包括对该民宿的选址与定位、设计以及目标客群定位等方面的内容。

第五章
民宿产品开发

本章概要

  民宿产品本质上是感性化的旅游产品,其核心在于展现民宿差异化、个性化特征,提供丰富的内容体验,以及传达民宿主人的独特精神。本章将深入探讨民宿产品的概念、特点以及开发过程,并探讨民宿产品的定价策略、品牌建设等。在民宿硬件设施升级的同时,突出民宿产品的内核,为消费者提供有温度、有内容、有品质、有服务的民宿产品。通过本章内容的学习,读者将全面了解民宿产品的开发与管理策略,为民宿经营提供有效的指导和支持。

知识目标

1. 了解民宿产品的基本概念及其特点。
2. 熟悉民宿产品的组成内容。
3. 掌握民宿产品的种类划分方法和开发原则。
4. 了解民宿产品的开发程序及其各个环节的具体内容。

能力目标

1. 能分析和评估不同类型民宿产品的市场需求和消费者期望,制定合理的开发策略。
2. 能结合多种类型设计具有市场竞争力的民宿产品组合,如"民宿+非遗""民宿+体育"等创新组合。
3. 能制定合理的价格和促销策略,提升民宿产品的市场竞争力。
4. 能策划和执行品牌建设和管理方案,提升民宿企业的品牌影响力。

素质目标

1. 通过民宿产品的开发和经营,弘扬当地文化,提升学生对本土文化的认同感和自豪感。
2. 理解品牌建设的重要性,激励学生通过创新和精细化管理,打造具有国际竞争力的中国民宿品牌,树立品牌自信。
3. 强调绿色生态原则,倡导生态和谐,培养学生在开发民宿产品时注重环境保护,促进人与自然的和谐共生。

民宿之未来

"当我们在谈论民宿时,我们要谈论什么?"在河南省首届民宿投资大会上,宁波市民宿协会规划设计分会会长李照辉一开口便把观众带入了"民宿"特定的剧情之中。与很多人一样,李照辉也赞同民宿兴起背后是"一种生活方式的转变"。

2017年,李照辉的作品——慈舍美学民宿,客房收入占全部收入的53%,非客房收入占47%;2018年,已经悄悄发生了变化,多半的收入来自非客房收入。"非客房收入是什么?就是餐、茶、文创、活动等。"在李照辉看来,客房收入有"天花板",房间少,卖得再贵,收入也不会太多,但非客房收入做得好,就能打破"天花板效应"。因此,民宿不只有宿,而是要把民宿打造成综合性的生活空间,这是未来民宿发展的方向。

第一节 民宿产品的概念与构成

一、产品概述

(一)产品的概念

产品是指被人们使用和消费,并能满足人们某种需求的任何东西,包括有形的物品、无形的服务、组织、观念或它们的组合。产品是一组将输入转化为输出的相互关联或相互作用的活动的结果,即"过程"的结果。在经济领域中,产品通常也可理解为组织制造的任何制品或制品的组合。在《现代汉语词典》中,产品解释为"生产出来的物品"。简单来说,产品就是为了满足市场需要,而创建的用于运营的功能及服务。

狭义上,产品通常指的是特定公司或组织生产或销售的物理实体或虚拟实体,旨在满足某种需求或解决特定问题,包括各种商品,如设备、软件、应用程序、工具、咨询服务等。而广义的产品则更为综合,不仅包括物理实体或虚拟实体,还包括了在经营活动中提供给消费者的所有内容,无论是有形的还是无形的,涵盖产品设计、品牌、包装、价格、分销、营销、售后服务等方面。在广义概念中,产品被视为消费者价值交付的整体体验。

产品概念是企业想要植入消费者脑中关于产品的一种主观意念,它是用消费者的语言来表达的产品构想。一般而言,产品概念通过文字描述或图片展示来呈现,且一个完整的产品概念通常由以下四个部分组成。

(1)消费者洞察:从消费者的角度提出其内心所关注的有关问题。

(2)利益承诺:说明产品能为消费者提供哪些好处。

(3)支持点:解释产品的哪些特点是怎样解决消费者洞察中所提出的问题的。

(4)总结:用概括的语言将上述三点的精髓表达出来。

(二)产品整体概念

产品整体概念,即人们向市场提供的能满足消费者或用户某种需求的任何有形物品和无形服务。

20世纪90年代以来,菲利普·科特勒等学者倾向于使用五个层次来表述产品整体概念,认为五个层次的表述方式能够更深刻、更准确地表述产品整体概念的含义。产品整体概念要求营销人员在规划市场供应物时,要考虑到能提供消费者价值的五个层次。产品整体概念的五个基本层次如下。

1. 核心产品

核心产品是指向消费者提供基本效用或利益的产品。从根本上说,每一种产品实质上都是为解决问题而提供的服务。因此,营销人员在向消费者推销任何产品时,都必须确保该产品具备满足消费者核心需求的基本效用或利益。

2. 基本产品

基本产品是指核心产品借以实现的形式产品。它由五个特征构成,即品质、式样、特征、商标及包装。即便是在纯粹的服务领域,也同样具备这些形式上的相似特点。

3. 期望产品

期望产品是指消费者在购买产品时期望得到的与产品密切相关的一整套属性和条件。

4. 附加产品

附加产品是指消费者购买基本产品和期望产品时附带获得的各种利益的总和,包括产品说明书、质量保证、安装服务、维修服务、送货服务、技术培训等。国内外很多企业的成功,在一定程度上应归功于它们深刻认识到服务在产品整体概念中的核心地位,并对此给予了足够的重视。

5. 潜在产品

潜在产品是指现有产品包括所有附加产品在内的、可能发展成为未来最终产品的潜在状态的产品。潜在产品揭示了现有产品可能的演变趋势和前景。

菲利普·科特勒产品层次理论如图5-1所示。

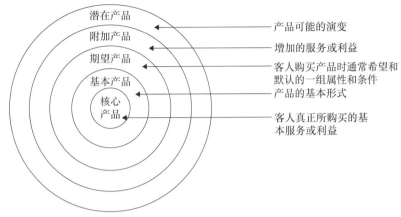

图5-1 菲利普·科特勒产品层次理论

二、民宿产品的概念

在探讨民宿产品的概念与构成之前,应深入了解民宿行业的背景和发展趋势。民宿行业作为旅游业中的一支新兴力量,正以其独特的魅力和不断创新的经营模式,迅速走向市场的最前沿。近年来,随着旅游消费的升级以及人们对旅行体验要求的不断提升,民宿行业获得了各路资本的持续助力,其市场价值也呈现出爆发式增长的势头。

《旅游民宿基本要求与等级划分》(GB/T 41648—2022)中,旅游民宿是指利用当地民居等相关闲置资源,主人参与接待,为游客提供体验当地自然、文化与生产生活方式的小型住宿设施。《民宿质量等级划分与评定》(DB52/T 1743—2023)中,民宿是指利用城乡居民自有住宅、集体用房等闲置资源和新建设施,构建主客共享文化,为游客提供体验当地自然景观、特色文化与生产生活方式的小型住宿设施。因此,民宿不仅仅是一种住宿形式,更是一种地方性特色的体验,它融合当地居民的生活方式、文化传统及自然景观,为游客提供更加丰富多彩的旅行体验。

综上所述,民宿产品是指游客或社会大众在一次完整的住宿经历中所体验到的一系列因素,包括场所、设施、有形产品和无形服务,这些因素综合构成了民宿产品的使用价值。这些产品和服务主要在民宿内提供,也可能延伸到民宿之外,如提供当地特色美食的体验活动或邻近景点的导览服务等。

三、民宿产品的特点

民宿是经济发展到一定阶段的产物,是旅游行业的一种新业态。其产品有着酒店行业产品的基本特点,同时还具备有别于传统酒店行业产品的其他特点。

（一）综合性和季节性

为了满足消费者的食、住、游、娱等多方面的需求,民宿产品往往在同一地点融合生活、休闲和体验等多重功能。因此，民宿产品必须能够满足消费者多层次的消费需求。另外，由于旅游受季节、气候等自然条件和各国休假制度的影响，民宿产品的消费也具有明显的季节性。

（二）不可储存性

与一般商品的买卖不同，民宿提供的是房间、设施以及服务的使用权，而不是所有权。客房不出租就不能创造价值，它们作为酒店产品的组成部分不能像工业品那样储存起来，日后再卖。举例来说，如果一民宿房间每晚的租金为200元，而该房间某天没有被租出去，那么这200元的价值就无法实现，因为民宿产品的价值具有不可储存性。因此，民宿经营者也将其比作是"易坏性最大的商品"，是一种"只有24小时寿命的商品"。

（三）生产与消费的同步性

一般商品需要通过商业流通环节才能到达消费者手中，其生产与消费过程是分离的。然而，民宿产品并不存在这种分离现象，其生产与消费几乎是同步进行的。只有当消费者购买并在现场使用时，民宿的房间、设施和服务才能成为真正的民宿产品。

（四）多样性与个性化

民宿产品通常具有更多的个性化和多样性。每家民宿都有其独特的风格、装饰和氛围，因此能够吸引那些追求独特体验的消费者。与酒店相比，民宿更注重营造家庭般的温馨氛围，情感表达更浓厚，更能满足消费者对住宿产品的情感需求，因此在产品差异化方面更为突出。

（五）地域性

许多民宿位于自然风光秀丽的地区，如山区、海滨或乡村等，消费者可以更加亲近自然，体验当地的文化氛围和生活方式。民宿产品常常与所在地文化密切相关，为游客带来更加丰富的文化体验。

四、民宿产品的组成内容

作为旅游业发展的重要个体，民宿产品与传统酒店产品一样，是一种特殊的产品。从供给角度看，民宿产品是指民宿经营者出售的能够满足消费者各种需要的有形物品、无形服务的总和。从需求角度看，民宿产品是指消费者在民宿所在地消费的一种体验经历的组合。

从菲利普·科特勒提出的产品的整体概念来看，民宿产品由以下五个层次组成，如图5-2所示。

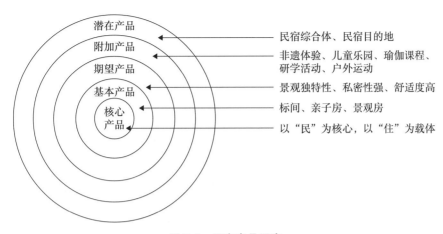

图5-2 民宿产品层次

（一）民宿的核心产品

民宿的核心产品可以满足消费者在旅行中的基本住宿需求，同时提供独特的体验和文化交流，让消费者能够更深入地了解当地风土人情，这是消费者选择民宿的最基本动机。民宿的核心利益和价值由消费者决定，因此为了成功吸引消费者，民宿必须了解并满足他们的核心需求。

（二）民宿的基本产品

基本产品指能够直接展现民宿核心价值的有形因素，包括舒适温馨的住宿环境，以及精心设计的客房装饰，如民宿提供标间、亲子房、景观房等多种房型，这些直接满足了消费者对于住宿的基本需求。

（三）民宿的期望产品

期望产品是民宿产品体系中最重要的部分，也是最吸引消费者的核心内容。除了提供基本的住宿服务，民宿通过其所在位置为消费者提供独一无二的景观体验，比如观云海、眺望桥梁及"望瀑"等。此外，高端民宿往往还能带给消费者较强的舒适感，提供私密空间，让他们在民宿中安心地享受静谧时光，不受外界打扰。

云录野奢民宿、尧珈·望瀑民宿分别如图5-3、图5-4所示。

（四）民宿的附加产品

民宿的附加产品是民宿提供的额外服务和利益，超出了核心利益的范围，主要是为了满足消费者的特殊需求，提升消费者体验。这些产品包括当地特色活动，如民俗表演、手工艺制作课程等，以及个性化的定制服务，如私人导游服务、当地美食导览等，体现了民宿的文化传承和主人的用心经营。

图 5-3　云録野奢民宿

图 5-4　尧珈·望瀑民宿

（五）民宿的潜在产品

潜在产品是民宿未来发展可能实现的新产品或服务，体现了民宿的发展潜力和广阔前景。通过持续创新和产品线扩展，民宿正不断拓展其旅游边界，从旅游民宿发展到民宿旅游，将民宿本身打造成为旅游目的地或综合性的民宿综合体，丰富"民宿＋"产品，扩大产业面，延伸产业链，适应市场需求并保持竞争优势。例如，与当地艺术家合作举办艺术展览、推出定制的文化体验套餐、引入户外体育运动等，进一步丰富了民宿的产品组合，提升其吸引力。

上海崇明"久居·逸"民宿

久居是距离上海长江大桥收费口最近的五星民宿集群，截至2023年，该民宿集群拥有独立院宿6栋，客房25间，另有樱花主题公园、C-park自行车主题运动公园和共享小农场，是集住宿、餐饮、休闲农业、特色体育主题于一体的民宿集群。该民宿开辟了二期住宿区域——"久居·逸"。"久居·逸"位于崇明中兴镇红星村,与一期"久居开心农场"仅一路之隔,沿着小路穿过一片种满各色蔬菜的田地即可到达。"久居·逸"带有一个独立院落,私密性极佳,同时还单独配有一名民宿管家,为住客提供服务。

久居民宿成功地将户外体育运动与民宿结合起来,定期举办各类自行车赛事和活动,如家庭骑行赛等。园区内还拓展了越野跑道、滑板区和攀岩墙等运动项目,为不同年龄段的游客提供丰富的体育体验。同时,久居民宿组织亲子骑行、农场体验、生态赛道探险等活动,让家长和孩子在互动中感受大自然的魅力,培养孩子的环保意识和运动兴趣。

第二节　民宿产品开发程序

一、民宿产品开发的概念

近年来,我国民宿市场规模迅速扩大,反映了消费者对个性化、体验式住宿需求的增加。随着市场规模的扩大,民宿行业面临更激烈的竞争和不断提升的消费者期望。因此,民宿产品开发成为吸引消费者、提升竞争力的关键因素之一。民宿产品开发是根据目标市场需求规划、设计、开发和组合民宿的食宿娱等服务,这些产品是民宿的营利来源,经营者需持续开发新产品,制定相应策略以满足市场需求。

2024年2月1日,中国旅游研究院发布中国旅游住宿业发展报告,深度分析了我国旅游住宿业的快速复苏和市场变化趋势。随着我国经济结构的转型和消费观念的变化,旅游文化消费受到了前所未有的重视,而民宿作为一种具有个性化、体验式特点的住宿形式,正逐渐赢得消费者的青睐。另外,民宿行业正在经历着从产业链供应链向资产运营和数字化转型升级的过程,民宿产品开发扮演着重要的角色。随着市场格局的变化,头部效应进一步强化,民宿企业需要通过产品迭代和品牌焕新来保持竞争力。同时,数字化赋能民宿业转型升级,推动了住宿业产业重构,促进了住宿业态布局调整,也为民宿产品开发提供了新的机遇和挑战。

因此,民宿产品开发不仅是适应市场变化、满足消费者需求的必然选择,也是民宿行业实现转型升级、持续发展的关键策略。只有不断创新、提升产品品质和服务水平,民宿企业才能在竞争激烈的市场中立于不败之地,并实现长期稳健的发展。

二、民宿产品生命周期

产品生命周期,亦称商品生命周期,指产品从准备进入市场开始到被淘汰退出市场为止的全部运动过程,反映了产品或商品在市场运动中的经济寿命,即在市场流通过程中,由于消费者的需求变化以及影响市场的其他因素所造成的商品由盛转衰的周期。产品生命周期主要是由消费者的消费方式、消费水平、消费结构和消费心理的变化所决定的。

根据产品生命周期理论,民宿产品生命周期可以分为引入期、成长期、成熟期和衰退期这四个阶段。在这个过程中,随着时间的推移和市场的变化,产品所处的状态和市场环境也会有所不同。把握好民宿产品所处的阶段才能更好地指导民宿产品的开发。此外,我国民宿产品发展通常经历 1.0 版本(基础层)、2.0 版本(发展层)以及 3.0 版本(提升层)三个与产品生命周期相对应的层次。

产品生命周期曲线如图 5-5 所示。

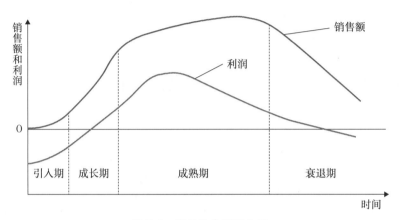

图 5-5　产品生命周期曲线

(一) 引入期产品开发

这一阶段民宿产品刚刚进入市场,消费者对民宿产品还缺乏了解,再加上营销渠道不完善,民宿的知名度较低,因而消费者对这种民宿产品的消费十分谨慎。所以,这一阶段市场空间比较狭小,产品销售增长十分缓慢,营销的主要任务就是提升民宿产品的知名度,让消费者迅速认识和了解民宿产品。此时民宿产品处于 1.0 版本(基础层),其特点是提供基本的住宿和餐饮服务,类似传统酒店的功能性产品,侧重满足物质层面的需求,强调产品的功能性和实用性。因此,为了吸引消费者注意,产品需要大力促销和广泛宣传,同时努力拓展分销渠道以占领市场,力求尽快缩短这一阶段的持续时间。

(二) 成长期产品开发

成长期是民宿产品销量迅速增长并逐渐趋于稳定的阶段。在这一阶段,产品的知名度逐渐提升,市场竞争也随之加剧。民宿产品开始给企业带来稳定的收益增长,但同时也需要应对竞争对手的挑战,不断提升产品质量和服务水平。此时民宿产品处于 2.0 版本(发展层),其特点是注重消费品质,提供优质的环境和服务,为消费者带来休闲度假的享受。这一阶段主要聚焦于满足消费者的精神需求,强调情感体验和情感满足,力求获得消费者的情感认同。

（三）成熟期产品开发

成熟期是民宿产品销量增长放缓，甚至开始下降的阶段。在这一阶段，产品已经达到了一定的知名度和市场份额，运营效率相对较高，但市场竞争也更加激烈。企业需要寻找新的增长点和市场机会，可能需要进行产品创新或拓展业务范围，以维持盈利能力。此时民宿产品处于3.0版本（提升层），其特点是提供深度体验的民宿产品和高品质的服务，注重个性化的品牌形象和独特的精神内涵，主要追求品牌个性化，通过提供独特的体验和服务，满足消费者对品质生活和个性化需求的追求。

（四）衰退期产品开发

衰退期是民宿产品销量持续下滑、市场占有率逐渐降低的阶段。产品被认为是过时的，需求逐渐萎缩。在这一阶段，民宿经营者必须居安思危，提前考虑产品的未来，可以选择优化现有产品，延长其生命周期，或者放弃该产品，转向新的市场机会。

综上所述，民宿产品的生命周期是一个动态变化的过程，企业需要不断调整策略，适应市场变化，以保持竞争优势和盈利能力。在不同阶段，产品开发的重点和策略会有所不同，需要灵活应对。

产品在不同阶段的特点如表5-1所示。

表5-1　产品在不同阶段的特点

指标	阶段			
	引入期	成长期	成熟期	衰退期
销量	少	快速增长	增长至高峰后下降	加速下降后退市
利润	少甚至为负	增加	增至最多后下降	少，甚至为负
消费者	少	增加	增至最多后下降	少
竞争	少	增加	激烈	少

三、民宿产品开发的原则

民宿产品的设计和开发既包括新产品的创新开发，也包括对现有产品的改良与优化。在这个过程中，必须遵循一系列原则和指导方针，以确保最终产品的质量、可持续性和用户满意度。

（一）市场导向原则

民宿产品开发的市场导向原则是设计和开发新产品的重要指导方针。在这一过程中，需确保产品设计和开发以调查研究为基础，充分考虑市场需求。市场导向的方法是确保民宿产品设计与开发过程中始终紧密关注市场需求，以此为创新的出发点。

在民宿产品开发的初期阶段，必须对客源市场进行深入的调查研究。这包括对不同目标客源市场的需求量进行预估，探讨消费者的住宿偏好和需求。只有通过这样的调查研究,才能准确把握不同客源市场的需求,从而设计出受市场欢迎的产品,最大限度地满足消费者的需要。

产品设计完成后,市场的变化是必须及时关注的因素之一。因此,产品的改进和完善是一个持续进行的过程。不断地对产品进行改进,使之能够适应市场的变化和消费者的需求变化,才能吸引更多的游客,创造更多的经济价值。

除了对市场需求的调查研究和产品的不断改进,还应该关注市场竞争情况。了解竞争对手的产品特点和市场策略,可以使民宿产品在市场中得到更精准的定位并实现差异化,从而提升自身的竞争力。

民宿产品开发的市场导向原则是确保产品始终紧密关注市场需求,并不断改进和完善,以满足不同客源市场的需求,提高竞争力,创造更多的经济价值。

(二)突出特色原则

在民宿旅游情感体验"共睦态"形成条件模型(图5-6)中①,民宿主在民宿所在地客观环境基础之上,通过塑造有特色的民宿文化和营造有氛围的主客互动的社交场景,形成了民宿旅游中特殊的旅游情境,这种特殊的旅游情境能满足民宿旅游者的情感体验需求,使旅游者获得真实性体验感知,是旅游者产生高峰体验的关键,一旦拥有情绪共鸣,"共睦态"便随之形成。所以,民宿产品的独特特色是提升吸引力和竞争力的关键,在产品开发的过程中,突出产品特点至关重要。这涉及产品主题定位、形象设计、设施建设以及服务提供等多个方面的综合考量,旨在凭借新颖独特的元素吸引游客。为增强吸引力,可从以下两个方面着手来突出产品特色。

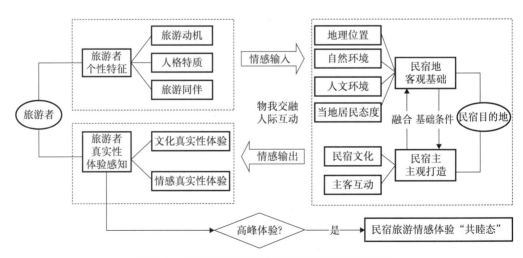

图5-6 民宿旅游情感体验"共睦态"形成条件模型

---

① 光善军.民宿旅游情感体验"共睦态"研究[D].上海:东华大学,2018.

1. 人文情怀

民宿的核心精神凝聚在"民"字之中,其基础根源源自农民,而后延展至民居、乡土等概念。处于农村环境中,广袤的土地成为最为直观的地域特色,而这种乡土气息不仅在当地民居的建筑风格中得以体现,更深刻地表现在田园景致、民俗风情、村民生活等方面。民宿并非简单的住宿形式,更是一种融入生活且有生命、有温度的生态体验。它在社会发展的长河中持续存在,展现出稳定且持久的特质。作为乡村旅游的高端模式,民宿旅游更倾向于人性本源的回归,与城市文化向农耕文化回归的趋势相呼应。

游客第一感知来源于对民宿的整体形象感知,而这个感知来源于民宿整体环境空间氛围,如住宿空间、餐饮空间、接待空间、体验空间等。而在地文化、主题氛围、乡愁记忆、人物符号、景观建筑、艺术设计是民宿空间重构的重要组成因素,相互交织并体现在民宿空间中。游客通过空间感知,能更深入地理解地方文化,进而培养出情感的依恋,增强对地方的身份认同和依恋感,从而构建民宿主客共享、价值共创的行为,也有利于游客的重复购买。如在室内装饰方面,保留当地特色的建筑材料和摆设,通过文化基因的提取展现让游客亲身感受当地的生活方式、文化氛围。而在景观设计上,结合文创思想,将乡村素材进行创意重构,打造独特的乡村景观,使其与自然环境相融合,展现出乡村的原生魅力。

民宿不仅是一种住宿选择,更是对当地文化、历史、传统的体验与传承。民宿的价值不仅在于提供住宿服务,更在于成为乡村文化的体验者和传承者。通过传承地域文化、延续民风民俗、体现生活气息,民宿成为一个融合了历史、文化和创新的空间。

2. 因地制宜

在民宿设计中,其重要的特征之一是延续传统建筑风格和合理选择材料。选址和布局需要考虑整体空间肌理,比如要顾及水口、牌坊群和祠堂等地标性建筑,以保留传统特色。同时,注重邻里空间塑造,通过入口空间的还原和街巷交叉口布局,营造导入性强的氛围。合理的平面组织在保留传统院落空间格局的同时满足现代需求。此外,民宿设计秉承传统建筑形态,运用当地的雕饰、彩绘和门窗等设施,展现地域特色。建筑材料就地取材也是重要的设计原则,如利用当地废弃物或老房子的木板等材料进行修缮和建造,不仅体现了资源的有效利用,更保留了传统建筑的真实结构和气息。

综合而言,民宿的突出特色原则是以人文情怀和因地制宜为基础,创造独特吸引力,提升竞争力,并为游客提供丰富的旅游体验。

(三)经济效益原则

1. 注重成本控制

在产品开发的各个环节实现高效的资源利用,降低生产成本。

2. 全面优化定价与产品差异化策略

要根据市场需求进行定价,确保产品价格与市场接受能力相匹配,从而实现销售额最大化,同时,还需要注重产品差异化和特色化,通过提供独特的体验和服务吸引消费者,从而提高产品附加值和市场竞争力。

3. 注重品牌建设和市场营销

通过有效的宣传推广和渠道拓展,提升产品知名度和市场份额,进而实现销售增长和盈利增加。获取利润是经营民宿业的重要目的之一,因此,在设计和开发民宿新产品时,必须注重经济效益原则。

4. 进行可行性研究

无论是大型项目,如扩建或新建民宿,还是小型项目,如改造维修老宅,都需要进行论证研究。同时,要处理好近期与远期的关系,有时新增的某一设施可能在短期内未必盈利,但从长远角度来看,能够为民宿带来良好的经济效益。因此,在开发民宿产品时,必须权衡投资与收益,力争以最小的投资获取最大的收益。

5. 考虑民宿的长期可持续发展

民宿的建设对于乡村旅游的发展和乡村振兴具有积极的促进作用,在民宿的持续发展方面,尤其重视社会效益的可持续发展。

(1)民宿的建设能够丰富乡村旅游的产品供给,为游客提供多样化的住宿选择。相比于传统的旅馆或酒店,民宿通常位于风景秀丽、环境清幽的乡村地区,能够为游客提供更加亲近自然、体验当地生活的住宿体验,吸引更多游客前来体验乡村风情。

(2)民宿的建设能够促进乡村经济的发展。民宿的兴起会带动当地农民转变传统农业经营方式,将闲置的农房或土地改造成民宿,增加农民的收入来源。

(3)增加就业机会。民宿的运营需要员工,在乡村民宿中,很多服务员、保洁人员,甚至民宿管家都是当地的村民。

(4)改善乡村基础设施。为了吸引更多游客,提升乡村旅游的品质和吸引力,当地政府和相关部门通常会加大对乡村基础设施建设的投入,如道路、供水、供电等设施的改善,从而提升了乡村的整体环境品质。

以"民宿+"推动乡村振兴,形成互利共生的可持续型乡村经济共同体①,实现路径如图5-7所示。

总的来说,民宿的建设不仅为游客提供了丰富的住宿选择,还为乡村经济的发展和乡村振兴注入了新的活力,是推动乡村旅游发展的重要推动力量。

(四)绿色生态原则

在民宿产品开发过程中,绿色生态原则至关重要。首先,选择可持续的建筑材料和设计理念,确保建造过程对环境影响最小化,包括选择本地材料和使用可再生资源,以减少碳足迹和生态足迹。其次,运营过程中注重节能减排,采用节能设备和灯具,优

---

① 吴宜夏,田禹."民宿+"模式推动乡村振兴发展路径研究——以北京门头沟区百花山社民宿为例[J].中国园林,2022,38(6):13-17.

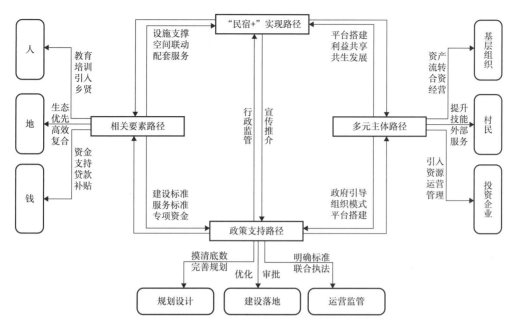

图 5-7 "民宿+"实现的重点路径

化水资源利用,实行垃圾分类和回收制度,以降低能耗并减轻环境污染。此外,还应该积极参与当地社区活动和自然环境保护活动,促进生态保护和可持续发展。最后,通过提倡绿色旅行理念,教育和引导消费者采取环保行动,共同保护我们的地球家园。这些绿色生态原则不仅有助于减少对环境的负面影响,还能提升民宿产品的市场竞争力,吸引更多的环保意识较强的消费者引起共鸣。

四、民宿产品开发的程序

传统酒店产品与民宿产品在开发过程中存在一些显著差异。酒店产品通常面向大型连锁酒店或独立酒店,强调品牌定位和服务标准化,技术需求较高,市场推广依赖传统渠道和品牌宣传。而民宿产品则更注重个性化和独特的住宿体验,通常面向个人民宿主或小型经营者,开发过程更加灵活简单,市场推广更依赖在线社交平台和口碑传播。因此,民宿产品的开发程序需要更加注重用户体验和社区互动,并且需要灵活适应不同的市场需求和用户反馈。从广义的角度来讲,民宿产品的开发设计从民宿的筹建期或改造期之前就开始了,经历前期调研、民宿产品组合设计、试营业、上线推广和运营维护等多个阶段。

(一)前期调研

民宿产品开发设计前,必须进行全面的调研工作。首先,需要深入了解目标客户群的需求和偏好,以确保产品能够满足消费者的期望,提供令消费者满意的住宿体验。同时,还要对供应市场进行全面分析,特别关注竞争对手的情况,以制定有效的市场定位和竞争策略,确保民宿能够在竞争激烈的市场中脱颖而出。除了市场因素,民宿经营和管理还受到多种外部和内部因素的影响。外部因素包括社会政治、经济形势和市场状况等,而内部因素则涉及地理环境、文化氛围等方面。因此,在调研阶段,需要对这些因素进行深入的分析和评估,以便更好地把握市场机遇和挑战,制定符合实际情况的经营策略。此外,随着旅游业的发展和民宿市场的竞争日益激烈,消费者对住宿体验的要求也在不断提高。因此,调研阶段还需要关注消费者的新需求及其变化趋势,及时调整产品设计和服务内容,以保持竞争优势并满足消费者的期待。

综上所述,民宿产品开发前期,只有通过充分的了解和分析,才能够制定出符合市场需求和消费者期待的有效策略,确保民宿业务的顺利开展和持续发展。

(二)民宿产品组合设计

1. 民宿产品组合

产品组合又称为产品搭配,是指所销售的产品项目的组合。民宿产品是综合性的产品,通常由住宿产品、餐饮产品、游览产品、文创产品和娱乐产品构成。一家成功的民宿并非只是提供单一的住宿和餐饮产品,而是结合民宿的各项优势与资源,对住宿、餐饮、游览、文创和娱乐元素进行不同的组合,从而推出独具特色的民宿产品。所以民宿产品组合是将住宿、餐饮、游览、文创和娱乐等元素组合在一起,为消费者打造出独具特色的民宿体验,满足消费者多样化的需求和偏好。消费者在选择民宿产品时,通常依据个人需求来挑选符合自身偏好的住宿。因此,为了吸引更多消费者购买民宿产品,民宿主人需要充分考虑民宿产品的有效组合,并通过精心设计,使民宿能够更好地满足不同类型的消费者需求。

2. 民宿产品组合类型

在当今旅游市场的激烈竞争中,民宿作为一种独特的住宿形式,不仅仅提供简单的住宿服务,更是通过创新的产品组合,将住宿、餐饮、文化体验等元素相结合,为消费者打造出丰富多彩的旅游体验。在这种背景下,民宿产品组合的类型丰富多样,涵盖了传统文化体验、体育活动参与、农事劳作实践及研学旅行探索等多个方面。

(1)"民宿+非遗"。

这种组合将民宿与非物质文化遗产结合在一起,旨在为消费者提供具有历史文化价值的体验。非物质文化遗产包括传统手工艺、民间舞蹈、传统音乐、民俗文化等。在这样的民宿里,游客不仅可以享受舒适的住宿环境,还可以参与非遗项目的学习和体验,了解当地文化的传承和发展。

贵州省西江千户苗寨的三春里民宿的蜡染坊如图5-8所示。

(2)"民宿+体育"。

这种组合将民宿与体育活动相结合,为追求健康和运动的消费者提供了一个理想的住宿选择。体育活动可以包括徒步旅行、登山、骑行、滑雪、水上运动等各种形式。在这样的民宿里,消费者不仅可以享受舒适的住宿环境,还可以参与丰富多样的体育活动。

图 5-8 三春里民宿的蜡染坊

例如,莫干山已有民宿千余家,户外运动民宿及俱乐部几十个,"民宿+体育"正成为其发展的新业态。莫干山漫运动小镇、依山而建的山地自行车运动基地、傍水而居的水上皮划艇运动中心,无一不彰显运动气息。

(3)"民宿+农事"。

这种组合将民宿与农事体验相结合,为追求田园生活和农村体验的消费者提供了一个独特的住宿选择。农事体验包括种植农作物、养殖家禽、采摘果实、制作农产品等。在这样的民宿里,消费者可以参与到农事活动中,体验农事乐趣,了解农村生活的真实面貌。

例如,位于贵州省贵阳市花溪区的憩域小摆托民宿就设置了农田及果树区域,供游客体验瓜果采摘以及农事耕种活动,如图5-9所示。

图 5-9 憩域小摆托民宿

(4)"民宿+研学"。

这种组合将民宿与研学相结合,为学生及其家庭提供了一个寓教于乐的住宿选择。研学内容可以包括历史文化、自然科学、社会科学等各个方面的学习和探索。在这样的民宿里,消费者可以参加丰富多样的研学活动,了解当地的历史文化和自然环境,培养学习和探索的兴趣。

(三)试营业

在民宿产品研发完成后,针对其目标市场制定相应的营销组合策略。随后,及时将部分样品投放市场,以收集游客的反馈,以便进一步改进和完善产品,并灵活调整市场营销策略。同时,民宿可以积极与旅行社、旅游电子商务平台等部门合作,选择一个较小的市场进行试销,以便试探市场反应,为进一步扩大市场提供参考和经验。

(四)上线推广

上线推广阶段是民宿产品发展的关键时期。经过一段试销期后,若效果良好,就可以考虑全面投放市场。在投放市场之际,需要仔细处理上线费用、上线时机、上线地点、目标市场定位及采取的营销策略等诸多方面的问题。针对季节性较强的民宿产品,例如暑假的亲子游产品,必须在暑假前完成投放,以充分利用季节性需求高峰。对于新产品上市的地点选择,应根据不同地区游客对该产品的需求强度进行评估,选择最具潜力的市场。由于特定产品往往面向特定目标市场,因此应在相关客户群体中展开有针对性的促销活动,例如团建产品可针对各大企业展开促销。在推广过程中,应充分利用价格策略、销售渠道策略等市场营销手段,以扩大产品的市场覆盖范围,提高市场占有率。通过精准的市场定位和有效的营销策略,民宿产品能够在竞争激烈的市场中脱颖而出,实现长期稳健发展。

(五)运营维护

运营维护是民宿产品开发程序中的最后一步,它涉及民宿的日常经营和管理工作,以确保民宿长期稳定地运营。

1. 客户服务与反馈管理

客户服务与反馈管理包括提供优质的客户服务,及时响应客户的需求和反馈,以提升客户的满意度和忠诚度。同时,民宿还需要定期检查、维护和更新设施与设备,确保消费者的安全和舒适度。此外,民宿需要严格执行卫生标准,保持整洁清洁的环境,给消费者提供一个舒适的居住环境。

2. 民宿在运营维护中需要加强安全与保障措施

加强安全与保障措施包括加强安全防范措施,建立健全的安全管理制度,以保障消费者和民宿的安全。此外,市场推广与营销也是运营维护中不可或缺的一部分。民宿需要持续进行市场推广和营销活动,提升知名度和曝光度,吸引更多消费者,保持业务的稳定增长。在运营维护过程中,财务管理与成本控制也至关重要。民宿需要管理好财务预算和资金流动,控制成本,提高经营效益,确保民宿的可持续发展。

3. 重视员工培训与管理

民宿需要定期进行员工培训,提升员工的服务水平和专业技能,保持团队的凝聚力和稳定性。

4. 积极履行社会责任

保护当地环境和文化遗产,促进社区发展和可持续旅游,以实现民宿的长期可持续发展。

第三节 民宿产品价格策略

一、民宿产品价格的概念

民宿产品是由若干个不同元素产品组成的总体,是指消费者在民宿住宿期间,民宿向消费者出售或出租的能满足消费者需求的有形的可计量的商品和无形的不便计量的服务的使用价值的总和。民宿产品价格是指民宿消费者购买民宿产品所支付的货币量。从民宿角度看,民宿产品价格为经营成本、税费和利润的总和。

二、影响民宿产品价格的因素

(一)民宿产品成本

民宿产品成本是由民宿产品的生产过程和流通过程所花费的物质消耗和支付的劳动报酬所形成的,它是构成民宿产品价值和价格的主要组成部分。民宿主人在确定酒店产品的价格时,要使总成本得到补偿并获取利润,民宿产品的价格就要超过民宿产品的成本。民宿产品的成本是影响民宿产品价格最直接、最基本的因素。

(二)民宿营销总目标

民宿主人在市场营销中总是根据不断变化的民宿市场需求和自身实力状况,并出于短期或长期的发展考虑,确定民宿的营销目标和民宿产品的价格。

民宿定价总目标主要如下。

1. 追求利润最大化

追求利润最大化可以是最大利润目标,也可以是满意利润目标。

2. 保持或扩大市场占有率

市场占有率是一个企业经营状况和企业产品在市场上的竞争能力的直接反映。销售增长率目标是一种以民宿产品的销售额增长速度为衡量标准的定价目标,当民宿以销售增长率为定价目标时,往往会采用薄利多销的定价策略。

3. 树立和改善企业形象

一个具有良好企业形象的民宿往往能在竞争中处于优势地位,不因具体的淡旺季和偶然的波动而轻易改变其定价策略,因而很多民宿把维护酒店形象作为定价目标。良好的民宿企业形象是民宿的无形资产和宝贵财富,直接代表了民宿提供服务的质量及在消费者心中的价值定位。

4. 维持生存

如果民宿企业所面临的市场竞争激烈、产量过剩、消费者的需求发生变化,这个时候维持企业自身的生存能力会比追求利润最大化、销售增长、销售收入最大化更加现实和重要,则需要把维持生存作为主要目标。

民宿定价目标与民宿产品的定价直接相关,为民宿定价指明方向。根据民宿定价目标的不同,民宿产品的定价随之也发生改变。如民宿产品过剩,面临激烈竞争,则采取低价格以提高客源数量。如果连锁民宿希望在短时间内回收投资,则根据民宿产品成本定高价以实现利润最大化。

(三)民宿产品供求关系

民宿产品与旅游活动密切相关,游客量变化直接影响民宿产品的供求关系。当民宿产品的供求关系发生变化时,民宿产品的价格也要发生变化。一般,在旅游旺季,在卖方市场占主导的情况下,民宿产品供不应求,其价格呈现上涨趋势;而在旅游淡季,游客量急剧下降,民宿产品供过于求,转为买方市场,价格呈现下降趋势。

(四)民宿市场需求状况

市场需求对民宿定价有着重要影响,而需求又受价格和收入变动的影响。因价格或收入等因素而引起的需求的相应的变动率,就叫作需求弹性。需求的价格弹性反映需求量对价格的敏感程度。在以下条件下,需求可能缺乏弹性:市场上没有替代品或者没有竞争者;购买者对较高价格不在意;购买者改变购买习惯较慢,也不积极寻找较便宜的东西;购买者认为产品质量有所提高,或者认为存在通货膨胀等,价格较高是应该的。

(五)民宿市场竞争状况

民宿市场竞争状况是影响民宿产品定价的重要因素。民宿市场的竞争越激烈,对民宿产品定价的影响就越大。民宿的市场竞争,不仅来自酒店,还有房车、露营等其他的住宿产品。

三、民宿产品价格制定策略

(一)新产品定价策略

新产品关系着企业的前途与发展方向,它直接关系着新产品能否迅速打开市场、赢得份额,并最终实现目标利润。

1. 撇脂定价策略

撇脂定价是指在产品初次推向市场时,设定一个较高的价格以迅速获取利润。这样的定价策略类似于从牛奶中分离出奶油,因此得名。要成功运用此策略,需要确保产品质量和形象与高价相匹配,并且有足够的消费者能够接受高价并愿意预订。此外,民宿产品必须具备特色,以防竞争者短期内进入市场。撇脂定价策略的优点在于高价带来高利润,迅速弥补研发成本,并有助于企业筹集资金和保持定价主动权。撇脂定价策略的缺点是高价可能限制需求,难以扩大销售,同时高价可能引发竞争,增加企业压力,并且产品高价高利的期限相对较短。撇脂定价策略通常适用于民宿产品仿制可能性较小、生命周期较短且存在高价需求的情况。

2. 渗透定价策略

渗透定价策略是采取低价策略,初始推出时将价格定得较低,以吸引更多消费者并迅速占领市场份额,从而获取更大利润。这种策略适用于潜在市场庞大、需求弹性大、低价能够刺激销售增长的情况。对企业而言,随着销量增加,生产和销售成本会相应减少。渗透定价策略的优点在于低价能够迅速打开市场,提高市场份额,并且低价可以阻止竞争者进入市场,有助于企业长期稳固市场地位。渗透定价策略的缺点在于投资回收周期较长,价格变动余地小,难以应对短期内的竞争或需求剧烈变化的情况。

(二)心理定价策略

心理定价策略是指企业根据消费者的心理特点,迎合消费者的某些心理需求而采取的一种定价策略。

1. 尾数定价策略

民宿经营者可以采用尾数定价策略,例如将房间价格定为以"9"结尾的数字,如299元或1999元。这种定价策略符合消费者追求物美价廉的心理,使得他们从心理上更容易接受民宿产品的价格。在中国,偶数"6"和"8"往往容易让人联想到顺利和发财的美好寓意,采用这样的定价方式能够给消费者带来稳定与安适的情感体验。

2. 整数定价策略

对于高档民宿或提供高品质服务的民宿,可以采用整数定价策略,将房间价格定为整数,如1000元或600元。这种定价策略可以向消费者传递出产品品质较高的信息,进而增强他们对产品的信心与信赖感。

3. 声望定价策略

知名度较高、口碑良好的民宿可以采用声望定价策略,将房间价格定得较高,主要迎合消费者"价高质必优"的心理。这样的定价策略能够利用消费者对知名品牌或高端民宿的认知和信任,提高消费者对产品的价值认知和购买意愿。采取声望定价策略,必须保证生产或经营产品的高质量,而且高度重视民宿消费者对产品的反应、需求,不断地改善民宿产品的设计和完善售后服务,巩固消费者对民宿产品的信任感。一旦采用了声望定价策略,就不宜再降价,否则会使消费者对民宿产品和服务品质产生怀疑。

4. 招徕定价策略

民宿经营者可以采用招徕定价策略,例如推出特价房间或优惠套餐,吸引价格敏感的消费者。虽然特价房间可能不会带来太多利润,但可以通过提高其他服务项目的销售来弥补,从而提高整体收益。

5. 习惯定价策略

针对常规消费者或固定消费群体,可以采用习惯定价策略,保持稳定的价格水平,避免频繁变动价格引起消费者不满。同时,可以通过调整房间配置、提升服务质量等方式来提升消费者对产品的价值认知,从而保持消费者的忠诚度。

2023年中国大陆民宿业发展数据报告

2023年8月31日,第十一届海峡两岸旅游观光研讨会在京开幕,北京第二外国语学院和台湾嘉义大学联合发布《中国大陆与台湾民宿业大数据报告(2023)》。报告显示,2022年中国大陆有民宿97730家,民宿总数和总入住量分别恢复到了2019年的85.2%和106.0%,其中北京民宿数量位居中国大陆第一。中国大陆民宿的分布特点是向少数城市集中,民宿数量排名前三十的城市占据超2/5的民宿市场。

在民宿产品特征方面,报告显示,中国大陆民宿产品价格在100~200元区间内的最多,占比达44.3%,占比较2022年增加9.6%,最低价格在100~500元的民宿产品占比由2022年的60.4%增加到71.8%,高价民宿市场开发空间巨大。

四、民宿产品价格策略的意义

民宿产品价格策略不仅是民宿市场营销的核心组成部分,更是供需双方最直接、最客观的指标。合理的价格策略能够提高民宿企业的市场竞争力和盈利能力。通过制定恰当的价格定位和灵活的价格策略,民宿可以更好地适应市场需求的变化,提高市场反应速度,吸引更多消费者并增加收益。

民宿产品价格的合理制定和策略运用对市场营销组合的科学性和合理性至关重要。价格不仅仅是一个数字,它既是产品价值的体现,也是与消费者沟通的重要桥梁。适当的定价能够凸显民宿的品质和独特之处,建立良好的品牌形象,吸引目标消费群体。同时,价格策略还需充分考虑竞争对手的定价状况、季节性需求波动及消费者对服务质量的期望,以确保价格既合理又具有市场竞争力。

民宿产品定价策略不仅仅是一种经济手段,更是一种市场营销的策略。通过合理的定价策略,民宿可以更好地控制市场份额,提高市场占有率,增强市场竞争力。同时,价格策略也是民宿企业品牌形象的重要组成部分,能够反映出企业的定位和价值观。因此,民宿产品价格策略的意义远不止于单纯的利润最大化,更包括了对市场的深入理解和对消费者需求的精准把握。

第四节 民宿品牌建设

一、民宿品牌

(一) 品牌的概念

作为西方舶来品的"品牌(Brand)",最早来源于古挪威语"Brandr",意为"灼烧",即中世纪用烙铁在家畜、器皿等私有财产上留下标记,以此作为与他人财产相区别的标志。对"品牌"的研究来说,其发展经历了原始阶段、萌芽阶段、壮大阶段及成熟阶段。

品牌发展的原始阶段始于古希腊和古罗马时代,当时的商人在商业活动中使用标志和符号来识别他们的店铺和产品,这些标志和符号逐渐演变成最原始的商品名称,即品牌化的雏形。在中世纪,面包师、金银匠等开始在商品上打上标志,以此表明产品出处并确保品质。美国的医药和烟草制造商率先有意识地采用商标策略,以促进产品销售。此时期也见证了品牌视觉形象元素在产品包装中出现,标志着品牌萌芽和发育的关键阶段。到了19世纪末20世纪初,西方国家的生产力水平显著提高,企业规模不断扩大,涌现出许多优秀品牌,如梦特娇、可口可乐、福特、路易威登等。这些品牌经过百年的发展,至今仍然是全球知名的品牌,具有长盛不衰的特点。第二次世界大战后,科学技术迅猛发展,资本主义社会由自由竞争阶段向垄断阶段过渡,一批著名品牌在市场竞争中脱颖而出。随着商品的输出和资本流动,品牌全球化的趋势明显,诸如麦当劳、肯德基、丰田、索尼等品牌走向世界,成为世界品牌。品牌发展历程如表5-2所示。

表5-2 品牌发展历程

阶段	描述
原始阶段	商人使用标志和符号识别产品,最早形成品牌概念
萌芽阶段	中世纪开始各行业在商品上打标志,美国医药和烟草制造商成为品牌先驱
壮大阶段	19世纪末20世纪初,生产力提高,优秀品牌如梦特娇、可口可乐等涌现
成熟阶段	第二次世界大战后,科技发展推动品牌全球化,如麦当劳、丰田等著名品牌脱颖而出

在品牌发展历程中,随着全球化的步伐不断加快,品牌的意义也日益深远。全球化使得品牌不再局限于特定地域,而是跨越国界,与各地消费者建立起联系。这种跨文化的交流和认同进一步强化了品牌作为文化符号和身份认同的角色。因此,现代品牌不仅仅是商品和服务的代名词,更成为跨文化交流的桥梁,承载着消费者对于品质、信任和情感认同的期待和寄托。在这样的背景下,品牌的建设不仅需要满足市场需求

和产品特性,还需要考虑消费者深层次购买品牌的原因,强调品牌的内在属性比如文化、价值观念等。

目前对于品牌的认识,一般是指消费者对某类产品及产品系列的认知程度。品牌的本质在于品牌拥有者的产品、服务或其他优于竞争对手的优势,能够为目标受众带来同等或高于竞争对手的价值。这种价值不仅仅体现在产品功能性利益上,还包括情感性利益。换言之,品牌不仅提供产品或服务,更是连接消费者情感与价值观的载体。

"现代营销学之父"科特勒在《市场营销学》中将品牌视为销售者向购买者长期提供的一组特定的特点、利益和服务。品牌不仅仅是一个名称或标志,更是一种能够为拥有者带来溢价和增值的无形资产,其价值来源于消费者对其印象的认知和情感联结。因此,品牌承载着更多的是消费者对产品和服务的认可,是品牌商与消费者之间相互磨合和互动的结果。在市场竞争日益激烈的今天,建立和管理好品牌对企业的长期发展至关重要。

在广义上,品牌是具有经济价值的无形资产,它是一种抽象化的、特有的、能够被识别的心智概念,能够在消费者意识中占据一定位置的综合反映。品牌的建设是一项长期的过程,需要持续地投入和管理。

在狭义上,品牌是一种拥有对内对外两面性的"标准"或"规则",通过对理念、行为、视觉、听觉四方面进行标准化和规范化,使之具备特有性、价值性、长期性和认知性的一种识别系统总称,这套系统也被称为企业形象识别系统(CIS)。

（二）民宿品牌的概念

在当今旅游行业中,民宿品牌的概念也越发显得重要。民宿不再只是提供住宿服务,还是提供独特体验和情感联结的场所。成功的民宿品牌是一种生活方式的象征,是游客在异地感受到如家般的温暖和舒适的地方。民宿的吸引力主要在于个性化、专业化的服务及家的氛围体验。近年来,民宿已经超越了传统的住宿与餐饮服务范畴,转变为富有个性、饱含情感与温度的品牌。民宿品牌的建设已成为未来民宿业发展的新趋势,并且是不可逆转的发展方向。

综上所述,民宿品牌定义为民宿产品、服务的标识与内涵价值的综合体,它由品牌名称、品牌认知、品牌联想、品牌标志、品牌色彩、品牌包装和商标等众多要素组成,并在消费者心中建立起民宿文化、经营理念、产品品质、服务特色等全方位的综合形象。

从广义上理解,民宿品牌是指在市场中具有一定知名度和认知程度的民宿服务提供者所代表的整体形象和价值观。民宿不仅仅是一处提供住宿的场所,更是一种能够满足游客需求并与其情感联系的体验载体。这种品牌的建设需要持续地投入和管理,以便能在市场竞争中脱颖而出,赢得消费者的信任和认可。

从狭义上理解,民宿品牌则是指一种具有特定标识和规范的识别系统,包括理念、行为、视觉、听觉等方面的标准化和规范化。通过这套系统,民宿可以在市场中形成独特的形象和认知,使消费者能够轻易识别并与品牌建立情感联结。

民宿品牌化是民宿企业发展的未来之路,民宿品牌建设需要在服务质量、品牌形象、宣传推广等方面进行精心策划和管理,以确保品牌的一致性和长期性,从而在市场中稳步发展并赢得消费者的喜爱和口碑。

(三)民宿品牌的内涵

正确理解民宿品牌的内涵应从以下四个方面展开。

1. 民宿品牌是一个标识识别系统

民宿品牌包括品牌名称、品牌标志、品牌语言等识别要素,以方便消费者识别酒店的产品与服务。

例如,"匠庐""花间堂""七封信"等都是民宿品牌名称,知名民宿都有自己独特的品牌标识。"匠庐"意指"匠有悦人之心,庐有隐秘之美",它代表着一个充满温情与特色的异乡之地,让每一次路过都化作最为诗意的邂逅,使旅居者得以深入探索一座城市、一处风景及那里独特的人们,从而让心灵获得真正的休憩与滋养。"七封信"的品牌口号是"将旅行变成生活LIFE",倡导自然和谐的生活方式,以"追求品质、乐于分享"的生活态度,开展对"美好旅行方式"的积极探索与实践。著名民宿品牌都拥有鲜明、独特的品牌识别系统,以便于消费者识别。

2. 民宿品牌是多方面的综合

民宿品牌是消费者对民宿文化、经营理念、产品品质、服务特色等形成的认知、评价、印象、联想等多方面内容的综合。因此,民宿品牌塑造是一个系统性的工程。

3. 民宿品牌是企业重要的无形资产之一

从民宿的角度来看,品牌价值不仅仅体现在企业实体和产品之外,还包括品牌的知名度、美誉度、认同度及消费者忠诚度等,这些因素都能直接或间接地为民宿带来经济收益。而对于消费者来说,品牌的存在不仅降低了选择民宿产品时的决策成本,还为他们提供了情感和文化消费价值。

4. 民宿品牌包含企业品牌

民宿名称作为品牌名称的优点在于能够展现民宿的企业文化、经营理念和经营哲学。企业品牌的优点是能够集中民宿的资源,形成统一的品牌形象,有利于准确传达民宿的公司理念和经营理念;缺点在于不利于兼容多种类型的民宿产品,可能导致产品形象模糊。

(四)民宿品牌建设的意义

1. 民宿品牌是民宿企业存在与发展的灵魂

民宿不仅是一个提供住宿的空间,其品牌更是体验、文化与价值观深度融合的综合展现。通过精心设计和管理,民宿品牌可以成为吸引游客、树立行业标杆的核心元素。民宿品牌代表着个性化的服务、独特的环境和地域文化,这些都是其存在和延续的重要支柱。通过品牌,民宿企业可以塑造自己的形象,提升知名度和信誉度,从而在激烈的市场竞争中脱颖而出。

2. 民宿品牌代表着企业的竞争力

在旅游业的竞争中,民宿品牌扮演着关键角色。与传统酒店相比,民宿品牌往往能够提供更加个性化、舒适的住宿体验,吸引更多的消费者。通过建立独特的品牌形象和优质的服务,民宿企业可以在市场上获得竞争优势,提升市场份额和盈利能力。好的民宿品牌不仅可以吸引更多的消费者,还能够建立起消费者忠诚度。在口碑传播日益重要的今天,一个具有良好口碑的民宿品牌可以通过消费者的推荐和分享获得更多的曝光和客源,形成良性循环。

3. 民宿品牌意味着客户群体

对于游客来说,民宿品牌代表着独特的住宿选择,是一种与当地文化和风情深度融合的体验。消费者倾向于选择那些具有独特特色和良好口碑的民宿品牌,以满足他们对于旅行的不同需求和期待。一个优秀的民宿品牌能够吸引并留住一批忠诚的客户群体。这些客户不仅仅是单次的住宿者,更可能成为品牌的忠实拥趸和长期支持者,为民宿企业带来稳定的收入和持续的发展动力。

4. 民宿品牌是一种重要的无形资产

在竞争激烈的旅游市场中,民宿品牌是民宿企业极其宝贵的资产。通过不断投入和经营,民宿品牌可以积累起良好的声誉和口碑,成为吸引消费者和获取利润的重要保障。民宿品牌的价值不仅仅体现在其商业运营上,更反映在其对当地经济和社会的贡献上。一个具有知名度和影响力的民宿品牌可以吸引更多的消费者,促进当地旅游业的发展,带动相关产业的繁荣。因此,对于民宿企业来说,品牌建设是一个长期而持续的过程,需要不断地投入和经营,才能够获得持久的竞争优势和商业价值。

二、民宿品牌设计

(一)品牌形象理论及形象识别系统

品牌形象理论是20世纪60年代中期由大卫·奥格威提出的一个创意观念,成为广告创意策略理论中的重要流派。这一理论的核心观点是,品牌形象不仅仅是产品本身的属性,而是消费者对产品质量、价格、历史等方面的认知和情感联系。基于此,广告的首要目标便是塑造并维护一个具有高知名度和积极形象的品牌。

根据品牌形象理论,广告的作用不仅局限于推销产品,它更是一种着眼于长远的投资,其核心在于维护和提升品牌形象,而非仅仅追求短期的销售目标。随着同类产品的差异性减小,消费者在选择品牌时更多地依赖情感和认知因素,因此品牌形象的塑造比产品功能特性的强调更为重要。该理论主要涵盖以下四个基本要素。

(1)广告的主要目标是为品牌塑造形象服务,旨在建立和维护品牌的高知名度。

(2)广告是品牌的长期投资,其重点在于维护良好的品牌形象,而非牺牲长期利益以追求短期收益。

(3)随着同类产品的同质性增加,消费者选择品牌更多地受情感因素影响,因此塑造品牌形象比突出产品功能更为重要。

（4）消费者追求的不仅是实际利益,还有心理需求。因此,广告应重视塑造品牌形象以满足消费者心理需求。

品牌形象研究通过市场分析工具,分析不同消费者对品牌的印象,以勾勒出品牌的独特气质,为品牌管理者提供决策依据。品牌形象的塑造是一个系统工程,涉及产品、营销、服务等各个方面,需要企业全体员工长期坚持努力。创造吸引潜在消费者的品牌形象是企业成功的关键。可口可乐的成功是品牌形象理论的一个典范案例。该公司不仅仅是在销售饮料,更是在构建一种深入人心的情感纽带。每逢佳节,可口可乐的广告总是温馨呈现家庭团聚、朋友欢聚的欢乐场景,在这些美好瞬间中,可口可乐总是巧妙融入,将品牌与快乐时刻紧密相连。这种情感连接不仅为可口可乐塑造了积极的消费者印象,还帮助其在市场中赢得了稳固的一席之地。可口可乐的成功证明了品牌形象理论的有效性,即通过情感因素塑造品牌形象,从而赢得消费者的心。

品牌形象理论的影响是广泛的,它改变了广告界对待品牌的方式,将长期投资放在首要地位。然而,随着市场竞争的日益激烈,维护品牌形象和领导地位需要巨额的广告投入,这对企业的利润构成了严峻挑战。不少企业为了短期的利润增长而削减广告预算,从而忽视了长期投资的重要性。但事实上,一个成功的品牌形象能够为企业带来更为可观的利润和更大的市场份额。

（二）品牌形象识别系统

在20世纪70年代,日本学者西泽修(Osamu Nishizawa)在品牌形象理论的基础上提出了企业形象识别系统(Corporate Identity System,CIS)。西泽修在其著作和研究中系统化地阐述了CIS的概念和构成,包括企业的理念识别(MI)、视觉识别(VI)和行为识别(BI)三个部分。CIS概念的提出,为企业形象管理提供了理论基础和实践指南,在全球范围内得到了广泛应用和认可。

品牌形象理论与企业形象识别系统密切相关,二者在品牌建设和企业传播中共同发挥作用。品牌形象理论主要关注品牌在消费者心目中的整体印象和感知。这种形象不仅仅是产品本身的功能和特性,还包括品牌所传达的情感、价值观和文化内涵。

品牌形象的形成受到以下几个因素的影响。

（1）品牌识别:包括品牌名称、标志、颜色、口号等。

（2）品牌传播:广告、公关、促销等各种传播手段。

（3）消费者体验:消费者与品牌的互动体验,包括购买、使用、服务等。

（4）社会口碑:消费者的评价和意见在社会网络中的传播。

在民宿经营中,民宿品牌形象至关重要,它不仅仅是一种标志性的图形或名称,更是对民宿核心价值的诠释和传达。在民宿品牌形象的塑造中,理念识别、视觉识别和行为识别三者相辅相成,构建起完整的品牌形象系统。

首先,理念识别是品牌的灵魂,是民宿经营理念和核心价值的体现。通过理念识别,民宿可以明确自身的定位、特色和服务理念,如注重文化体验、环境保护或社区融合等。这种理念不仅是对内部员工的指引,更是对外消费者的承诺和吸引力所在。

其次,视觉识别是民宿品牌形象的外在表现,是通过标识、视觉元素和设计风格等传达民宿的独特魅力和身份认同。品牌标识应该简洁、具有辨识度,并能够与民宿的理念相契合。视觉形象设计包括色彩搭配、字体选择、图形符号等,需要与品牌理念相呼应,形成统一的视觉语言,给游客留下深刻印象。

最后,行为识别是民宿品牌形象的行动表现,是民宿员工和服务的体现。从接待态度到客房整洁,从服务质量到环境维护,都应该与品牌形象相一致,传递出民宿对品质和客户体验的坚持和追求。

综上所述,民宿品牌形象的塑造需要理念识别、视觉识别和行为识别三者的有机结合,通过品牌标识和视觉形象设计的精心构建,以及行为的一致表现,实现对内外一致的品牌识别和认知,从而赢得消费者的信任和好评,进一步提升品牌价值和竞争力。企业形象识别系统的要素与标志如表5-3所示。

表5-3 企业形象识别系统的要素与标志

品牌形象识别系统	认知要素	信息标志
理念识别(MI)	民宿核心价值、发展目标; 民宿企业文化、民宿发展战略	核心价值宣传口号、企业文化座右铭、经营指导思想
视觉识别(VI)	标识图案、名称,标准字; 颜色识别、建筑造型; 服务标识	景区建筑、道路、小品、绿化、路灯、指示牌系统; 服务标识系统、内部办公用品; 旅游网站、广告、宣传册、招贴画、海报、音像制品; 标准字、标徽、色彩; 旅游纪念品、小商品
行为识别(BI)	目标市场细分; 选择及定位主要产品品牌; 客户开发广告与促销活动; 文化娱乐活动、服务行为	工作人员的服务质量、节庆活动、公关策划

(三)品牌识别六棱镜模型

品牌识别能够激发人们对品牌的美好印象和联想,这些联想不仅体现了品牌所象征的意义,还隐含着企业对消费者的承诺。一个强势品牌必然有丰满、鲜明的品牌识别特征。例如,宝马象征着品位与卓越的驾驶体验,沃尔沃则代表着安全。品牌识别的核心在于解答以下关键问题:品牌的价值主张是什么?品牌应该具有怎样的个性?品牌的长期目标和最终目标是什么?品牌的辨别符号是什么?

企业不能仅仅依赖品牌形象,因为品牌形象可能与产品实际不匹配。完全让消费者决定品牌是不可取的,因为这会导致企业被动地接受品牌形象,而不是积极地塑造它。企业应当积极创建并引导品牌认知,以此激发消费者产生期望的品牌联想。简而言之,品牌认知和品牌形象是同一事物的两个方面:品牌形象是消费者对品牌认知的感知,而品牌认知是指导品牌形象塑造的基准。

品牌识别与品牌形象的关系如图5-10所示。

图5-10 品牌识别与品牌形象的关系

品牌识别六棱镜模型(发错了图5-11)是由法国品牌管理学者让-诺埃尔·卡普费雷(Jean-Noël Kapferer)提出的,用于系统地构建和分析品牌的识别。该模型从内在和外在、发送方和接收方两个维度出发,将品牌识别分为体格、个性、文化、关系、反映性、自我形象六个层面。在这个模型中,内在的组成部分包括个性、文化和自我形象,而外在的组成部分则包括体格、关系和反映性。这些要素之间相互关联,形成一个有机的整体。

在该模型中,体格指的是与品牌定位相符的外观特征,包括产品属性、种类、包装、名称和标识等。个性则是指品牌的性格,即人们对品牌拟人化的印象。文化是品牌的灵魂,体现了品牌生产者和生产国的价值观。品牌还通过建立关系与消费者进行沟通。反映性则是消费者心目中对品牌目标消费者形象的想象。自我形象则表示目标消费者对自己的认知。

这个模型为品牌管理提供了一个系统的框架,帮助企业更好地理解和塑造自己的品牌形象,从而与消费者建立更深层次的关系。

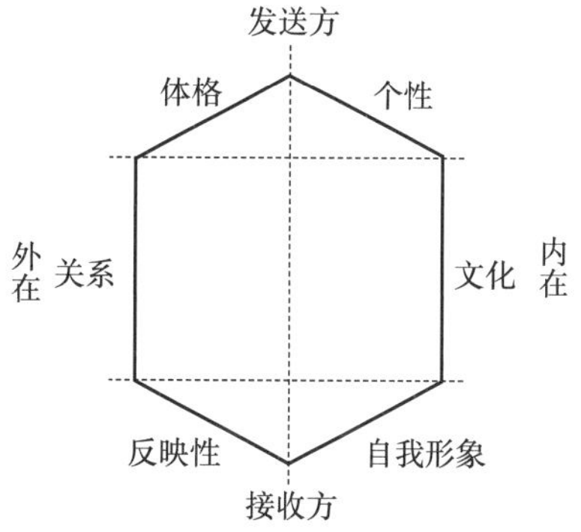

图5-11 品牌识别六棱镜模型

(四)品牌形象设计原则

1. 民族化原则

在国际化的今天,品牌的成功之源仍是品牌的民族文化特质。民宿品牌同样应体现出独特的民族文化内涵,以吸引来自世界各地的游客。一个成功的、历史悠久的国际品牌,总是体现着这个国家、这个民族最根本的民族性和文化内涵。以贵州西江千户苗寨中的众多民宿为例,通过重建老宅并精心保留原有的建筑风格和纹理,尤其是基于苗族传统的吊脚楼进行改造,让游客能够更直观、更深入地领略苗族建筑的独特韵味。

2. 个性化原则

个性化原则是指品牌形象策划上的差异化。民宿品牌形象策划的目的就是要使该品牌具有独特的个性,从而在众多同类品牌中脱颖而出。因此,个性化原则是民宿品牌形象塑造的重要原则,否则策划便失去了意义。例如,可以通过独特的建筑设计、别具一格的室内装饰,以及特色的地方文化体验活动,来展现民宿品牌的独特个性,使其在竞争激烈的市场中占据一席之地。根据品牌识别六棱镜模型,品牌的个性化可以通过品牌的物理属性(如民宿的建筑风格)、品牌文化(如地方特色活动)、品牌自我形象(如消费者对民宿体验的自我认同)等多个维度来展现,从而形成独特的品牌形象。

3. 系统性原则

民宿品牌形象是由品牌外表与内涵综合构成的复杂系统,包括民宿品牌名称、标识、商标、品牌文化、品牌定位、品牌联想、品牌个性等多种因素。因此,民宿品牌形象塑造是一个系统性工程,不仅仅是设计品牌名称、标识、商标等可视化品牌因素,还包括对品牌形象内涵的塑造。

4. 全员化原则

全员参与的品牌形象管理对塑造品牌形象至关重要。民宿品牌形象要向市场传递一致的信息,这就要求全体员工都具备强烈的使命感,而这种使命感源自对品牌的荣誉感,它能极大地增强员工的凝聚力,难以想象,缺乏团结或满腹抱怨的员工会向公众展示良好的品牌形象。因此,每一位员工都应积极参与品牌形象的建设,从细微处体现品牌的服务品质和文化内涵,共同维护和提升品牌的声誉。企业形象识别系统中的行为识别特别强调员工行为的一致性和协调性,这是品牌形象得以统一和强化的重要保障。

5. 规范化原则

品牌形象的规范化和差异化原则并不矛盾。规范化原则强调的是在形象设计过程中应遵守的技术标准,即企业标志系统需保持统一且不可随意更改;而差异化原则则着重于塑造品牌形象时,要突出与其他品牌的不同之处,突出本品牌的特性。对于民宿品牌来说,规范化意味着在品牌标志、色彩、字体、标语等方面保持一致,以建立统一的品牌识别系统。通过在服务流程、员工培训、客户体验等方面保持高度一致性,确保每一位消费者在不同时间、不同地点都能感受到一致的品牌形象和服务质量。这不仅有助于提升品牌的专业形象,也能增强消费者对品牌的信任感和忠诚度。结合品牌识别六棱镜模型,规范化的品牌标识和服务流程能够强化品牌的物理属性和文化,从而在消费者心中建立清晰、稳定的品牌认知。

三、民宿品牌管理

(一)品牌定位

品牌定位是确立民宿在消费者心目中的形象和地位的过程,结合消费者需求特征和民宿特色。这一过程必须与所在地文化背景和社会时尚趋势相契合,并持续创新。建立民宿品牌,首要任务是确立持久、适切、易传达、吸引潜在消费者的核心价值。在

原舍——
追溯生活
本源

充分市场调研的基础上,选择特定目标细分市场,分析客源市场规模和特征,明确品牌定位,设计品牌形象。品牌定位是企业在市场和产品定位的基础上,对品牌文化和个性差异进行商业性决策,旨在建立与目标市场相关的品牌形象。其目的在于将产品转化为品牌,帮助潜在消费者准确理解产品。以裸心谷为例,它是一个度假村品牌,强调与自然环境的融合,让人能够尽情接近自然。裸心谷的核心理念是自然、可持续和卓越的客户服务。品牌与产品相辅相成,形成完整体系,为消费者提供清晰的品牌形象与认知。细分市场和明确定位是品牌竞争的关键,只有定位明确、个性鲜明,才能吸引目标消费者。

(二)品牌传播

讲述并传播民宿故事是提升民宿品牌认知度和吸引力的最佳方式。讲好民宿的品牌故事,关键在于挖掘并呈现每个民宿独有的故事元素,这些故事可能源自地方历史、建筑风格、民宿主人的独特经历等。将这些故事与品牌形象紧密结合,并通过多种渠道向消费者传播,可以加深消费者对民宿的理解,激发他们的情感共鸣和认同感。除了文字叙述外,利用视觉和多媒体形式,以及与当地社区的合作,都可以丰富故事的表达方式,使其更加生动和引人入胜。重要的是,品牌故事需要持续更新和分享,以保持消费者的兴趣和参与度,同时也让民宿品牌故事保持活力和新鲜感。通过讲好民宿品牌故事,可以建立与消费者之间更深层次的情感联系,为民宿业务的发展奠定坚实基础。

在当今时代,故事对品牌之所以如此重要,原因有三:产品可能会同质化,但故事永远可以注入新的创意;虽然人们讨厌广告,但人们喜欢故事,甚至会主动分享故事;在这个信息割裂的时代,只有故事能够突破信息茧房,触达更广泛的受众。

一个出色的品牌故事并非空想,而是需要深入的调研、慎重的思考,以及灵感的迸发。有生命力的品牌故事必须满足以下三点。

1. 品牌故事创作要求

(1)基于文化的创作。

任何品牌故事都应根植于所在市场的文化环境,并发现其中的空缺。讲述一个引人入胜的"品牌填补文化空缺"的故事,意味着品牌故事不仅要反映文化,更要与文化产生深刻共鸣,从而激发目标受众的情感共鸣与深层连接。

(2)基于企业实际情况的创作。

品牌故事需要紧密结合企业的实际情况。虽然很多企业希望讲述一个神话般的故事,但大多数企业从事的是平凡的事业。因此,如何讲述一个真实而又引人入胜的平凡故事是一个巨大的挑战。品牌故事应该与企业的核心价值、使命及产品或服务的特点密切相关,以展现出品牌的独特魅力和价值。

(3)真实与超越真实的结合。

品牌故事必须是真实的,但又需要超越真实。真实的故事才能触动人心,但如果故事显得枯燥乏味,就难以引起受众的注意。因此,品牌故事需要在保持真实性的基础上，通过夸张、想象或寓言等手法，使故事更加引人入胜、令人难忘。只有真实而又超越真实的故事，才能成为打动人心的佳作，激发消费者的情感共鸣。

品牌故事的创作条件如表 5-4 所示。

表 5-4　品牌故事的创作条件

要点	描述
基于文化的创作	任何品牌故事都应该根植于所在市场的文化环境，并填补文化上的缺陷。品牌故事应该与文化共鸣，引发受众的情感连接
基于企业实际情况的创作	品牌故事需要与企业的核心价值、使命及产品特点相关。讲述一个真实而引人入胜的平凡故事是一项挑战
真实与超越真实的结合	品牌故事必须真实，但又需要超越真实。通过夸张、想象等手法使故事更引人入胜、令人难忘

2. 品牌故事传播模型

塑造及传播品牌故事可以参照品牌故事模型，该模型分为三个主要层级，具体如下。

（1）主角。

主角是品牌故事中的核心人物，可能是品牌的创始人，或者是品牌的核心技术。

（2）使命。

主角需要达成的目标，与传统企业战略中的愿景相似，但更注重社会价值。

（3）情节。

主角为了完成使命所采取的一系列行动。在一个完整的故事中，主角会经历多个情节，从而构成完整的故事线。此外，一个情节还分为以下三个层次。

① 冲突：故事中的主角们所遭遇的难题和挑战。

② 高潮：在主角们应对挑战的过程中，最具感染力和戏剧性的时刻。

③ 结局：主角们对抗挑战的最终结果，标志着本次故事情节的结束。

（三）品牌体验

1. 品牌体验的含义

"体验"一词源自拉丁文的"exprientia"，意味着探索、实践。在营销领域，施密特将体验定义为消费者主观内在的反应（感觉、知觉、认知）和由相关品牌刺激物所引起的行为反应。体验消费已成为时代的主流，它不仅满足产品和服务的功能性需求，更关注满足消费者的情感和深层次需求。企业应该以消费者为中心，通过创造各种活动，让消费者参与其中、留下深刻印象，从而通过产品和服务传递各种体验。

在体验经济的时代，民宿业也需要转变营销策略，将体验置于核心位置。民宿不仅是提供住宿服务，更要打造独特的、令人难忘的体验，让消费者在住宿期间感受到别样的美好。品牌体验对于民宿业尤为重要。民宿的品牌体验远不止于客人在网站预订、入住及退房这一系列流程,它涵盖了客人在民宿内外的每一次感官与情感互动。从踏入民宿的那一刻起,无论是门厅的温馨欢迎氛围,还是房间的精心布置与装饰,乃至早餐的品质和员工的服务态度,每一个细微之处都是构成客人品牌体验的重要元素。比如,一家民宿可以通过精心设计的装饰和独特的主题吸引消费者的眼球,让他们感受到家一般的温馨和舒适。在服务方面,民宿经营者可以通过个性化的接待和周到的关怀,为消费者营造宾至如归的感觉,让他们在异乡也能感受到家一般的温暖。此外,民宿还可以提供一些特色活动,如文化体验、手工艺课程等,让消费者在入住期间有更丰富的体验,留下深刻的印象。优秀的民宿应该努力创造独特且难忘的体验,让消费者在离开时留下美好的回忆,并愿意与品牌建立长久的情感纽带。通过精心打造品牌体验,民宿业可以吸引更多的消费者,提高消费者满意度,从而增加盈利并建立良好的口碑。

2.品牌体验的作用

(1)吸引消费者参与,增强品牌互动。

品牌体验的核心在于吸引消费者的参与,通过互动让消费者真正成为品牌的主体。通过亲身参与,消费者不仅能更深刻地理解品牌,同时也使民宿经营者更深入地了解消费者需求,建立起密切的关系。民宿经营者可以通过丰富多彩的活动和体验项目吸引消费者参与,如开展文化体验活动、提供特色手工艺品DIY课程、安排户外探险等。这些活动不仅让消费者更深入地了解当地文化和风土人情,也增强了消费者与民宿之间的互动和情感连接。

(2)传播品牌创意,建立消费者理解和尊重。

品牌体验是品牌个性的表现方式之一,通过创新的思路和生动有趣的执行手段来传达品牌的风格和主张,达到与消费者沟通的目的。这种体验也体现了民宿经营者对消费者的尊重、理解和体贴。民宿可以通过独特的装修风格、贴心的服务设计及与当地文化相融合的主题活动,传达民宿的品牌个性和价值观。例如,一家位于海边的民宿可以打造海洋主题,提供海钓活动和海鲜烹饪课程,以此展现对海洋环境的热爱和尊重,进一步加深消费者对民宿品牌的认同感。

(3)提升消费者忠诚度。

品牌体验直接影响消费者忠诚度。通过个性化的产品或服务等方式来丰富和增强消费者的品牌体验,可以培养消费者的品牌忠诚度。此外,品牌体验还通过调节品牌忠诚的形成机制间接影响消费者忠诚度,从而提升品牌忠诚度。在民宿行业中,通过提供个性化的服务和定制化的体验,可以显著提高消费者的满意度和忠诚度。例如,为经常入住的客人提供专属优惠和定制化的行程安排,让他们感受到被重视和关注,从而加深他们对民宿的信任感,进一步提高他们的忠诚度。

(4)扩大利润空间。

品牌体验可以为企业创造更高的利润空间。消费者在品牌体验中所支付的不仅仅是产品或服务的价格,更多的是体验带来的附加价值。通过提供独特的体验,民宿可以吸引更多消费者,并实现更高的价值和利润。民宿可以通过提供高品质的服务和独特的体验吸引更多的消费者,从而提升收入和利润。例如,提供私人定制的早餐服务、安排特色的主题活动或提供高端的SPA,以此吸引更多愿意支付额外费用的消费者,增加民宿的收入来源。同时,通过提升消费者的满意度和忠诚度,民宿还可以获得口碑传播和客户推荐,进一步扩大消费群体和利润空间。

3. 品牌体验设计

品牌体验设计对于民宿行业同样至关重要,尤其是在体验经济时代。通过情感打动和价值体验,民宿企业能够给消费者留下深刻的印象,建立消费者的品牌偏好,并激发再次预订的行为。

(1) 建立消费者体验数据库,深度分析消费者需求。

民宿企业可以通过建立消费者体验数据库来深入了解消费者的偏好和期望。除了基本的个人和交易信息外,数据库还应包括消费者的偏好、情感体验和反馈。这有助于民宿企业根据消费者的喜好和需求,量身定制个性化的服务和体验,提升消费者满意度和忠诚度。

(2) 品牌体验场景的设计。

民宿的体验场景包括房间的布置、环境的氛围及服务的质量。民宿企业可以通过精心设计的装饰风格和独特的服务,营造出独特的品牌氛围。从民宿售卖住宿功能,转化为民宿售卖场景、售卖"生活",例如:通过打造舒适温馨的客房布局和提供个性化的服务,民宿可以让消费者感受到如家般的温暖,从而增强品牌的吸引力和记忆深度;通过设计独特的室内与室外景观或生活场景,让消费者在体验后能够拍摄出引人注目的照片,展示个人风格和特点,从而达到"种草"(即激发他人兴趣和向往)的效果。

(3) 产品设计的重要性。

民宿的产品即客房和服务体验。为了提升品牌体验的价值,民宿企业可以注重打造独特的客房设计和提供个性化的服务。例如,根据消费者的偏好定制床品和家具,提供专属的早餐或欢迎礼篮,让消费者在入住期间享受到独特的体验。此外,民宿还可以策划丰富多彩的活动,如户外探险、手工艺品体验等,让消费者在体验中感受到民宿品牌的独特魅力和文化底蕴。

(四) 品牌竞争力

品牌竞争力是某一品牌产品超越其他同类产品的竞争能力,是其他同类产品不易甚至是无法模仿的能力,是开拓市场、占领市场并获取更大市场份额的能力。品牌竞争力使民宿能以比同类产品更高的价格出售,以同样的价格占据更大的市场空间,甚至在市场很不景气和削价竞争的环境下为企业赢得高利润,在激烈的市场竞争中求得生存与发展。

同时,品牌竞争力具有如表5-5所示的特征。

表 5-5　品牌竞争力特征

特征	描述
比较性	在品牌竞争中表现出的比较能力,如产品质量、价格、市场占有率等
目的利益性	最直接的目的是获得更多消费者,占有更大市场份额,实现再生产的高效循环,从而获取利润
竞争动态性	随着市场结构和竞争行为的变化而变化,其强弱不是绝对的、持久的
形成过程性	品牌竞争力的培育、建立,以及竞争能力的消长需要一定的形成过程
资源整合性	是企业资源配置的产物,也是企业运作系统和品牌管理系统整合的产物,缺少任何一种资源或者系统中某一环节整合不佳都会影响竞争力的培育和建立

民宿品牌竞争力是民宿在长期的市场经营与品牌管理实践中积淀下来的综合性的品牌市场力量和比较力量。民宿品牌竞争力受到多方因素影响,如政策环境、市场环境、法律制度、社会文化等,它随着市场竞争形势的变化而变化,是处于动态的过程。在品牌竞争时代,民宿品牌竞争力是民宿核心竞争力在市场上的物化和商品化的表现,具有不可替代的差异性优势。在打造品牌竞争力时需要综合考虑竞争对手、新进入者、替代品、供应商和买家的影响,通过差异化经营、优质服务和有效营销来提升自身竞争力,在激烈的市场竞争中占据有利地位。

（五）品牌扩张

在21世纪,品牌的价值愈发凸显,成为企业极具潜力的资产之一。品牌扩张成为企业发展壮大的有效途径,但需要科学的策略和技术手段。品牌扩张的范畴广泛,涉及品牌资本的运作、市场推广等多个方面。然而,有些企业在品牌扩张过程中盲目行动,缺乏策略,导致不利影响甚至伤害品牌。

品牌扩张是一个具有广泛含义的概念,它涉及的活动范围比较广,但具体来说,品牌扩张指运用品牌及其包含的资本进行发展,推广的活动。这一过程包括品牌的延伸、品牌资本的运作、品牌的市场拓展等内容,同时也具体涉及品牌的转让、授权等经营活动。品牌扩张通常意味着现有品牌进军全新的、不相关的市场领域。品牌扩张需要精心规划和谨慎执行,以确保品牌在不同市场的成功延伸,并避免品牌价值的稀释。

在民宿行业,品牌扩张是至关重要的。随着旅游业的不断发展和人们对个性化住宿需求的增加,民宿品牌已经成为吸引消费者的关键因素之一。要实现有效的品牌扩张,民宿经营者需要深入了解市场,制定明智的策略,并采用适当的技术手段。

1. 民宿经营者可以考虑利用现有品牌的声誉和资本进入相关但不完全相同的市场

例如,一家民宿在山区地区拥有良好的口碑和品牌认知度,可以考虑将品牌延伸至海滨地区或城市中心,以满足不同消费者群体的需求。

2. 民宿经营者可以通过授权等方式扩大品牌影响力

民宿经营者可以与其他旅游服务提供商合作,如旅行社、景点门票提供商等,共同推出联合品牌产品或服务,从而扩大品牌的市场覆盖范围。此外,民宿经营者可以通过利用社交媒体营销、在线预订平台等技术手段,提升品牌在目标市场的曝光度和知名度,吸引更多消费者。

3. 民宿经营者在品牌扩张过程中也需注意避免盲目行动和过度扩张

民宿经营者应确保新市场的需求与自身品牌定位相符,避免因不相关的扩张而损害品牌声誉和价值。

综上所述,民宿品牌扩张是一项需要谨慎考虑和精心规划的工作。通过科学的策略和适当的技术手段,民宿经营者可以有效地扩大品牌影响力,促进企业的持续发展。

(六)品牌保护

在当今竞争激烈的民宿行业中,品牌维护是确保业务成功的关键之一。民宿品牌维护涉及保护其形象、声誉和价值,以持续吸引、留住和扩大客户群。

以下是民宿品牌维护的重要性、方法和建议:民宿品牌维护的重要性在于保护民宿形象、声誉和价值。一个良好的品牌形象能够增强消费者的信任和忠诚度,而品牌声誉的提升将吸引更多潜在消费者。通过积极的品牌维护,民宿可以保持竞争优势,提高价格和利润率。品牌维护的方法包括确定清晰的维护目标和策略、建立完善的品牌管理制度和流程、加强与消费者的互动和沟通,并持续监控维护效果和反馈。针对民宿品牌维护,建议加强员工培训,建立消费者反馈机制,并利用社交媒体进行宣传,以提升品牌知名度和客户满意度。

综上所述,民宿品牌维护是确保业务成功的关键之一。通过保护品牌形象、声誉和价值,民宿可以吸引、留住并扩大客户群,实现长期竞争优势和业务增长。

本章小结

本章深入探讨了民宿产品的开发与管理策略,涵盖了从概念、特点到具体操作的各个方面。通过对民宿产品的定义、特点及其组成部分的详细分析,明确了民宿产品的核心利益、基本产品、期望产品、附加产品和潜在产品的内容。此外,本章还介绍了民宿产品的种类。在产品开发方面,强调了市场导向、突出特色、经济效益和绿色生态原则的重要性,详细阐述了民宿产品开发的原则和程序。关于价格策略,探讨了价格制定的影响因素及其策略选择。品牌建设方面,讲解了品牌定位、传播、体验、竞争力、扩张和保护等方面的内容,强调了品牌建设对于提升民宿市场竞争力的重要性。通过本章的学习,读者将全面掌握民宿产品的开发与管理策略,为民宿经营提供有效的指导和支持,实现民宿产品的持续发展和市场竞争力的提升。

一、知识训练

1. 民宿产品有什么特点?
2. 民宿产品开发的原则是什么?
3. 民宿品牌建设包括哪些方面?

二、能力训练

1. 思考民宿的价格策略需要考虑哪些因素。
2. 选择一个当地较为成功的民宿案例,分析其品牌建设的具体策略和方法。讨论该民宿在品牌定位、传播、体验、竞争力和扩张等方面的成功经验。提出针对该案例的品牌保护措施和建议。

模块三 民宿运营管理

第六章 民宿实务管理

 本章概要

随着旅游市场的日益多样化和个性化需求的不断增长,民宿已成为旅游住宿业的重要组成部分,提供了与传统酒店不同的住宿体验。本章概述了民宿实务管理的核心内容,涵盖了民宿管家服务、民宿服务质量管理、民宿人力资源管理及民宿安全管理等关键领域。本章结合最新的行业政策和标准,通过丰富的案例研究,旨在增强学生的理论知识与实际操作能力,以应对民宿业在全球化和数字化时代的新挑战。

 学习目标

知识目标

1. 了解管家服务的历史起源及其在不同时代的演变,服务质量的基本概念及其在民宿业中的特殊性,以及民宿安全管理的基本概念和范围。
2. 掌握民宿管家的定义、重要性及其与传统酒店管家的区别,影响民宿服务质量的主要因素及提升策略,以及核心岗位的职责和人力资源管理内容。
3. 熟悉我国民宿管家的发展现状及未来趋势,民宿人力资源管理的基本概念和特点。

能力目标

1. 能够分析民宿管家在对客服务中的重要性,并设计和优化民宿管家的服务流程,提升服务效率和客户满意度。
2. 能够识别和改进影响民宿服务质量的关键因素,运用合适的工具和方法收集客户反馈并及时响应,提升服务质量。
3. 能够针对民宿的特点进行人才培养和团队建设。

素质目标

1. 培养学生理解和尊重民宿文化的多样性及其对社会和经济的贡献。
2. 强化学生的问题解决能力和创新思维,提升学生的社会责任感,通过提供优质服务促进社区和谐和文化交流。
3. 通过人力资源管理的学习,学生将增强对劳动法和职业伦理的理解和应用能力,同时培养领导力和团队合作精神,为未来职场成功奠定基础。

贵州省民宿管家职业技能大赛概览

随着民宿业的迅速发展,民宿管家作为其中的关键角色,其职业技能和服务质量受到越来越多的关注。贵州省民宿管家职业技能大赛不仅是一场展示民宿管家全面才能的盛会,更是推动行业进步的重要事件。本次由贵州省文化和旅游厅主办,联合贵州旅游协会乡村旅游与民宿发展分会、贵阳职业技术学院和华为全屋智能协办的大赛,汇聚了来自全省各地的民宿管家。参赛者们在比赛中展现了从基本的房间布置到高级的客户服务技能,如快速铺床、茶艺、咖啡制作,以及特色民俗表演等多样化技能,全面体现了民宿管家的"十八般武艺"。

比赛通过激烈的技能展示和才艺比拼,不仅提升了参与者的专业水平,也为贵州民宿业注入了新的活力,打破了公众对民宿管家职业的传统认知。以下是几位获奖管家的简介。

潘宠秋(遵义市-匠庐·雅路古):擅长摄影、茶艺、咖啡制作,经历了从门店初创到管理运营的全过程,展现了出色的组织与沟通能力。

张姣姣(安顺市-匠庐·村晓):擅长茶艺且茶艺高超,通过这次比赛极大地提升了自己的专业技能。

龙坤(贵阳市-朵哩花园民宿):具备化妆、造型摄影、咖啡冲泡等多项技能,他的工作理念是把民宿当作家一样打理,把消费者当作朋友一样对待。

这些民宿管家通过技能展示,不仅为学习者树立了实践中成长与学习的典范,同时也为民宿行业设定了服务质量和专业技能的高标准。

第一节 民宿管家服务

一、管家服务的起源及发展

(一)历史起源

管家作为一种历史悠久的职业,其起源和发展历经数千年,从古代文明到现代社会,它的演变不仅反映了社会结构和经济发展的变迁,也映射了文化和生活方式的演进。管家服务的起源可追溯到古代文明时期,最早的管家角色通常出现在贵族和王室家庭中。在古埃及,管家主要负责监督家族和皇家财产,如粮食存储和分配,确保王室成员的生活需求得到满足。在中国,尤其是周朝时期,管家称为"内史",负责皇家或贵族家庭的日常运作,从食品供应到家族礼仪的所有事务。随着社会的发展,管家的角色逐渐从仆人的管理者转变为家庭内部的重要成员。这种变化反映了他们在管理家庭事务方面的专业能力,以及家庭主人对他们的深厚个人信任。

(二)中世纪到近代的演变

在中世纪,随着欧洲封建制度的兴起,管家在贵族庄园和城堡中开始承担更多的管理职责。他们负责监督仆人、管理庄园的日常事务、组织宴会和招待客人。在这个时期,管家通常还要负责家族财产的记录和管理,是贵族家庭中不可或缺的一部分。

进入近代,随着工业革命和城市化的推进,管家的角色开始发生变化。大规模的工业生产和城市化进程带来了新的社会阶层,富裕的商人和企业家也开始雇佣管家来管理他们的家庭事务。在维多利亚时代的英国,管家制度达到了顶峰。这个时期的管家不仅要管理家庭的日常事务,还要监督大量的仆人和员工,确保家庭的高效运作和对外社交的顺利进行。维多利亚时代的管家被视为家庭的核心职位,他们不仅要具备优秀的管理能力,还需要有良好的礼仪和社交技巧。

(三)现代管家服务的转型与专业化

20世纪中叶以来,传统的管家服务逐渐转型为现代化的专业服务,扩展到高端酒店、度假村和精品民宿等领域。现代管家需要具备广泛的专业知识和技能,包括客户服务、财务管理、活动策划和人际沟通等。他们通常接受系统的职业培训,学习如何提供高质量的个性化服务,以满足客人多样化的需求。例如,在高端酒店和度假村,管家不仅要负责客房管理和客人接待,还需安排旅游行程、组织活动和处理突发事件。专业的管家服务已经成为提升客人体验和满意度的重要因素之一。

在现代旅游和住宿行业中,管家服务扮演着重要角色。随着旅游业的发展和消费者需求的多样化,管家服务已成为提升客户体验和满意度的关键因素。我国2003年颁布的《旅游饭店星级的划分与评定》标准中首次引入了对行政楼层提供24小时管家服务的规定。

二、民宿管家的定义及重要性

（一）民宿管家的定义

2022年6月14日，人力资源和社会保障部正式将"民宿管家"纳入国家职业分类体系中的18个新职业。民宿管家主要负责民宿的全面运营和管理，提供从预订、登记到入住的全程服务。他们在解决客人问题和满足需求方面扮演着关键角色，确保客人体验的连贯性和满意度。根据《民宿管家国家职业标准（2024年版）》，民宿管家被定义为提供客户住宿、餐饮以及当地自然环境、文化与生活方式体验等定制化服务的人员。这一职业不仅涉及基本的住宿和餐饮服务，还包括为客人提供定制化的当地自然环境、文化与生活方式体验，旨在为每位客人创造独特且深刻的旅行体验。

（二）民宿管家的重要性

《民宿管家国家职业标准（2024版）》明确指出民宿管家需要具备丰富的旅游和文化知识，能够向消费者展示当地的风俗人情及自然景观。民宿管家的重要性在民宿业中体现得尤为显著，他们不仅是服务的提供者，更是文化的传递者和客户体验的塑造者。

1. 文化传播者

民宿通常具有浓厚的地域文化特色，民宿管家作为文化的传播者，不仅向客人提供住宿服务，更是介绍当地风俗、历史和文化的关键角色。他们具备丰富的旅游和文化知识，通过策划具有地方特色的活动或推荐地道的文化体验，帮助客人深入了解和融入当地文化，从而提升旅行的丰富性和深度。

2. 个性化服务的提供者

相比于标准化的酒店服务，民宿更强调个性化和定制化的客户体验。民宿管家需了解每位客人的具体需求，如饮食偏好、活动兴趣等，并据此提供量身定制的服务。这种高度的个性化服务是民宿能够在竞争激烈的住宿市场中脱颖而出的关键。

3. 民宿日常运营的核心

在民宿的日常运营中，管家常常承担起多种角色，如前台接待、客房管理，甚至是餐饮服务等。他们的高效管理和协调能力直接影响民宿的运营效率和客户满意度，尤其在高峰期，民宿管家的作用更是无可替代。

4. 危机处理专家

面对客人投诉或其他突发事件，民宿管家需要具备出色的问题解决能力。他们的专业应对不仅能及时解决问题，确保客人的满意度，还能在这一过程中彰显民宿的服务态度和专业水平，从而加深客人对品牌的信任与忠诚度。

5. 助力市场营销

民宿管家通过与客人的互动，了解客人的反馈和建议，获得的第一手资料可以帮助民宿改进服务并制定更有效的市场营销策略。此外，满意的客人往往愿意通过口碑推荐或社交媒体分享他们的正面体验，间接成为民宿的推广者。

（三）民宿管家与传统酒店管家的区别

民宿管家与传统酒店管家的区别如表6-1所示。

表6-1　民宿管家与传统酒店管家的区别

比较维度	民宿管家	传统酒店管家
服务范围	全面负责民宿运营管理，包括预订、登记、入住、本地文化体验等	主要负责酒店高端客房管理，提供行李运送、房间布置、私人助理等服务
服务个性化程度	强调个性化和地方文化体验，提供定制化建议和本地活动安排	注重高标准专业服务，定制服务基于豪华配套和高端需求
与客人的互动方式	更加亲密和频繁，与客人建立深层次联系和友谊	保持专业距离，互动正式且职业化
工作环境与职责范围	工作环境以乡村居多，职责广泛，需多方面技能，应对突发情况	环境固定，职责明确，专注于高端住宿体验
培训与职业发展	注重实际操作和多方面技能培养，职业发展路径灵活	接受系统化专业培训，职业发展路径明确，通过内部晋升

民宿管家和传统酒店管家在服务范围、服务个性化程度、与客人的互动方式、工作环境与职责范围，以及培训与职业发展等方面存在显著区别。民宿管家的职责更为全面和灵活，注重个性化服务和本地文化体验；传统酒店管家则专注于提供高标准的专业服务，服务流程较为固定和专业化。通过这种比较，可以更好地理解两者在提升客户体验和满足客户需求方面的不同策略。

三、我国民宿管家的发展现状

（一）民宿管家群体呈年轻化

根据2023年7月途家发布的"Z世代"民宿从业者观察报告，"Z世代"房东在途家平台上的新增比例达到70%，显示出民宿行业的年轻化趋势。目前，国内大部分的民宿管家年龄集中在18到30岁之间，体现了该行业显著的年轻化特征。多数民宿管家专业背景多样，但涉及旅游和酒店管理的专业人才相对较少，这一职业对综合素质和专业能力有较高要求，需要持续地学习和实践经验。

（二）专业培训与技能需提升

尽管目前我国民宿管家普遍缺乏系统的职业培训，但约56%的从业者已接受了由民宿主人或同事提供的岗前培训。此外，随着《民宿管家国家职业标准（2024年版）》的实施，民宿管家的职业地位和认可度显著提升。该标准为行业培训和职业发展奠定了基础，职业技能分为五级：一级/高级技师、二级/技师、三级/高级工、四级/中级工、五级/初级工，每个等级都设有相应的鉴定考试。考试分为知识要求考试和操作技能考核两部分，以确保从业人员掌握必要的专业技能。

近年来，通过如莫干山民宿管家职业学校等专业机构提供的系统化培训，以及民宿管家职业技能证书的认证，从业人员的职业素养和服务水平得到了显著提升，有力推动了民宿行业的高质量发展。

（三）职业规划渐清晰

民宿管家通常需要管理多项任务，包括客房服务和活动组织，日常工作时间可达10小时，面对的职业压力较大。尽管行业目前存在不确定性和不规范性，但随着《民宿管家国家职业标准（2024年版）》的推行和职业培训体系的不断完善，民宿管家的职业路径逐渐清晰，为从业者提供了更多的职业选择和发展机会。

案例拓展

民宿管家孟金锦：在绿水青山间自我实现

四、民宿管家服务内容及流程

民宿管家的服务流程可分为客人抵店前，在店期间和离店后三个阶段。标准化酒店按前厅部、客房部、餐饮部、康乐部、公共服务区域等明确的分工，而不同规模和定位的民宿在服务人员的职能分工上有着较大的差异。规模较大的民宿会安排专职的清扫服务人员，如客房及公共区域的保洁员、专职的餐厅厨师；而家庭民宿的工作则是由民宿主人或是民宿管家承担。

（一）抵店前的准备工作

1. 预订管理与确认

民宿管家负责管理和优化客房预订过程，确保预订系统的准确性和效率。

（1）检查预订系统。

民宿管家需每日检查预订系统，确认当天及未来几日的入住客人信息。这包括核对客人的姓名、联系方式、预订日期、房型选择及任何特别注明的服务要求。

（2）主动沟通确认。

根据《民宿管家国家职业标准（2024年版）》，民宿管家应通过电子邮件或电话主动与客人确认预订细节，这种主动的沟通方式有助于及早发现并解决可能的误解或错误，如客人的特殊饮食要求、预计到达时间，以及是否有庆祝活动或过敏食物等情况等。这一步骤不仅确保了服务的个性化，也显著提高了客人的整体满意度。

确认订单后，民宿管家应主动通过微信，短信或电话等联系客人，为客人入住做好前期准备,民宿管家可以提前推送民宿介绍、周边美食、风景、交通情况等信息给客人,与客人建立起基本的交流与信任,便于后续接待工作的顺利开展。

(3)及时更新预订系统。

在与客人沟通确认后,民宿管家应及时在预订系统中更新这些更改或特殊要求。这一流程确保了每位客人都能接收到符合其期待的服务,同时也为民宿的服务提供了清晰的指导。

2. 准备客房

在客人抵达之前,民宿管家应认真执行客房准备工作。

(1)检查客房卫生与整洁。

民宿管家需对客房进行彻底的卫生检查,包括床上用品、卫生间和家具等,确保每一个角落都洁净无瑕,满足客人的高标准期望。床单、枕套和毛巾等需更换并确保干净、无异味。卫生间需彻底清洁,保持干燥无污渍。家具表面应无尘、无指印,所有物品摆放整齐。

(2)补充客房消耗品及设施维护。

民宿管家需检查并补充房间内所需的日常消耗品,例如毛巾、洗浴用品、咖啡和茶包等,保证客人在入住期间的基本需求得到满足。同时,还需核查房间内所有设施,包括空调、电视、Wi-Fi等的运行状态,保证它们均运作良好。此外,要确保灯泡完好无损、电器设备功能正常,从而为客人提供优质的入住体验。

(3)个性化房间布置。

在为客人准备房间时,民宿管家需根据预先与客人沟通,细心策划客房个性化布置,这不仅体现了对客人偏好的尊重,也是提升客人满意度和忠诚度的关键。首先,民宿管家应记录客人在预订过程中的特殊需求,包括庆祝特殊场合的装饰、饮食偏好,或额外设施需求(如加床、特殊枕头等)。其次,对房间进行个性化布置。例如,为庆祝客人的生日或纪念日,可以放置定制的欢迎牌、鲜花或特别礼物;对于带小孩的家庭,可以添加儿童友好的装饰和玩具,以及专用的儿童床上用品。同时,管家还应考虑季节性因素,如选用符合冬季温暖或夏季清新风格的床品,确保每位客人都能感受到房间的温馨与独特性。此外,根据客人的饮食偏好提供相应的小吃或饮品,并准备额外的舒适用品,如特别的枕头或毯子,以迎合客人的个性化需求。通过这些细致入微的布置,不仅能够为客人创造一个舒适的居住环境,还能在无形中传达出民宿的专业服务和对客人的尊重与理解,从而使客人的住宿体验更加难忘。

3. 接待客人入住及登记手续

在了解并确定客人需求后,提供接机或接站服务。在接送途中,民宿管家会适时进行自我介绍,并亲切地与客人交流,分享周边的风土人情及沿途的美丽风景,营造自然和谐的交流氛围。到达前台时,应快速、高效地为客人办理入住手续。对于自行前来的客人,民宿管家应主动上前问候,并确认其是否已有预订。一旦确认客人有预订或民宿有空房,管家应立即为客人办理入住,同时提供必要的帮助与指引,确保客人顺利入住。

(1) 安排接待区域。

接待区域能给客人留下第一印象,因此必须保持干净、整洁,并营造出温馨宜人的欢迎氛围。民宿管家应提前对该区域进行检查,确保一切井然有序,无杂乱现象。在布置上,可以利用柔和的照明、舒适的座椅及精心挑选的背景音乐来增强环境的舒适感。此外,可以提供一些简单的茶饮、咖啡或点心,这些细节的关怀可以使客人有被尊重和受到欢迎之感。

(2) 快速办理入住手续。

迎接客人时,民宿管家应当展现及时、热情且专业的态度。一旦客人到达,应迅速引导他们至前台办理入住手续。办理入住时,除了完成必要的服务流程外,民宿管家还应向客人提供一份关于住宿设施、服务范围及安全指南的简介,确保他们对住宿环境和设施设备有充分的了解。对于客人的任何询问,管家都应耐心细致地解答,确保客人的需求得到妥善满足。

(3) 提前发送到达指南。

在客人到达之前,管家可通过电子邮件或其他通信工具发送一份详细的到达指南。这份指南应包括从主要交通枢纽到达住宿的最佳路线、预计的旅行时间、当地的天气预报,以及任何可能影响行程的特殊事件信息。此外,指南中还会推荐一些本地景点和活动,旨在帮助客人更好地融入当地文化与生活,从而全面提升他们的旅行体验。

(二) 在店期间的服务

在店期间的服务要点是确保客人的需求得到及时满足,优化客人的住宿体验。民宿管家应当充分利用对当地文化和资源的了解,通过提供全程化、个性化的服务进一步提升客人的满意度。

1. 提供服务

民宿管家应根据客人的具体需求提供个性化服务,包括但不限于叫醒服务、行李寄存,以及响应客人对额外床上用品或其他设施的特殊请求。同时,管家还应扮演信息桥梁的角色,解答客人关于旅游信息、餐饮推荐或特定活动的疑问。

2. 日常维护

民宿管家应定期巡视客房,检查房间的整洁程度和各项设施设备的运行状况,如空调、电视、热水系统等,确保一切功能正常。此外,对于客人提出的任何投诉或问题,管家应迅速响应,并采取有效措施解决。

3. 客房卫生清洁

清洁工作是民宿运营的重要部分。民宿管家需要监督清洁人员,确保他们定期更换床上用品和毛巾,以及清理客房垃圾。此外,应保持客房的整洁和卫生,这包括定期进行深度清洁,特别是卫生间和公共使用区域。

4. 提供特色餐饮

根据民宿的特色和资源,管家可以为客人提供当地特色早餐、定制晚餐或特别节日的食品安排。通过提供与众不同的餐饮体验,不仅能提高客人的满意度,还能提升民宿的整体吸引力。在前期建立客人关系的过程中,民宿管家应积极推广和营销民宿的特色餐饮。在提供正式餐饮服务时,民宿管家要注重餐厅氛围营造,巧妙运用当地特色工艺品、餐巾、叠花等小饰品,为客人打造超值的餐饮体验。

5. 休闲娱乐服务

为了吸引并留住客人,民宿需要不断拓展和完善其服务内容,其中休闲娱乐服务便是一个重要的组成部分。休闲娱乐服务因民宿自身条件、主题等各有不同,如书吧、迷你咖啡吧、迷你电影院等成为很多民宿的标准配置。此外,民宿管家还可以根据当地文化特色,策划并组织相关活动,积极引导客人参与其中。休闲娱乐服务重在让客人在住宿期间感受到舒适、惬意,获得丰富的体验感和参与感。

6. 游程设计及陪同服务

民宿管家需要在客人入住的第一天晚上详细介绍民宿周边的休闲旅游线路。若客人有需求,管家应协助其定制个性化的游程,并在必要时提供全程陪同服务。

(三)离店后的服务

离店服务是民宿管家工作的重要一环,它不仅关乎客人愉快离店,更是为民宿树立良好口碑、吸引持续客源的重要基础。民宿管家应准确掌握客人的离开时间,为客人提供叫醒服务、行李服务,安排叫车服务,并主动了解客人对民宿的满意度,确保客人满意离开。客人离店并非服务的终点,而是口碑建立的起点。重视离店后客人关系的维护,对民宿持续获得客源具有重要意义。

1. 结算费用

民宿管家负责根据客人的实际入住情况计算费用。这包括房费、使用的额外服务费(如餐饮、洗衣或其他付费服务)及可能的赔偿费用(如物品损坏)。在结算过程中,应确保所有费用计算公正、透明并准确无误。完成计算后,管家需要向客人提供详细的费用账单,并根据客人的需求开具发票。

2. 检查客房

客人退房后,管家应立即检查客房的整洁度和设施状况。检查内容包括确认所有设施设备完好无损、排查有无客人遗留物品,以及房间是否达到了既定的清洁标准。这一步骤对于维护民宿的设施安全和客房质量至关重要,同时也是为接下来入住的客人提供干净、整洁住宿环境的重要基础。

3. 道别客人

确认客人的离店时间,提前与客人沟通退房相关事宜,包括确定最佳的离店时刻以及协助安排交通等。在客人离开时,民宿管家应亲自到场,以确保客人能感受到民宿的关怀和尊重。道别时,民宿管家应向客人表达对其选择本民宿的诚挚感谢,祝愿他们接下来的旅途愉快,并热情邀请他们再次光临,以此给客人留下美好的最终印象。

4. 客人档案管理

民宿管家应详细记录客人在住店期间的喜好与反馈,并妥善处理和采纳客人的意见和建议。客人档案管理的内容可以包括客人的公司、职务、联系地址、电话、电子邮箱、客人相片、未来的预订日期等。

(四)OTA运营

随着在线旅行代理(OTA)在当代旅游行业中的重要性日益增加,民宿管家的职责范围已扩展到在这些平台上的有效管理。

1. 定价策略

民宿管家需制定出基于市场需求、季节变化、节假日以及竞争对手定价的房价策略。这包括对房价进行动态调整,以反映出行高峰和低谷期的供需关系,并确保价格在竞争中的吸引力。此外,民宿管家需要根据OTA平台的要求及时更新价格信息和可预订的日期范围,以避免过时的信息影响预订效率。

2. 库存管理

民宿管家需确保OTA平台上显示的可预订房间数量准确无误,这涉及管理房间的实时状态,例如因维修、装修或其他原因暂停出租的房间。在旅游高峰期,民宿管家还需调整房间的销售策略,以获得最大利润。

3. 社群运营

民宿管家的工作不仅仅局限于线下的服务,更扩展到了线上的社群运营。社群运营就是社群建立者通过整合人、财、物等资源,进行有目的的维护管理,如果民宿管家能够通过社群运营工具,如微信、QQ等,将客人汇集在一起,并能引导客人朝社群运营既定目标发展,就能成功地将一次性客人转换为民宿的忠诚客人。

因此,社群运营实际上为客群运营,是客户关系管理的一个重要部分。民宿管家在社群运营过程中要确立社群的价值基础。主动提供民宿相关资讯、主题活动,使得客人对民宿产生归属感,通过社群去发现民宿运营管理中的不足,对民宿服务进行提升。做好社群运营绝对不是一朝一夕的事,需要民宿管家具有极高的技巧,并且长期进行维护和付出,才能提高房间使用率。

4. 在线评价管理

维护民宿在OTA平台上的客户评价是确保其声誉的重要一环。民宿管家需定期检查并回复客人在各个平台上的评价和留言。对于任何负面反馈,应保持礼貌和专业的态度,及时解决问题,提出解释和补救措施。同时,应关注客人反复提及的问题,并根据这些反馈进行相应的服务和设施改进。

综上所述,民宿管家在民宿运营中发挥着重要的作用。他们的职责广泛而多样,涵盖了从客人预订到退房处理的全程管理,以及在线旅行代理(OTA)平台的管理。通过高效执行这些职责,民宿管家不仅确保了服务的连续性和高品质,还显著提升了客人满意度和整体运营效率。这样的专业管理使民宿管家成为确保民宿成功运营的关键因素,对提升客户体验和推动业务持续发展具有直接影响。

五、优秀民宿管家的各项要求

优秀的民宿管家不仅要有丰富的岗位知识、服务技能,还需拥有充沛的情感投入,通过真诚的情感服务赢得客人的满意与认可。

(一)岗位职责要求

1. 接待与预订管理

民宿管家负责提供专业的接待服务,包括办理客人的入住、离店手续,处理房间预订,以及解答客人的各类咨询。此外,管家需掌握酒店的实时房态,合理调配资源,以确保流量控制和收益最大化。

2. 餐饮与住宿需求管理

民宿管家需要确保客人在店期间的饮食和住宿需求得到满足,包括处理特殊的饮食要求和住宿安排,致力于为客人提供舒适且满意的住宿体验。

3. 岗位轮岗与标准化管理

民宿管家将实行岗位轮换制度,负责日常运营的标准化管理,确保服务质量的一致性和高标准。

4. 培训与生活方式引导

民宿管家应利用自身特长或通过参与店内的各类培训,不仅在日常工作中展现一种独特的生活方式,还应引导客人形成良性互动,提升客人满意度,以及增加客人的参与感。

5. 组织体验式服务与活动

民宿管家负责策划和执行店内的各类体验式服务和活动,如瑜伽课程、文艺晚会等,提升客人的入住体验,并鼓励他们积极参与。

6. 客户关系维护

民宿管家还需要负责客户关系的后期维护,通过持续的交流和服务提升客人的忠诚度,为民宿创造长期价值。

这些职责概括了民宿管家在现代旅游住宿业中的多面性角色,不仅要求其具备出色的客户服务技能,还需具备管理、组织和人际交往能力。

(二)知识与技能的要求

1. 知识要求

(1)丰富的文化和民宿相关知识。

民宿管家应具备广泛的文化知识,涵盖地理、历史、饮品知识、政策法规及心理学等多个领域,以有效满足不同文化背景的客人需求。同时,民宿管家需要熟悉民宿的发展历史、经营理念、服务项目及其预约流程。此外,管家还应熟知民宿的公共设施布局及其功能、地理位置及周边旅游和文娱资源,以便迅速帮助客人熟悉环境,并促进客人与民宿之间建立紧密的联系。这些知识的掌握不仅体现了管家的专业性,也极大地提升了客人的整体入住体验。

(2)专业运营管理知识。

民宿管家需要掌握专业的运营管理知识,以确保无论民宿规模如何,都能维持高效运营。首先,财务管理是基础,包括银行对账、前台账务监控、月底盘点和财务单据整理,同时应熟悉财务软件操作,如发票开具。其次,民宿管家还必须了解线上线下预订渠道的流量管理、成本控制,并能有效管理在线评分、回复客户评论及处理投诉,以此确保民宿的房间状态和价格策略得到妥善管理。最后,人员管理知识也至关重要,内容包括人力资源需求预测、资源分配、团队建设和员工激励等,这些都是确保民宿运营顺畅和提升员工及客户满意度的关键因素。通过这些综合的管理技能,民宿管家能够提高业务的可持续性和整体运营效率。

2.技能要求

(1)服务技能要求。

民宿管家需掌握专业的服务技能,这涵盖处理客人的预订请求、规划旅行流程、预订门票以及提供旅游导游服务。此外,他们还需具备出色的个性化服务能力,能够敏锐地识别并满足每位客人的独特需求,通过提供量身定制的服务,确保客户体验的个性化与高度满意度。

(2)新媒体运营技能要求。

在新媒体运营方面,民宿管家需要熟练掌握图文与短视频的制作与管理技巧,这些内容应充分展现民宿的特色和美景,吸引客人关注。同时,民宿管家应能有效管理社交媒体平台,通过建立品牌个性化形象(IP)和维护活跃的在线社群来提高客人参与度和忠诚度。此外,管家还需要策划和执行具有吸引力的内容策略,包括利用关键意见领袖(KOL)的影响力来提升社群活跃度,进一步提升品牌的市场竞争力。

3.情怀与素质要求

优秀的民宿管家不仅需具备专业的服务技能和丰富的知识,更要热爱旅游和民宿行业。这种情怀体现在他们将热爱融入日常工作和与客人的互动中,始终以提升客人体验为核心目标,努力通过高质量的服务来提高客人满意度。与传统酒店相比,民宿提供的是更有温度的服务,通常以民宿主人的住所为空间,给予客人如家般的温馨与舒适。这种独特的住宿体验建立在对客人真挚的关心和信任感的基础上,使得每次服务不仅仅是需求的满足,更是情感的交流与连接。

优秀民宿管家的素质要求如表6-2所示。

表 6-2　优秀民宿管家的素质要求

关键素质	描述
良好的人际交往能力	频繁与客人互动,建立深刻的印象和紧密的情感联系,增强与客人的关系
出色的表达能力	无论是口头交流还是书面沟通,都能保持清晰及有礼貌的态度,确保准确理解并满足客人的需求
强大的记忆能力	记住客人的喜好和需求,以提供高度个性化的服务
灵活的应变能力	在住宿过程中有效应对各种意外情况,确保服务质量和客人满意度不受影响
卓越的营销能力	推广民宿的特色服务和产品,创造销售机会,同时提升客人的体验感
高效的活动组织能力	策划和组织具有地方文化特色的活动,增强客人的参与感和满意度

民宿管家作为客人与民宿之间的沟通桥梁,其专业技能与深刻的人文关怀对于提高客户满意度和忠诚度至关重要。通过系统化的标准化培训与丰富的实践经验积累,民宿管家的服务水平和专业能力可以得到显著提升。这些综合技能和素质使得民宿管家能够提供超越基本住宿需求的卓越且个性化的服务,让客人能够深刻感受民宿的独特文化和温馨的家一般的氛围。这种结合了深切的客户关怀与专业服务的能力的特质,使得优秀的民宿管家与其他住宿服务提供者区别开来。

第二节　民宿服务质量管理

一、服务质量的概念及重要性

（一）服务质量的概念

1. 基本概念

服务质量是一个多维度的概念,指服务提供者在满足客人需求过程中表现出的能力和效果。它不仅包括服务结果,还包括服务过程的各个方面,如服务态度、服务效率、服务环境等。服务质量是客人体验的核心要素,直接影响客人的满意度和忠诚度。服务质量的定义在学术界有多种阐释,但其中最具影响力的是 Parasuraman 等人于 1988 年提出的 SERVQUAL 模型。根据该模型,服务质量是客人对服务期望与实际感知之间的差距。

SERVQUAL 模型通过五个核心维度来评估服务质量。

（1）有形性（Tangibles）：建筑设计、客房装修、设施设备、员工形象等有形方面。例如,民宿的建筑设计应具有独特性和美观性,客房装修应舒适温馨,设施设备应齐全且维护良好,员工应着装整洁、仪表得体。

（2）可靠性（Reliability）：服务提供者能够准确无误地履行承诺的能力。例如，民宿管家应按时提供预订服务，如预订确认、接待安排，及时解决客人的房间更换及设施故障等问题。

（3）响应性（Responsiveness）：服务提供者愿意帮助客人并提供及时服务的意愿。例如，民宿管家应快速响应客人的需求，及时办理入住和退房手续，快速处理客人的投诉和请求。

（4）保证性（Assurance）：服务提供者的知识水平、礼貌及能够激发客人信任和信心的能力。例如，民宿管家应掌握专业知识，包括当地旅游信息及民宿设施的使用方法等，并展示出礼貌和专业的服务态度，热情接待客人，耐心解答客人的疑问。

（5）同理心（Empathy）：服务提供者能够理解并关怀客人的能力。例如，民宿管家应关注客人的个性化需求，如提供特殊饮食安排、为庆祝活动进行特别布置，及时关注并采纳客人的合理反馈和建议。

2. 民宿服务质量的特殊性

与传统酒店相比，民宿在服务质量上具有一定的特殊性。民宿通常规模较小，侧重提供个性化和家庭化的服务体验。民宿倾向于满足客人的特定需求，如定制旅游路线和提供当地文化体验，为客人带来独特的文化体验。此外，民宿与当地社区的互动和融合也是提升服务质量的关键，良好的社区关系能够丰富客人的体验。随着客人需求和期望的变化，服务质量也需要不断发展，对于民宿经营者而言，持续监测和改进服务是确保客人满意度和忠诚度的重要策略。

（二）服务质量的重要性

在民宿运营中，优质的服务不仅能够提升客人的满意度和忠诚度，还能为民宿带来显著的市场竞争优势。

1. 提升客人满意度

优质的民宿服务能够满足或超越客人的期望，从而提升他们的满意度。这意味着提供干净、舒适的住宿环境，展现热情友好的服务态度，以及及时响应客人的需求。满意的客人不仅会在住宿期间感到愉快，还会在离开后对民宿留下好印象，进而形成良好的口碑。

2. 增强客人忠诚度

满意的客人更有可能再次选择同一家民宿入住，成为长期的忠实客人。民宿可以通过会员制度、回访跟踪等方式与客人保持联系。此外，满意的客人还会向朋友和家人推荐该民宿，从而带来更多潜在客人。

3. 增加客人黏性

优质的服务有助于为客人创造难忘的住宿体验，增加客人的黏性。民宿可以通过营造独特的住宿体验，例如组织当地文化活动、提供特色美食、打造温馨氛围等，让客人感受到民宿的独特魅力。同时，鼓励客人在社交媒体上分享他们的体验，创造可分享的瞬间,并提供社交媒体优惠,增加民宿的曝光率。增强社交媒体上的互动,及时回复客人的评论和分享,举办线上活动,增加客人的参与感和忠诚度。最后,提供个性化服务,记录客人偏好,并在他们再次入住时提供相应的服务,同时通过定期回访和关怀,与客人建立良好、持久的关系。

二、影响民宿服务质量的主要因素

在民宿运营中,服务质量的提升不仅依赖于某一方面的努力,而是需要多方因素的共同作用。下面介绍影响民宿服务质量的主要因素。

(一)硬件设施

1.客房的装修和设施

(1)装修风格。

民宿客房的装修风格对客人的第一印象有着直接影响。不同的装修风格(如现代、复古、田园)可以吸引不同类型的客人群体。统一且协调的装修风格能增强整体空间的美感和居住舒适度。

(2)设施设备。

舒适的床铺、高质量的床上用品、良好的隔音效果、温馨的照明、便利的电源插座和高速的Wi-Fi等都是客人在住宿时关注的设施设备。良好的设施设备能提高客人的入住体验,提升他们的满意度。

2.公共区域的环境和设施

(1)环境氛围。

公共区域(如大厅、餐厅、花园)的设计和布置应营造出温馨、舒适的氛围,为客人提供放松和社交的空间。例如,一个设计精美的花园或一个温馨的休息区,可以让客人在入住期间感受到家一般的温暖。

(2)配套设施。

良好的公共设施(如游泳池、健身房、休息室等)可以为客人提供更多的便利和娱乐选择,提高他们的整体住宿体验。

(二)服务流程

1.预订、入住、退房等环节的流程和效率

(1)预订流程。

简洁、高效的在线预订系统可以提升客人的预订体验,包括便捷的支付方式、即时确认和预订提醒等。

(2)入住流程。

快速、友好的入住办理过程能够让客人感到被重视和欢迎。提供迎宾饮料、行李搬运等额外服务可以增加客人的满意度。

(3) 退房流程。

便捷的退房流程(如快速结账等)能够让客人在离开时感到方便和舒心。

2. 其他服务环节

(1) 早餐服务。

提供高质量、多样化的早餐选择,满足不同客人的口味和需求。早餐服务的时间安排应灵活,适应客人的不同作息时间。

(2) 旅游咨询。

提供专业的旅游咨询服务和建议,帮助客人更好地了解和体验当地的景点和文化。例如,提供详细的旅游指南、推荐当地特色景点和活动等。

(三) 员工素质

1. 员工的专业技能和服务态度

(1) 专业技能。

员工应具备良好的专业知识和技能,能够高效地处理客人的各种需求和问题。例如,前台人员应熟练掌握预订系统的操作,清洁人员应确保客房的卫生标准。

(2) 服务态度。

友好、热情、耐心的服务态度是提升客人满意度的重要因素。员工应善于倾听客人的需求和反馈,及时解决他们的问题。

2. 员工的培训和发展

(1) 培训计划。

定期对员工进行专业技能和服务意识的培训,确保他们能够提供高质量的服务。培训内容包括服务技巧的提升、应急处理能力的锻炼以及语言沟通能力的培养等多个方面。

(2) 职业发展。

为员工提供职业发展机会和晋升通道,激励他们提升自我,积极参与民宿的服务改进工作。

(四) 个性化服务

1. 针对不同客人需求提供个性化服务

(1) 特殊需求。

记录客人的特殊需求(如饮食习惯、房间布置等),并在客人入住时予以满足。例如,为过敏客人提供无过敏原的床上用品,为带小孩的客人提供儿童床等。

(2) 特别安排。

为庆祝特殊日子(如生日、纪念日等)的客人提供特别的安排和惊喜,如赠送蛋糕、布置房间等。

2. 客人反馈、建议的收集和响应

（1）反馈收集。

通过问卷调查、电子邮件等多种渠道收集客人的反馈和建议。鼓励客人提出他们的意见，以便民宿不断改进服务质量。

（2）反馈响应。

及时回应客人的反馈，解决他们的问题和疑虑。对提出有价值建议的客人予以感谢和奖励，展示民宿对客人意见的重视。

（五）环境与文化氛围

1. 民宿所在的环境和文化氛围

（1）自然环境。

民宿的选址应考虑周边的自然景观和环境，如是否靠近风景区、是否拥有良好的景观视野等。一个优美的自然环境可以有效提升客人的入住体验。

（2）文化氛围。

将当地的文化元素融入民宿的设计和服务中，营造出独特的文化氛围。例如，使用当地的装饰风格、举办富有地方特色的美食与活动，为客人带来独特而难忘的住宿体验。

2. 民宿与当地社区的关系

（1）社区互动。

积极参与和支持当地社区活动，增强与社区的互动和联系。例如，参与社区节庆活动、支持当地公益项目等。

（2）文化传承。

通过民宿的运营，推广和传承当地的文化和传统。例如，组织文化体验活动，提供当地手工艺品展示和销售等。

影响民宿服务质量的因素多种多样，包括硬件设施、服务流程、员工素质、个性化服务及环境与文化等方面。民宿经营者应综合考虑这些因素，不断改进和提升，为客人提供优质的服务，从而提高客人的满意度和忠诚度，增强民宿的市场竞争力。

三、民宿服务质量提升策略

在提升服务质量的过程中，应充分利用《旅游民宿基本要求与等级划分》(GB/T 41648—2022)国家标准提供的框架和指南。该标准详细列出了从基础设施到服务、管理等多个方面的具体要求，为民宿业主提供了明确的提升路径。

（一）设施升级与维护

1. 客房设施维护与升级

根据标准的要求，持续维护和升级客房、公共区域、卫生设施等，确保所有设施均

在良好的维护状态,并符合安全和舒适性的标准。首先,定期进行详细的设施检查,确保空调、照明及卫生设施等所有设备均处于良好的工作状态,从而保证了客人的基本住宿需求和安全。其次,根据客房的使用情况和客人的反馈,适时对装修进行更新,提升客房舒适度和美观性,选用耐用且具有美观性的材料能显著提升客房环境,增强客人的居住体验。此外,随着现代化和技术的进步,民宿可引入智能家居系统,如智能温控和智能照明等,进一步提高能效和客人体验。这些智能化升级不仅满足了现代客人的期望,也体现了民宿对提供高质量服务的承诺。

2. 公共区域的优化

优化公共区域有利于提升民宿的整体客人体验。通过清晰划分休息、娱乐和用餐等公共区域,民宿可以确保每个区域都具有明确的功能性和舒适性,从而满足目标客群的需求。这种精心的区域规划不仅提升了空间的使用效率,还极大地丰富了客人在不同区域的活动体验。此外,增强公共区域的安全措施也至关重要。安装充足的安全设施,如消防设备、紧急出口指示和防滑地面等,可以使客人有更好的安全保障,这是提供优质服务不可忽视的一环。

(二)环境美化与可持续性

1. 环境美化

民宿可以通过多种方式来美化周边环境,从而增强客人的整体体验。一方面,利用自然植被,种植本地花卉和植物,不仅美化了环境,而且有助于保持生态平衡。此外,通过简单的DIY项目,如使用再生材料建造户外座椅和花坛,既经济又环保地改善环境。更系统的改进,如专业的景观设计可以创造包括花园、庭院和小型水景的舒适户外空间,为客人提供理想的放松场所。室内环境的美化也至关重要,在公共区域和客房放置室内植物,使用天然材料装饰,都能够增添生机与美感,此外,引入当地艺术家的作品或传统工艺品,不仅丰富了室内文化氛围,也支持了当地文化的传承与发展。

2. 可持续性实践

民宿的可持续性实践包括采用高效节能设备,如LED照明和节能型空调系统,都能显著减少能源消耗。同时,实施废物分类和回收计划,与当地回收服务合作,减少垃圾产生。此外,安装节水装置和启用雨水收集与再利用系统可以有效管理水资源,减少水资源的浪费。这些措施不仅减轻了对环境的负面影响,还提升了民宿的品牌形象和市场竞争力。

(三)优化服务流程、提升客人体验

1. 流程简化与技术应用

在当今的民宿业务中,技术的应用对于简化服务流程起到了至关重要的作用。通过引入在线服务平台,可以大幅度提升预订、入住和退房的效率。实时房态更新确保客人可以即时了解可用房间,而在线预订和电子支付系统则提供了便捷的交易体验,减少客人等待时间,从而提高整体满意度。此外,移动应用让客人能够随时随地管理他们的预订,增加了自助服务的功能,这样客人无须前台协助即可自行办理入住和退房,极大地提升了体验的流畅性和便利性。

2. 定制化服务

定制化服务是提升客人体验的另一个关键方面。通过了解客人的个人偏好,民宿可以为客人提供量身定制的旅游指南和活动安排,从而使客人的旅行体验更加个性化和独特。例如,为喜欢户外冒险的客人安排特定的远足路线,或为美食爱好者提供当地美食等。这种个性化服务增强了客人的情感连接和满意度,从而提高了客人的回访率。

3. 投诉处理与客户关系管理

有效的投诉处理和客户关系管理对于维护和提升客人满意度至关重要。为此,民宿应设立高效的投诉处理机制,包括便捷的投诉渠道、快速的响应系统,以及指定专人处理投诉问题等,可以确保客人的问题得到及时且有效的解决。通过这种方式,民宿不仅能够及时纠正服务中的问题,还能通过积极的沟通和提供满意的解决方案来增强客人的信任。长期而言,这种积极的对客服务可以促进与客人建立良好的关系,提升客人忠诚度和推荐意愿,为民宿带来更持续的业务增长。

(四)社区参与与文化融合

1. 社区合作

通过与当地社区建立紧密的合作关系,民宿不仅能够促进当地经济发展,还能显著提升其服务质量。合作可以采取多种形式,例如与当地农户合作,将新鲜农产品融入餐饮服务中,为客人带来地道的美食享受;或者与当地艺术家合作,举办艺术展览和开展工作坊活动,使客人获得独特的文化体验。此外,民宿可以与当地的非营利组织合作,参与或赞助社区活动和节庆活动,这不仅能够吸引更多的访客,也能提升民宿在当地的形象和声誉。

2. 文化体验项目

设计和实施以当地文化为基础的体验项目是另一种提升客人体验的有效方法。这些项目应该旨在深入展示当地的文化特色和传统,例如,提供当地风味的烹饪课程,组织客人参与传统手工艺制作,或者安排本地音乐和舞蹈表演。通过这些互动式和沉浸式的活动,客人不仅能够获得娱乐,还能深入了解和欣赏当地文化。为确保文化体验的真实性和高品质,民宿需与当地的文化专家和艺术家紧密合作,确保所提供的体验既尊重又精确反映当地的传统。

这些体验不仅丰富了客人的旅行,还加深了他们对目的地文化的认识和尊重,从而显著提高了整体满意度和传播口碑的可能性。通过这种方式,民宿不仅提升了自身的服务质量,还积极参与到当地文化的保护和推广中,形成了旅游、文化和社区发展的良性互动。

第三节 民宿人力资源管理

一、民宿人力资源管理概述

(一)民宿人力资源管理的含义及特点

1. 民宿人力资源管理的含义

民宿人力资源管理是指在民宿运营中,对员工的招聘、培训、绩效管理、薪酬福利、员工关系等各个方面进行系统化的管理,以提高员工的工作积极性和效率,从而提升民宿的整体服务质量和竞争力。

2. 民宿人力资源管理的特点

(1)多角色性及灵活性。

民宿的规模通常较小,员工往往需要承担多种角色,如前台接待员、客房清洁员、餐饮服务员等,需具备多种技能并能灵活转换岗位以适应不同的运营需求。这种多角色性赋予了民宿员工较高的灵活性和多能性。

(2)个性化与亲密性。

民宿强调个性化服务,员工需要根据每位客人的不同需求提供定制化服务。与标准化酒店相比,民宿更注重与客人建立亲密关系,员工需要具备良好的沟通能力和服务意识,以增强客人的住宿体验。这种服务方式强调与客人的互动和情感交流。

(3)地域文化与本地化聘用。

大部分民宿注重展示当地文化,这要求员工对当地文化有深入了解,并能够将文化元素融入服务中,以增强客人的文化体验。民宿通常会优先招聘本地员工,这不仅有助于展示地方特色,还能促进当地就业和经济发展。

(4)人力资源有限与成本有限。

在有限的财务和人力资源条件下,管理者需要进行有效配置,以确保运营持续性和服务质量的稳定。由于民宿规模相对较小,在成本控制方面更为严格,员工的薪酬和福利政策需要在保证员工满意度的同时,保持合理的成本。

(二)民宿人力资源管理的意义

1. 提升服务质量

有效的人力资源管理能够确保民宿员工具备多种技能,以应对多样化的工作需求,提升整体服务质量。民宿员工通常需要承担前台接待员、客房清洁员、餐饮服务员等多重角色。通过系统的招聘和培训,员工能够在这些不同的岗位上熟练工作,提供高标准的服务。此外,民宿强调个性化和亲密化的服务体验,员工在与客人的互动中展示出专业性和热情,增加客人满意度和忠诚度。这种高质量的服务不仅有助于形成良好的口碑,还能带来更多回头客和推荐。

2. 增强竞争力

民宿市场竞争激烈,系统化的人力资源管理可以帮助民宿在竞争中脱颖而出。通过科学的招聘策略,民宿能够吸引具备多种技能和高服务意识的优秀人才,确保团队的专业性和稳定性。此外,系统的培训和绩效管理可以不断提升员工的服务水平和工作效率。此外,建立品牌化的服务标准及保持服务的一致性,不仅能增强民宿的市场认知度和竞争力,还能在众多竞争者中占据有利位置,吸引更多的客人。

3. 降低运营成本

由于民宿规模相对较小,资源有限,科学的招聘和培训体系显得尤为重要。有效的招聘流程能够减少因员工不合适所带来的成本损耗,而系统化的培训则能提升员工工作效率,减少错误与返工,进而降低运营成本。民宿运营通常有明显的淡旺季,针对淡季和旺季进行人力供给的调整,可以进一步降低运营成本。在淡季时,民宿可以通过减少临时员工数量或实行灵活的排班制度来降低人力成本;而在旺季时,可以提前进行人员储备和培训,确保服务质量不受影响。此外,降低员工流动率对于民宿而言同样关键,因为这能减少频繁招聘与培训新员工的开支,维持团队的稳定与连续性,从而提升整体运营效率。

4. 促进员工发展

良好的人力资源管理为民宿员工提供了多样化的发展机会。通过设定清晰的职业发展路径和晋升机制,员工能够看到自己的成长前景和未来规划,从而激发其工作的动力。多角色的工作体验不仅可以提升员工的专业技能,还能增强其解决问题和应对变化的能力。绩效考核和激励机制可以让员工感受到自己的努力和贡献被认可,增强了其归属感和工作积极性,共同营造积极向上的企业文化氛围。

5. 提升员工满意度

在民宿的运营中,员工满意度是关键因素之一。高效的薪酬福利管理和员工关系管理可以提高员工的满意度和忠诚度。合理的薪酬体系和丰富的福利政策不仅能满足员工的基本需求,还能增强其工作的积极性。通过关注员工的心理健康和职业发展,民宿管理层可以建立和谐的员工关系,减少劳资纠纷和内部矛盾,创造良好的工作环境和氛围。

6. 推动创新和改进

民宿的独特性和个性化服务需要不断地创新和改进,良好的人力资源管理可以激发员工的创造力和主动性。通过鼓励员工提出改进建议和创新想法,民宿可以不断优化服务流程和管理方式,提高运营效率和服务品质。同时,建立知识共享和学习平台,促进员工互相学习和借鉴,提升整体团队的专业水平和创新能力。这种创新和改进不仅能提升民宿的竞争力,还能为客人带来更加丰富和独特的住宿体验,从而在市场中获得更大的成功。

(三)民宿人力资源管理的内容

民宿的人力资源管理是提升服务质量和竞争力的关键环节,具体包括以下几个方面。

1. 招聘与选拔

根据民宿的具体需求,制订招聘计划,进行招聘广告的发布和应聘者的筛选,确保选拔到合适的人才。招聘渠道包括线上招聘平台、行业展会、职业学校合作等。面试环节不仅要考查应聘者的专业技能,还要关注其服务意识和团队合作能力。

2. 培训与发展

为新员工提供系统的入职培训,包括民宿文化、服务标准和应急处理等方面内容。针对不同岗位,开展专业技能培训。定期进行在职培训,帮助员工不断提升专业技能和服务水平,促进职业发展。此外,民宿不同于酒店,需要一人多职以合理控制人力成本。将员工培养成能接待客人、能进行网络推广、能维修设施、会打扫卫生的全能人才,从而减少对员工数量的需求。[1]

3. 绩效管理

制定科学的绩效考核标准,定期进行绩效评估。绩效管理应包括明确的目标设定、绩效反馈和改进措施。通过绩效考核,激励员工提高工作效率,并为优秀员工提供晋升机会。此外,绩效评估还可以帮助员工发现工作中的不足之处,及时进行调整和改进。此外,为了优化人员架构体系,我们应当深入分析各岗位的工作量以及业务淡旺季的需求变化,据此精简人员配置,有效控制薪酬支出,从而实现人员成本的高效管理。

4. 薪酬福利管理

设计合理的薪酬体系和福利政策,保障员工的基本生活需求并提升工作满意度。薪酬设计应考虑岗位价值、市场水平和员工贡献。福利政策方面,可以涵盖带薪休假、全面的健康保险、舒适的员工宿舍等。合理的薪酬福利管理能够提高员工的工作积极性和忠诚度。传统的固定工资薪酬体系存在弊端,民宿可以采用"基本工资+绩效工资+福利"的薪酬体系,这种形式更加灵活,能激发员工积极性,提高工作效率,创造更多利润。

5. 员工关系管理

建立良好的员工关系,关注员工的心理健康和工作满意度。通过定期的沟通和交流,了解员工的需求和困难,及时给予帮助和支持。组织团队建设活动,增强员工的归属感和团队凝聚力。关注员工的职业规划,提供职业发展指导,帮助员工实现个人价值。

---

[1] 赵欢欢.民宿企业成本控制中存在的问题与对策分析[J].中国管理信息化,2018(18):12-13.

6. 劳动关系管理

严格遵守劳动法律法规,处理劳动纠纷,维护员工的合法权益,确保民宿的合法经营。建立完善的劳动合同管理制度,及时解决劳动争议,防止劳资矛盾升级。定期开展法律法规培训,增强员工的法律意识和自我保护能力。针对淡旺季客流量差异,灵活安排人员,例如在旺季通过兼职形式招聘打扫人员,或调整安排其他人员协助打扫,减少人员成本支出。

通过系统化的人力资源管理,民宿可以提升员工的工作积极性和专业能力,从而提高民宿的整体服务质量和竞争力。

二、民宿核心岗位职责

(一) 店长

在民宿的运营中,店长负责总体的日常管理和监督工作,主要职责包括制定并执行营销策略,确保民宿的服务质量和客人满意度。此外,店长管理人员分工,监督物资供应与消耗,维护设备正常运作并保持民宿的整洁和安全。他们还处理消费者投诉,负责员工的培训和职业发展。在品牌连锁民宿中,店长需执行总部制定的品牌战略和运营标准,协调多个门店之间的资源和人员调配。

(二) 民宿管家

民宿管家是提升客人体验的关键,主要负责处理客人的预约、预订问题及投诉等,确保客人获得满意和高质量的住宿服务。他们还提供个性化服务,满足客人的特殊需求,如安排特定的活动或满足客人的特殊饮食要求。在品牌连锁民宿中,民宿管家需严格遵循品牌服务标准,确保服务的一致性和专业性。对于小体量的民宿,民宿管家往往身兼多职,负责维修和营销推广等多项工作。

具体而言,民宿管家负责前台的客人接待,管理入住和退房手续,同时处理房间预订与客人咨询。他们监控实时房态,合理安排房间分配,以优化收益。民宿管家还需定期参与轮岗,确保各岗位运作标准化,同时根据个人专长提供生活方式指导,增强客人的互动交流。此外,他们负责策划和组织店内的各类体验活动,如瑜伽课程、文化工作坊、非遗手工体验等,以丰富客人的住宿体验。最后,民宿管家还需维护与客人的长期关系,处理后续的客人反馈,维护客人满意度。

(三) 客房服务员

客房服务员负责客房及相关区域的清洁与安全,按规范进行日常清扫,补充消耗品,并向民宿管家报告房态及维修情况。交接班时,应确保信息准确传递,并妥善处理客人遗留物品。客房服务员还负责设施设备的日常保养,发现问题需及时报告。此外,他们应具备安全防范意识,熟悉应急预案,以确保在紧急情况下妥善行动,保障客人和民宿的安全。

(四)营销推广人员

营销推广人员负责民宿的宣传推广,包括照片拍摄、文案撰写、在线平台维护、视频内容制作及营销活动策划等。在品牌连锁民宿中,他们与总部市场团队合作,维护品牌形象的一致性。对于小规模民宿,此角色可能由民宿管家兼任。

通过这种配置,民宿能够提高工作效率和服务质量,同时达成成本控制与提升客人满意度的双重目标。在规模较小的民宿中,员工具备的多功能性成为确保运营灵活性和实现成本效益的关键因素。

三、民宿员工培训

(一)培训的重要性

民宿的成功运营离不开高素质的员工队伍,而系统的员工培训是确保员工掌握必要技能和知识的关键。通过培训,员工能够掌握标准化的服务流程,提高服务质量,增强客人的满意度,并确保安全运营。安全培训尤为重要,它能帮助员工有效应对各种突发情况,保障客人及员工自身的安全。此外,培训还让员工更好地理解民宿的文化和价值观,增强归属感和团队凝聚力,同时,通过提升员工的专业能力和职业素养,可以增加他们的职业成就感,进而减少人员流动,保持团队的稳定性。因此,民宿经营者应重视员工培训,制订科学系统的培训计划,确保员工具备所需技能和知识,为民宿的长期发展奠定坚实基础。

莫干山民宿管家培训中心案例

2021年1月20日,莫干山民宿管家培训中心正式挂牌成立,迅速成为培训行业的佼佼者。从1月底至4月底,中心开设了六期课程,吸引了来自莫干山、武汉、中卫、北海、重庆、吉林、松阳、黄山等多地的民宿管家参与。培训内容涵盖了管家知识、房务操作、酒水摆台及其他综合知识,提供全方位的场景化教学,满足了实操技能的需求。

刘杰和张弘扬作为培训中心的核心讲师,拥有超过十年的民宿行业经验,共同参与起草了国家级民宿管家技能等级评定规范。他们提出了"正规不正式"的服务理念,使得培训既专业又富有人情味,深受学员欢迎。

(二)培训的主要内容

根据培训对象不同,民宿培训主要包括新员工入职培训、民宿主人的培训及民宿管家的培训。

1. 新员工入职培训

新员工入职培训是员工进入民宿工作的第一步,旨在帮助新员工快速适应工作环境,了解民宿的文化、规章制度和工作流程。新员工入职培训的主要内容如下。

(1) 民宿概况介绍。

民宿概况介绍主要包括民宿的历史、文化背景和品牌理念等的介绍,使新员工了解民宿的核心价值观,并明确目标客户群体,了解服务对象的需求和期望。

(2) 规章制度及岗位职责。

详细讲解民宿的工作时间、考勤制度、奖惩制度和员工行为规范,确保员工遵守规章制度。同时,明确各岗位的具体职责和工作要求,介绍各岗位之间的协作关系,帮助员工了解团队合作的重要性。

(3) 设备设施使用培训。

通过培训及实操,熟悉店内各种设备的使用方法,如智能电视、淋浴设施、空调及地暖设施等,以及电控、灯控、水控系统和消防设备的操作。当民宿的设备设施出现问题时及时解决处理,确保民宿运营顺畅。

(4) 行为规范培训,强调纪律、礼仪和仪容仪表要求。

工作期间员工禁止吸烟酗酒,禁止擅自离岗,见到客人主动打招呼问好,禁止对客人评头论足。要求员工穿着干净整洁,面部保持干净,女生不能化浓妆,不得穿拖鞋上班。

(5) 日常工作流程培训。

员工需学习并掌握办理入住和退房手续、订单信息登记及标准操作流程,确保能够胜任岗位。

系统化的新员工入职培训能够帮助新员工迅速融入工作环境,掌握必要的技能和知识,确保其能够满足岗位要求,为客人提供优质服务。

2. 民宿主人的培训

(1) 战略规划与创新。

民宿主人的培训应聚焦深入的市场分析能力和服务创新能力。首先,民宿主人学习如何分析当前市场趋势和竞争对手的动态,从而识别新的市场机会和潜在的风险。这包括制订有针对性的战略和行动计划,确保民宿能够在竞争中保持优势。同时,培训还应强调服务创新的重要性,鼓励民宿主人发展创新思维,开发新服务或改进现有服务。这种创新不仅响应市场的变化,还能满足客人日益多样化的需求,提高客人满意度和忠诚度。通过这样的战略规划与创新培训,民宿主人可以更好地适应快速变化的行业环境,持续推动业务前进。

(2) 财务基础和收益管理。

首先,民宿主人要学习基本的会计和财务管理技能,如成本控制、预算编制和财务报表的分析,这些技能是确保民宿财务健康的基础。其次,培训内容涵盖如何通过有效的价格策略和房态管理来最大化收益。这包括使用相关软件工具进行数据分析,如何作出更精确的业务决策等,提高民宿的经营效率和盈利能力。这样的培训不仅增强了民宿主人的财务意识,还提升了他们在激烈的竞争市场中的策略调整能力。

（3）数字化运营。

在民宿行业中,掌握数字化运营能力成为提升竞争力的核心要素。培训将聚焦于两大关键领域:在线预订系统的运用及社交媒体与网络营销策略。民宿主人将学习如何有效地利用在线预订平台,这不仅可以显著提高民宿的曝光率,还能增加预订量,从而直接推动营业收入的增长。此外,培训还将深入介绍如何通过社交媒体和网络广告策略来提升品牌的知名度。通过这些数字工具,民宿主人可以更精准地触达目标客群,提升品牌影响力,并促进长期客户关系的建立与维护,这些技能的掌握将使民宿主人在数字化时代中能够更高效地与客人互动并拓展市场。

通过这些培训,民宿主人可以提升自身的管理能力和市场适应性,有效提升民宿的运营效率和客人满意度,帮助民宿主人在激烈的市场竞争中保持领先地位。

3. 民宿管家的培训

在当前民宿行业的快速发展与客人需求日益多样化的背景下,民宿管家培训显得尤为重要。此类培训旨在全面提升管家的专业技能和服务水平,更好地满足客人的需求,并提升整体服务质量。以下是针对民宿管家的关键培训内容。

（1）客户服务技巧。

培训将重点教导民宿管家如何高效地应对复杂且多样化的非标准客人需求,包括处理食品过敏情况、满足特殊住宿条件及尊重并适应不同文化背景。这要求民宿管家必须掌握批判性思维和创造性解决问题的能力。

（2）预订和房态管理。

培训将教授民宿管家如何高效地使用最新的预订系统和技术来管理房态,确保房间分配的高效率和利用性,同时最大化民宿的收益。

（3）事件和活动策划。

提供实践技能培训,使民宿管家能够设计、组织和执行从家庭聚会到文化活动等的各类活动,以丰富客人的入住体验。

（4）领导力发展。

培养民宿管家的团队管理和领导力技能,包括有效沟通、解决冲突和团队成员的激励,这对于保持团队的高效运作和提升员工士气至关重要。

（5）个性化服务创新。

鼓励管家发挥创意,根据客人的具体需求和偏好开发定制化服务,这不仅能提升客户满意度,也能帮助民宿在竞争激烈的市场中脱颖而出。

通过系统、科学的模块化培训,民宿可以打造一支高素质的员工队伍,为客人提供优质的服务,提升民宿的竞争力和品牌形象。

第四节　民宿安全管理

一、民宿安全的基本概念和范围

（一）民宿安全的基本概念

民宿安全指的是在民宿经营过程中，保障客人、员工以及财产安全所采取的一系列措施和管理活动。其目的是预防和减少各类安全事故的发生，确保民宿运营的安全性和可靠性。民宿安全涵盖了防火、防盗、卫生、应急管理等多个方面，是民宿运营中不可忽视的重要组成部分。

（二）民宿安全的范围

根据《乡村民宿服务质量规范》（GB/T 39000—2020），民宿安全管理的范围广泛，涵盖建筑安全、设施设备安全、食品安全、人身财产安全、消防安全及安全应急预案等多个方面。这些管理领域不仅涉及日常的运维和维护，也包括应对突发事件的预案和措施，从而为民宿提供全面的安全保障。

二、民宿消防安全管理

在民宿运营中，消防安全是确保客人和员工生命安全的关键要素，同时对维护民宿的声誉和持续运营至关重要。依据《乡村民宿服务质量规范》（GB/T 39000—2020）和《乡村民宿建筑消防安全规范》（DB11/T 1753—2020），民宿应实施以下消防安全管理措施。

（一）设置安全出口和疏散通道

1. 设计与标识

确保每个建筑设计有足够的安全出口和疏散通道。依照《建筑设计防火规范》（GB 50016—2014），这些通道的宽度和数量必须满足建筑内最大人员密度的疏散需求。

2. 窗户和逃生路径

民宿每间客房应设有朝外的窗户或通向开放天井的出口。窗户不得由金属栅栏或防盗网等阻碍逃生的物品遮挡。在必要时，应保证这些设施能从内部容易开启，便于紧急逃生。

（二）安装火灾报警系统和灭火器

1. 安装火灾报警系统

在民宿运营中，安装有效的火灾报警系统至关重要。选择合适的系统时，需根据民宿的具体环境来考虑，包括烟雾探测器和热感应器。烟雾探测器应安装在公共区域和客房内，而热感应器更适用于厨房等高温区域。所有设备应连接至集中监控系统，并与紧急照明系统及逃生指示装置集成，确保在火灾时能迅速通知客人和员工。此外，还需定期进行系统测试与维护，确保其始终保持良好的工作状态，从而提高对火灾的早期发现与响应能力。

2. 灭火器配置

依据《乡村民宿建筑消防安全规范》(DB11/T 1753—2020)，每25平方米至少应配备一具2千克的水基型灭火器或干粉灭火器，放置于公共区域易于取用的位置。

（三）定期检查和维护消防设备

1. 制订检查计划

制订详细的消防检查计划，对包括火灾报警系统、灭火器、消防栓、自动喷水灭火系统、安全出口和疏散通道在内的消防设施进行定期检查和维护。检查项目应包括功能测试、设备清洁和零件更换，确保所有设施始终处于良好的运行状态。

2. 维护消防设备

进行火灾报警系统的功能测试、灭火器的压力和有效期检查、安全出口标志的亮度和电源供应情况等维护工作。

（四）组织消防演练和制定火灾应急预案

1. 消防演练和培训

定期组织消防演练和培训，提升员工的消防安全意识和应急处理能力。培训内容包括消防知识讲解、灭火器的使用、安全出口和疏散通道的识别、紧急情况下的自救和互救等。

2. 制定火灾应急预案

明确火灾发生时的应急响应程序、人员疏散方案和紧急联络方式。应急预案应定期进行演练和评估，根据实际情况进行修订和完善，以确保在火灾发生时能够迅速、高效地应对。

通过实施上述措施，民宿能有效预防火灾事故并应对可能发生的紧急情况，确保客人和员工的安全，同时维护民宿的正常运营和良好声誉。

三、民宿卫生安全管理

在民宿运营过程中,卫生安全至关重要。一个干净、安全的环境不仅能提升客人的入住体验,还能有效预防各种疾病的传播。卫生安全管理的质量直接关系到民宿的声誉和客人的健康,任何疏忽都可能导致严重的后果。因此,确保民宿的卫生安全是每一位经营者的责任。

(一)卫生安全管理的基本概念

卫生安全管理是指通过一系列预防和控制措施,保障民宿环境和设施的卫生安全,确保客人的健康。其核心内容包括定期清洁和消毒、确保饮用水和食品的安全、实施有效的虫害控制等。卫生安全管理不仅需要科学的方法,还需要全体员工的共同努力。

在我国,民宿卫生安全管理受到《公共场所卫生管理条例》的约束。该条例明确规定了包括民宿在内公共场所的卫生标准和管理要求。民宿经营者必须严格遵守相关法律法规,确保提供卫生、安全的住宿环境。此外,各地还有具体的实施细则和管理办法,经营者应当了解并遵循相关规定。

(二)民宿卫生安全管理的基本要求

1. 定期清洁和消毒

(1)公共区域的清洁和消毒。

每日对大堂、走廊、电梯等公共区域进行清洁,特别是对高频接触的表面如门把手、扶手、按钮等进行消毒。

(2)客房的清洁和消毒。

每次客人退房后,彻底清洁和消毒房间,包括床上用品、家具、电器等。确保下一位入住的客人都能享受到干净、卫生的环境。

(3)卫生间的清洁和消毒。

每日对卫生间进行清洁和消毒,特别是马桶、洗手池、浴缸等。使用专用清洁剂和消毒剂,防止细菌和病毒的传播。

2. 饮用水安全

饮用水安全是民宿卫生管理的重要组成部分,直接关系到客人的健康和舒适体验。根据《旅游民宿基本要求与等级划分》(GB/T 41648—2022),民宿经营者应采取以下措施,确保饮用水的安全。

(1)水质检测和处理。

定期对饮用水进行水质检测,确保符合国家饮用水卫生标准。检测内容包括微生物指标、化学指标和物理指标等。对于检测结果不达标的水源,应及时进行处理,采取必要的净化措施,如加氯消毒、过滤、紫外线杀菌等,确保水质安全。

(2)水源和管道的定期维护。

定期对水源和供水管道进行检查和维护,防止污染物进入饮用水系统。特别是在雨季或自然灾害后,更应加强检查和维护。对于老旧或损坏的管道,应及时更换或修复,确保供水系统的正常运行和水质安全。

(3)饮用水净化设备的使用。

在饮用水供应系统中安装净水设备,如活性炭过滤器、反渗透设备等,以进一步提升水质。净水设备应定期更换滤芯和清洁,确保设备的有效性和卫生性。同时,应向客人提供使用说明,确保他们能够正确使用和维护饮用水设备。

3. 食品安全

食品安全直接影响客人的健康和满意度。因此,民宿经营者必须严格管理食材的采购与储存,加强厨房卫生管理,并重视员工的健康及培训,以保障食品安全。

(1)食材的采购与储存。

在食材采购方面,应确保食材来自可靠的供应商,这些供应商应具备相关合格证书,民宿要定期审查供应商资质,确保其符合食品安全标准。若民宿采用自家种植蔬菜为食品原材料,应确保其安全、新鲜。所有进入民宿的食材应进行严格检验,应特别注意生鲜食品的质量。对于未经过检验或存在质量问题的食材,民宿应拒绝接收。

食材的储存应按照不同种类进行分类管理,防止交叉污染。冷藏食品应存放在冰箱或冷库中,温度保持在0~4℃;冷冻食品应存放在冷冻库中,温度保持在-18℃以下。干货应存放在干燥、通风的地方,避免受潮和虫害。所有食品应按照先进先出的原则使用,确保食品的新鲜和安全。

(2)厨房卫生管理。

厨房是食品加工的核心区域,其卫生状况直接影响食品的安全。根据《食品生产通用卫生规范》规定,食品加工场所应保持清洁,工作台面和设备应定期清洗和消毒。厨房应保持干净整洁,地面和工作台面应每日清洗,避免油污和食物残渣的积累。厨房用具和设备应定期清洁和消毒,特别是切菜板、刀具等直接接触食材的工具,每次使用后应立即清洗,并按规定进行消毒处理。

厨房垃圾及时清理,垃圾桶应加盖,并且定期清洗和消毒,防止异味散发和细菌滋生。垃圾应分类存放,厨房废弃物如厨余垃圾、油污等应与一般垃圾分开处理,避免对环境和食材造成污染。此外,厨房应采取有效的防虫防鼠措施,堵塞一切可能的虫鼠进入通道,如门窗缝隙、下水道等。安装防虫网和防鼠板,定期进行虫鼠检查和灭杀,确保厨房环境的卫生安全。

(3)员工健康与培训。

厨房工作人员必须持有健康证,并定期进行健康检查,确保无传染病和其他可能影响食品安全的疾病。《中华人民共和国食品安全法》要求食品从业人员应每年进行健康检查,并取得健康证明后方可上岗。员工在工作过程中应保持个人卫生,勤洗手,穿戴干净的工作服、帽子和口罩,避免直接接触食材。

另外,民宿应定期组织食品安全培训,增强员工的食品安全意识和操作技能。培训内容包括食品安全法律法规、食材采购和储存、厨房清洁和消毒、个人卫生标准及应急处理措施等。通过培训,确保每位员工都能全面了解和熟练掌握食品安全管理的各项要求及操作规范。

通过严格执行食材采购与储存管理、厨房卫生管理及注重员工健康与培训,民宿经营者可以有效保障食品安全,预防食源性疾病的发生,提升客人的满意度和信任度,促进民宿的健康发展。

4. 民宿虫害防治

民宿多选址在乡村、山野、水畔等自然环境优美的地方,这些区域景观优美、生态环境较好,但同时也易于成为蚊虫、蛇类等害虫及动物的栖息地。因此,虫害控制是民宿卫生管理中不可忽视的一环。有效的虫害控制措施不仅可以提升客人的住宿体验,还能保障客人的健康与安全。

(1) 预防措施。

为了预防蚊虫和蛇等害虫及动物,民宿可以实施一系列有效的控制措施。一是确保门窗密封良好,可以使用密封条或挡风条来增强门窗的密闭性,防止害虫及动物进入室内。二是在门窗和通风口等位置安装防虫网,防止蚊虫侵入,同时定期检查和清洗防虫网,确保其完好无损。三是定期清理民宿周围的积水和垃圾,尤其是厨房和餐饮区域的垃圾,避免蚊虫和老鼠滋生。四是修剪院内植被,维持环境整洁,减少虫蛇的潜在栖息地。五是选择合适的庭院绿植,种植迷迭香、百里香、薄荷等驱蚊植物,同时保持庭院和角落的清洁,使蚊虫无处藏身。六是管理夜间的光源,减少户外灯光使用,采用不易吸引蚊虫的黄光灯,以减少蚊虫在民宿周围的聚集。通过这些综合措施,可以有效地控制和预防害虫的侵扰,保障民宿的舒适和客人的安全。

(2) 定期检查和处理。

定期检查和处理是保持民宿环境卫生的重要手段,确保及时发现和处理虫害问题。首先,定期检查民宿内外的虫害情况,特别是厨房、储藏室、垃圾房等高风险区域。发现有害生物后,应及时采取措施进行处理。其次,可以聘请专业的虫害控制公司进行定期灭虫服务,确保环境的安全和卫生。专业公司具备先进的灭虫设备和技术,可以有效控制蚊虫、蛇、老鼠等的繁殖和扩散。最后,对民宿周边环境进行整治,堵塞潜在的虫害入口,如房屋缝隙、下水道口等,并定期进行虫害监测,记录虫害情况和处理措施,形成长期的虫害控制计划。

(3) 员工培训。

定期对员工进行培训,使他们了解常见虫害的预防和处理方法,增强他们的防范意识和提高他们的技能。培训将包括识别各类虫害、正确操作防虫设备及工具,以及紧急处理措施的采取等关键方面。通过培训,确保员工在发现虫害时能够及时、有效地采取应对措施,保障民宿的卫生安全。

通过密封门窗、安装防虫网等预防措施,合理选择庭院绿植,以及定期检查和处理,可以有效控制民宿中的虫害问题,为客人提供清洁、卫生、安全的住宿环境,提升客人的居住体验和满意度。

四、民宿的日常安全管理

（一）安保措施

为了防止盗窃和抢劫事件的发生，民宿需要采取多种安防措施，加强内部的安全监控和管理。具体措施包括以下几个方面。

1. 监控摄像头与门禁系统

旅游景区民宿的治安情况相对复杂。民宿应在公共区域、出入口、走廊等关键位置安装监控摄像头，确保24小时监控，及时发现并记录异常情况。同时，随着智能技术的发展，越来越多的民宿开始使用智能门锁或门禁系统，限制未经授权人员进入民宿房间和其他敏感区域，有效提高住客安全。

2. 重要出入口安装报警器

在民宿的各个重要出入口和窗户处安装报警器，遇到非法闯入时能及时发出警报。这一措施在偏远或独栋民宿中尤为重要，能够有效增强住客的安全保障。

3. 制定安全规章制度

民宿应制定详细的安全操作规程，明确员工的职责和应对措施，确保每位员工都了解并遵守这些规定。例如，在广东、浙江等地的一些知名民宿中，都会有明确的夜间巡查制度，确保客人的安全。

4. 员工培训

定期对员工进行安全培训，包括如何识别可疑人员、处理突发事件（如抢劫等）的策略。特别是在旅游旺季，民宿需要加强对临时工的培训，确保他们具备基本的安全意识。

5. 照明和安全提示

确保民宿内外有足够的照明，特别是在夜间，减少潜在的安全隐患；设置明显的安全提示牌，提醒住客注意安全。在一些山地或海岛民宿中，夜间照明尤为重要，可以有效预防意外事故的发生。

（二）住客安全保障

住客的个人隐私和财产安全是民宿日常安全管理的重要内容。具体措施包括以下几个方面。

1. 身份验证

在我国，法律要求民宿在住客入住时严格执行身份验证程序，确保住客身份的真实性，并记录相关信息。这不仅是为了住客的安全，也是为了配合公安部门的管理需求。

2. 贵重物品保管

为住客提供保险箱或其他安全存放贵重物品的设施,确保住客的财物安全。很多高端民宿会在房间内配备保险箱,而一些经济型民宿则可以提供前台保管服务。

3. 紧急联系人和疏散预案

制定详细的紧急联系人名单和紧急疏散预案,在发生紧急情况时能够迅速联系相关人员并安全疏散住客。特别是在地震频发的地区,如云南、四川等地,民宿应更加重视紧急疏散预案的制定,并定期进行演练。

通过这些措施,民宿可以有效提高安全管理水平,保障住客在入住期间的舒适和安全。在我国,民宿运营者需要不断提升自身的安全管理能力,结合实际情况,灵活运用各种安防手段,确保为住客提供一个安全、舒适的住宿环境。

民宿安全卫生事故

2019年,中国某城市的一家民宿发生了严重的卫生安全事故。由于忽视基本的卫生管理要求,导致入住客人集体食物中毒。调查发现,这家民宿在多个方面忽视了基本的卫生管理要求:厨房卫生状况堪忧,食材存放不当,冰箱内食品过期且混放;公共区域和客房的清洁工作不到位,垃圾清理不及时;饮用水源未经过严格消毒处理,水质检测不合格;未采取有效的虫害控制措施,导致蟑螂、老鼠等滋生。此次事件中,多名客人因食物中毒而出现严重呕吐、腹泻等症状,被紧急送医治疗。这起事件不仅给受害者带来了健康损害,也严重损害了民宿的声誉,甚至面临法律追责。

在民宿经营中,安全管理不仅是保障客人和员工生命财产安全的基础,也是提升服务质量和客人满意度的核心。安全性直接影响客人的体验及民宿品牌的声誉和长期发展。因此,为民宿建立一个完善的安全管理体系,确保所有运营环节均符合安全标准,是每位民宿经营者的重要责任。民宿安全的重要性体现在多个方面:有效预防意外事故,全面保障客人与员工的生命财产安全,同时维护并提升民宿的良好声誉,为其可持续发展奠定坚实基础。通过实施严格的安全管理措施并持续改进,民宿能够为客人提供一个安全、舒适的住宿环境,从而赢得市场的广泛认可和信赖。

本章介绍了民宿实务管理的关键领域,包括民宿管家服务、民宿服务质量管理、人力资源管理和民宿安全管理。重点分析了民宿管家如何通过专业服务满足客人的需求,并强调了通过提升服务质量、有效的人力资源战略和严格的安全措施,保持民宿业的市场竞争力。章节还涉及了行业最新动态和政策,旨在培养学生的实务操作能力,推动民宿业的创新和发展。

课后训练

一、知识训练

1. 民宿管家的职责有哪些?
2. 民宿服务质量的提升策略和影响因素是什么?
3. 主要的民宿安全管理包括什么?

二、能力训练

1. 试通过情景模拟来分组演示民宿管家在客人抵店前的工作。
2. 结合当地实际情况,试完成一份民宿管家发展现状报告。

第七章 民宿收益管理

 本章概要

本章探讨了如何通过有效的收益管理来优化民宿的财务表现。首先,从收益管理的理论基础展开,详细阐述了其在民宿业的实际应用,包括动态定价、容量控制及超额预订等关键策略。目的在于通过市场需求分析、价格策略调整及房间分配管理,在不同市场环境下获取最大化民宿收入。其次,本章阐述了各类民宿成本费用及如何科学有效地制定成本预算。详述固定成本、变动成本、半变动成本和隐性成本的管理策略,以及在成本控制方面的具体操作,如人力成本、采购成本、能源成本和销售成本的控制方法,旨在帮助民宿业者提升成本效益,确保民宿的可持续发展。

 学习目标

知识目标

1. 掌握收益管理的基本概念及其发展历程。
2. 理解收益管理在民宿业的具体应用,包括主要方法和操作策略。
3. 理解成本控制在民宿经营中的作用和影响。
4. 掌握民宿成本控制策略。

能力目标

1. 能够进行市场需求分析和预测,制定符合实际的收益管理策略。
2. 能够使用现代收益管理工具和技术优化房间定价和库存管理。
3. 能够运用现代收益管理工具和技术进行成本分析和预算制定。

素质目标

培养学生负责任的经营态度,理解和应用伦理原则指导收益管理,确保业务的可持续发展。

本章导入

春日山民宿的收益管理挑战

春日山民宿位于贵州风景优美的山区,拥有30间客房,房型包括标准间、豪华间和家庭套房。凭借其独特的自然景观和优质的服务,春日山民宿吸引了大量游客。然而,该民宿的经营团队面临着严重的收益管理问题。尽管在旅游旺季,客房几乎天天爆满,但旅游淡季的入住率却一直徘徊在30%左右,导致整体收益不理想。

在年度总结会议上,民宿管家发现以下几个问题:淡季入住率低,很多客房在淡季空置,导致收入大幅减少;房型差异利用不足,一些高档房型(如家庭套房和豪华间)经常被低价出售,影响整体收益;缺乏动态定价策略,房价常年固定,未能根据市场需求变化进行调整;客户忠诚度不高,虽然有一定数量的回头客,但他们未享受到特别的优惠或奖励,导致回头率不高。在会议中,民宿管家提出了一个重要的问题,即如何在不降低客房单价的情况下,提高淡季入住率并最大化旺季收益。他希望团队能提出有效的策略来应对这些挑战。要解决这些问题,就必须掌握收益管理相关的知识。实践证明,有效实施收益管理的酒店能够显著提升营业收入和客房利润。因此,学习和使用收益管理对民宿来说同样至关重要。

第一节　民宿收益管理概述及策略

一、收益管理概述

(一)收益管理的起源

收益管理起源于20世纪70年代的美国航空业。之前,美国所有航空公司的票价都必须按照飞行里程数执行严格的固定票价机制。管制放宽后,大量廉价航空公司迅速崛起,导致大型航空公司的客源不断流失,价格战随之爆发,航空业的利润因此急剧下降。[①]面对激烈的市场竞争,美国航空公司开始利用计算机技术分析客人行为。他们将客人分为价格敏感的休闲型和价格不敏感的商务型,并针对不同类型客人制定差异化定价策略。通过为提前订票的客户提供折扣价格,同时保留部分座位供临时预订的高价客人,美国航空公司成功提高了座位利用率。这种方法不仅帮助航空公司在激烈的市场竞争中占据优势,也成为收益管理理论的雏形。

---

① 王霞.中等职业教育教材知识系统化问题研究[D].上海:华东师范大学, 2023.

（二）收益管理在酒店业和民宿业中的应用

1. 酒店业应用案例

万豪国际集团（Marriott International）是酒店业中成功应用收益管理的典型代表之一。20世纪90年代初，该集团借鉴航空业的经验，率先在酒店业使用收益管理，投资研发了第一款酒店行业的收益管理系统One Yield。通过实时分析市场数据和预订情况，万豪能够动态调整房价和促销策略。此外，万豪还根据不同客户群体的需求进行市场细分，提供个性化的价格和服务，极大地提升了客人满意度和收益水平。随后，洲际、希尔顿、喜达屋等知名酒店集团也开始研发和实施自己的收益管理系统。收益管理在酒店行业得到了广泛应用。

2. 民宿业应用案例

与酒店类似，民宿也需要收益管理，因为民宿的客房和服务具有时效性。空置的客房无法产生收益，且客房数量固定，因此，通过收益管理提高营业额尤为重要。此外，民宿客人的需求因季节和时间而异，淡旺季价格也不同。因此，民宿需要预测和分析市场需求变化来调整价格和优化客房管理，以提升收益。

在民宿行业中，收益管理具有重要的应用价值，主要应对以下挑战。

（1）需求波动：入住率受季节、假期、特殊事件等因素影响显著。

（2）市场竞争：与传统酒店、其他民宿及短租平台的竞争日益激烈。

（3）资源有限：许多民宿规模较小，资源相对有限，需最大化利用这些资源。

Airbnb作为全球最大的短租平台，其收益管理策略值得借鉴。Airbnb通过大数据分析，帮助房东预测市场需求，并提供智能定价工具，自动调整房价以匹配市场情况。此外，Airbnb通过实施市场营销策略和用户评价系统，不仅增强了平台的竞争力和吸引力，还有效提高了房东的收益，并且提升了整体平台的运营效率和用户体验。

通过实施收益管理策略，民宿可以更有效地应对挑战，提升运营效率和盈利能力。例如，通过动态定价，民宿可以在高需求时段提高价格，最大化收入；在淡季通过促销和优惠吸引更多客人，保持较高的入住率。此外，利用数据分析工具，民宿经营者可以更准确地预测市场需求，优化房间分配和营销策略。

案例拓展
航空业与民宿业产品属性的共同点

（三）收益管理的定义

收益管理（Revenue Management）是通过对市场供需关系和消费者购买习惯的分析和预测，不断优化产品价格和销售渠道，来提高产品销量和售价，实现收益最大化的动态管理过程。简而言之，收益管理是在合适的时间，把恰当的产品，以精准的价格通过正确的渠道销售给各细分市场，从而实现收益最大化的过程。民宿经营同样适用这一策略，通过对市场供需关系和消费者购买习惯的分析和预测，民宿经营者可以不断优化房价和销售渠道，提升入住率和平均房价，实现利润最大化。

（四）收益管理的五大核心要素

1. 时间（Time）

大多数民宿存在季节性的经营问题，不同时间段（如淡季、旺季、平日、节假日等）的住宿需求差异显著。此外，客人提前预订的时间长短和入住时长也会影响其对价格的接受程度。为了优化收益管理，民宿需要预测市场需求，识别不同季节和节假日的需求变化；根据市场需求变化，灵活调整价格和库存；设立提前预订折扣和长期入住优惠，以激励客人提前预订和延长入住时长。

2. 渠道（Channels）

在民宿行业中，主要的分销渠道可以分为自然渠道、自建的内部渠道和合作的外部渠道三大类。

（1）自然渠道通常指的是客人自主到店预订和入住。

（2）自建的内部渠道包括前台预订、电话预订、微信预订，以及通过民宿的官方网站或App直接预订。

（3）合作的外部渠道涵盖了在线旅游平台（如Booking.com、Airbnb、Expedia、Agoda、携程等）、本地旅游机构和旅行社（如旅游服务公司和本地导游）、与相关企业的合作伙伴关系（如航空公司、租车公司、餐饮企业和景点设施）、商务旅行管理公司和企业合作、团购和促销网站（如Groupon），以及旅行博主和社交媒体影响者的推广。

此外，通过社交媒体平台（如Facebook、Instagram、微信和小红书等）和本地广告（如报纸、杂志、社区活动、广播和电视广告），民宿可以进一步扩大市场覆盖面，吸引更多的潜在客户。通过优化各类分销渠道，确保广泛覆盖客户群体，同时控制销售成本，是实现收益最大化的关键。

3. 产品（Product）

民宿的产品不仅包括客房，还涵盖餐饮和休闲体验活动。客房销售具有强时间性和不可储存性，因此，民宿需优化产品组合，根据市场需求和客户反馈提升产品吸引力和竞争力。通过提供餐饮、当地文化体验等增加客户满意度和黏性。定期推出新的体验活动或服务，以保持产品新鲜感和吸引力。

4. 价格（Price）

民宿需要使用多种价格策略，以满足不同市场需求和顾客的具体情况。常见的价格类型包括挂牌价、合同价、淡季价、旺季价、平时价、周末价、节假日价、散客价、团队价、含早餐价和不含早餐价、折扣价和促销价等。

收益管理的本质是一种差别定价的策略。根据市场情况和竞争对手的定价策略，灵活调整价格；利用动态定价模型，实时调整价格以反映供需变化；针对不同细分市场的客户，制定差别定价策略，提高定价的科学性和灵活性。

5. 客源（Customer Segments）

民宿的客源具有多样性，不同客人有不同的消费习惯和购买能力，对客房价格的敏感性和需求也不同。通过市场细分,民宿可以针对不同客人采取差别定价,更有效地满足不同类型客人的需求。利用数据分析工具,民宿可以跟踪和分析客人的行为和偏好,制定个性化的营销策略。这些策略不仅能提高客人的满意度和忠诚度,还能增加回头客的比例,从而提升整体收益。

（五）三个关键性的运营指标

民宿运营的三个关键指标如表7-1所示。

表7-1　民宿运营的三个关键指标

中文全称	行业术语	英文全称	计算公式
客房出租率	OCC	Occupancy Rate	客房出租率＝实际出租房间数÷可出租房间总数 （以百分比表现客房销售数量的高低）
平均每日房价	ADR	Average Daily Rate	平均每日房价＝客房总收入÷实际出租房间数
平均可供出租客房收入	RevPAR	Revenue Per Available Room	平均可供出租客房收入＝客房总收入÷可出租房间总数 或RevPAR＝OCC×ADR

1. 客房出租率（OCC）

客房出租率是指在一定时期内,民宿实际出租房间数与可出租房间总数的比率。它反映了民宿的客房利用情况。出租率是衡量民宿吸引客人能力的关键指标。高入住率通常表示民宿具有较高的市场需求和吸引力。了解入住率可以帮助经营者调整定价策略和营销活动,以优化房间利用率。

2. 平均每日房价（ADR）

平均每日房价是指在特定时期内,民宿的平均每间房间的出租价格。它反映了房间的定价水平,是衡量民宿收入水平的重要指标。它帮助经营者了解房间的市场定位和价格接受度。通过分析ADR,经营者可以优化定价策略,以实现收入最大化。

3. 平均可供出租客房收入（RevPAR）

RevPAR是综合的收益指标,因为它同时考虑了入住率和平均房价,提供了一个全面的视角来评估民宿的经营绩效。提高RevPAR是民宿经营者的主要目标,通过优化入住率和房价策略,可以实现收入的最大化。

为了在实际运营中有效利用这些指标,首先,民宿经营者应定期监测和分析OCC、ADR和RevPAR,以便及时调整运营和营销策略。其次,将这些指标与竞争对手及市场平均水平进行对比,识别自身优势和有待提升的空间。最后,根据分析结果,优化价格、促销和客户服务策略,以提高入住率和平均房价,从而提升RevPAR。通过全面理解和运用这三个核心指标,民宿经营者可以更加科学地管理收益,实现长期的可持续发展。

二、收益管理的步骤

(一)分析和预测市场的需求

市场需求预测的准确性在很大程度上会影响收益管理的成功实施。由于规模和市场的不同,民宿需要进行有针对性的分析工作。因此,民宿应结合自身的实际情况,收集数据资料,多听取全体员工的意见,进行相应的分析和预测工作。通过这些措施,民宿可以了解主要竞争对手并准确预测市场需求。

1. 数据收集与分析

有效的收益管理始于全面的数据收集和分析。民宿需要收集并分析以下数据:①历史数据:包括过去的入住率、房价、销售数据和客人反馈等;②市场数据:包括竞争对手的定价、市场需求趋势、当地事件和季节性变化等;③客户数据:包括客人的预订行为、消费习惯、偏好和反馈等。

2. 市场细分

根据所收集的数据,对市场进行细分。不同的细分市场可能包括:①旅游客群:如家庭、情侣、背包客、亲子等;②商务客群:如出差人员、参会者等;③本地客群:如周末度假者、庆典活动参与者等。细分市场有助于制定有针对性的营销和定价策略,更有效地满足不同客群的需求。

3. 需求预测

利用数据分析工具和方法,预测未来的市场需求,具体包括短期预测和中长期预测:①短期预测:如未来几周的入住率和房价趋势;②中长期预测:如未来几个月的市场需求变化、重大事件或节假日对需求的影响。

(二)制订营收计划和收益管理的策略

民宿营收计划的制订是一项十分重要的工作,需要具体到年度、季度、月度以及热点时段等。制订营收计划时应综合考虑社会经济前景、市场环境、各个时段的细分、影响营收指标的关键因素,以及相应的收益管理和市场营销策略。收益管理策略可以按时间长短分为长期策略、中期策略和短期策略,关注重要因素,优化价格和客房管理,以达到收益最大化的目标。

(三)动态定价和控制房量

价格和房量是收益管理工作的核心,动态定价和控制客房存量能有效实现收益管理目标。

1. 动态定价

根据市场需求和竞争情况，灵活调整房价。动态定价策略包括：①高需求时期：如旺季、节假日，适当提高房价以最大化收益；②低需求时期：如淡季、平日，提供折扣和促销以吸引更多客人。

动态定价法以市场为中心，基于分析预测和市场变动，对比其他定价方法具有较大优越性。因地因时制宜地调整售价，提升民宿的价格水平和整体收益。

2. 控制房量

民宿应合理分配现有的客房资源，根据市场需求预测决定预订和销售的客房数量，同时留出一定房量给可能出现的散客。

（四）跟踪和回访客人

民宿应通过合理有效的途径跟踪和回访客人，以了解客人的需求和满意程度，从而更好地开展工作。在客人咨询、预订、入住、退房等环节，做好客人联系方式的记录以备后续回访。对于取消预订的客人，应重视取消原因的询问和记录。

（五）评估和改进收益管理工作

收益管理的评估和改进是持续优化过程的关键环节。定期审查收益管理策略的表现是必需的，重点是评估入住率（OCC）、平均房价（ADR）以及每间可售房收益（RevPAR），这些指标反映了房间使用情况、定价策略的效果及整体收益水平。民宿应定期（如每日、每周、每月及每季）复盘收益情况，以确定市场需求变化是否与预测一致，是否有突发事件影响计划的达成，以及应对挑战的方法是否有效。根据评估结果，及时调整收益管理策略，持续优化收益。通过系统化的收益管理步骤，民宿可以更有效地利用资源，提升竞争力，实现收益最大化。

三、收益管理的目标及方法

（一）收益管理的目标

收益管理的目标是通过精确的价格和库存控制来获取民宿收入的最大化。这涵盖了提高入住率和房价，从而增加平均可供出租客房收入（RevPAR），并通过优化客户体验和成本控制来确保收益最大化。实现这些目标需深入分析市场需求，适应市场变化，并有效利用销售渠道和定价策略。

（二）收益管理常用方法

1. 容量控制法

1）定义与目的

容量控制法是一种通过预留一定数量的客房，在特定时间以特定价格销售，从而实现收益最大化的做法。该方法的核心在于优化房间的分配和定价策略，以确保在不同市场需求下都能实现最佳收益。为了提高民宿在特定时期的生产力，可以采取以下两种方式：① 提高入住率：尽量争取将所有房间都卖出，减少客房的空置率；② 提高平均销售价格：争取获得最高的平均销售价格。

2）实施策略

（1）房间分类与分级。在实施容量控制法时，需要对房间进行分类和分级，不同类型和等级的房间在不同时间段有不同的需求和价格弹性。常见的分类方法包括房间类型、位置和设施。例如，房间类型可以分为标准间、豪华间和家庭套房等；房间位置可以包括景观房和安静区房；房间设施则可以涵盖带阳台、带厨房和带按摩浴缸等。通过对房间进行详细分类和分级，民宿可以更精准地满足不同客群的需求，优化房间的使用效率。

（2）预测需求与动态调整。容量控制法的关键在于对市场需求的准确预测和房间分配的动态调整。民宿可以利用历史数据和市场分析工具，预测不同时间段的需求变化，如淡季、旺季、周末、节假日等，并提前调整房间分配策略。例如，在高需求时期（如节假日和旅游旺季），优先分配高等级房间，并适当提高房价；在低需求时期（如淡季和非高峰日），通过提供折扣和促销活动吸引更多客人。通过精准预测和灵活调整，民宿可以最大限度地利用房间资源，提升整体收益。

（3）房间分配策略。具体的房间分配策略包括限量销售、差别定价和捆绑销售等方法。

在高需求时期，对特定房型进行限量销售，以确保高价房型的销售优先权；根据不同客群的需求和支付能力实施差别定价策略，例如，针对提前预订的客人提供优惠，针对临近入住日期的客人提高价格；将房间预订与其他服务（如餐饮、景区门票、租车服务等）进行捆绑销售，增加整体收益。

容量控制法是一种有效的收益管理方法，通过对房间的分类、需求预测、动态调整和实时监控，民宿可以实现房间的最佳分配和利用，最大化收益。在实际操作中，管理人员需要根据市场动态和历史数据，灵活调整策略，以确保在不同市场环境下都能保持竞争优势和盈利能力。容量控制法的成功主要取决于预测的准确性，即预留房间数量和预期销售价格的准确性，以及严格控制各个细分市场的客房销售价格和数量。①

2. 超额预订

1）超额预订的定义及目的

超额预订（Overbooking）是指民宿在一定时期内有意识地接受超过其实际客房接待能力的预订数，以充分利用客房资源并提高出租率。②例如，一家民宿当前有5间客房已经入住，剩余8间可供出售，但实际接受了10间的预订，比实际空房多预订了2间，即超额预订了2间客房。

---

① 胡翔.中外旅游饭店收益管理对比与应用研究[D].济南：山东师范大学，2012.
② 李沐纯，马素云.我国高星级酒店收益管理绩效影响因素的实证研究[J].旅游科学，2016(3)：80-94.

超额预订的目的在于应对可能出现的取消或未入住的情况,通过增加预订数来确保客房的最大利用率。然而,超额预订也需谨慎管理,以避免因无法接待所有预订客人而导致的客户不满或投诉。

2)超额预订的操作原理

在现实生活中,由于客人的旅行计划会受到多种因素的影响,如身体不适、工作计划改变、恶劣天气等,客人可能会延迟入住、未到、临时取消订房或提前离店。这些情况会导致民宿空房增多,收入减少。超额预订是通过在客房已被订满的情况下适当增加预订数量来减少空房浪费,增加民宿收益。例如,民宿超额预订了10间客房,有6间预订被临时取消,4间未入住,超额预订可以弥补这些空缺,避免客房收入的损失。

然而,超额预订存在一定风险。例如,如果超额预订的10间客房中,只有4间被临时取消,2间未入住,那么民宿需要将剩余的4间房的客人安排到其他地方入住。按照行业惯例,民宿需要负责客人的交通费用,甚至提供住宿费折扣。因此,确定合理的超额预订数量尤为重要。

民宿在实施超额预订时,会根据历史数据和市场分析来决定超额的具体比例。通常,民宿会综合考虑以下因素。

(1)历史取消率:根据过去的预订取消率,预测未来可能的取消情况。例如,如果某民宿过去的取消率为10%,则可以合理超额预订10%左右的客房。

(2)未入住率:分析未入住(No-show)情况,确定可能的未入住比例。例如,如果历史数据显示有5%的预订客人未入住,民宿可以相应增加超额预订的比例。

(3)市场需求波动:根据市场需求的变化情况,在需求高峰期(如节假日、特殊活动期间)适当增加超额预订比例,以确保最大化利用客房资源。

3)超额预订的计算公式

为了科学地计算超额预订的数量,民宿可以使用以下公式:

超额预订房间数=预计未到房间数+预计取消房间数+预计提前离店房间数−预计延期住店房间数

或者简化为

超额预订房间数=(预期取消率+未入住率)×可提供房间数

其中:预计未到房间数为预订但没有实际入住的房间数;预计取消房间数为预订后取消的房间数;预计提前离店房间数为计划入住几天但提前离店的房间数;预计延期住店房间数为原计划离店日期后仍然继续入住的房间数;预期取消率和未入住率是基于历史数据或市场分析得出的比例;可提供房间数是民宿可以用于超额预订的总房间数。

根据行业经验,合理的超额预订比例通常在10%~20%,具体取决于民宿的历史数据和市场情况。以上公式仅具一定的参考价值,通常情况下,为了提高超额预订的准确性,还需考虑其他因素。例如,如果前一天有预订了多日的客人取消或未入住,这将影响第二天的超额预订数,此时应相应增加超额预订数。

4) 超额预订的风险及管理

尽管超额预订能有效提高客房利用率,但也存在一定风险。若实际入住率高于预期,可能导致无法接待所有预订客人,从而引发客人不满或投诉。因此,民宿在实施超额预订时需做好风险管理,具体措施如下。

① 实时监控:利用数据分析工具,实时监控预订情况和市场动态,及时调整超额预订比例。

② 备用方案:制定应急方案,如与附近的其他民宿或酒店建立合作关系,在出现超额预订引发的客房不足情况时,能够迅速安排客人入住其他合适的住宿地点。

③ 客户沟通:在出现无法接待预订客人的情况下,提前与客人沟通,提供合理的解决方案,如免费升级、更改预订日期或提供补偿。

假设某家民宿有20间客房,当前有5间已入住,剩余15间可供销售。根据历史数据,该民宿的取消率为10%,未入住率为5%。基于这些数据,民宿决定采取超额预订策略,接受18间客房的预订(15间实际可提供房间 + 3间超额预订)。最终实际入住情况显示,有2间预订被取消,有1间未入住,实际入住率达到了100%,成功实现了客房的最大化利用。

超额预订是一种有效的收益管理策略,通过适当的超额预订,民宿可以提高客房的使用率和收益。然而,实施这一策略需要精细的数据分析和风险管理,确保在最大化收益的同时,保持良好的客户体验和满意度。通过科学合理地管理超额预订,民宿可以在激烈的市场竞争中取得优势,实现收益最大化。

(三) 收益管理的技巧与方法

在民宿经营中,收益管理的重要性日益凸显。请针对下面案例分析中的三个情景,提出具体的策略。

情景一:淡季周中的低入住率问题

- 案例背景:某家民宿在淡季的周三入住率较低,而周二和周四的入住情况较好。
- 思考问题:

(1) 如何利用周二和周四的高入住率来提高周三的入住率?

(2) 哪些促销或优惠活动可以吸引客人延长他们的停留时间?

情景二：客房差异化与淡季促销

·案例背景：某家民宿部分房间面积较小且没有窗户，这些房间在淡季很难售出。

·思考问题：

(1) 如何通过差异化定价和促销手段来提升这些房间的入住率？

(2) 可以增加哪些附加值来吸引客人预订这些房间？

情景三：旺季的高需求管理

·案例背景：某家民宿在旅游旺季期间需求量大，普通客房常被提前预订一空，而高价套房和豪华客房的预订相对滞后。

·思考问题：

(1) 如何在旺季期间优化不同房型的销售策略以获得最大化收益？

(2) 在高需求时期，可以采取哪些措施来确保高价房型的优先销售？

下面介绍几种常用的收益管理方法。

1. 控制住宿天数法

从收益管理的角度来看，客人在民宿停留时间的长短会显著影响收益。通过控制入住天数，民宿可以优化客房利用率，提高整体时段的收益。例如，某个民宿在周三的入住情况较差，而周二和周四的入住情况较好，那么民宿可以通过连住优惠或其他促销方式，刺激在周二订房的客人至少停留两天。为了更好地进行停留时间的控制，民宿需要预测不同停留时间的需求量，并根据市场需求设置最低或最高入住天数的限制。

2. 房型的差异法

根据不同的客房类型制定差异化价格，并拉开各个房型之间的价格差距，来提高客房收入。这一策略实际上是产品差异化策略的具体应用。民宿应认真分析不同客人的消费需求和购买习惯，合理增加客房类型，制造客房的差异化，拉开价格差异。例如，根据楼层、是否有窗户、面积大小等来区分房型，或者通过房间内的设施、易耗品、床上用品档次和装修等来强化房间之间的差异，满足不同客群的需求，提高客房收入。

3. 升降销售法

升降销售法通过高卖或低卖房型来提升客房收益，关键在于增加高价位客房的销售。首先，合理确定各种房型的比例和价格差异。其次，在适当时间暂停普通客房的销售，优先推销套房或豪华客房。当高价房型所剩无几时，再提高普通客房的价格进行销售。在需求不大的时候，可以以普通客房的价格销售部分豪华客房，降低客房空置率，同时提升客人满意度。此外，附加价值法和连住优惠法也是提升收益的重要手段。在不降价的情况下，通过提供免费早餐或睡前牛奶等服务，增加附加值；通过连住优惠鼓励客人多住几天，在淡季或平日有效提高入住率和收入。

在当前激烈的市场竞争环境下,民宿收益管理的重要性尤为突出。管理者需要灵活运用各种收益管理技巧,通过科学细致的市场需求预测和分析,制定有效的收益管理策略,解决定价和控房的核心问题,努力实现民宿收益的最大化。

第二节　民宿成本控制

在民宿经营中,成本控制管理既是重点,也是难点。无论是初创的民宿还是已经运营多年的民宿,合理有效的成本控制都能显著提高其市场竞争力和盈利能力。通过科学的成本控制,民宿经营者可以确保资源的最佳配置,从而提供更高质量的服务并提高客户满意度。

一、成本控制的重要性

(一)成本控制在民宿经营中的作用

在民宿经营中,成本控制涉及各个方面的管理,包括初期投资、日常运营、采购、能源消耗和人力资源等。通过制定详细的成本预算,民宿可以在开业前期就明确各项支出,避免超支风险。在日常运营中,通过采取有效的成本控制措施,如批量采购、定期维护设备和使用节能技术,民宿可以减少不必要的开支,提高运营效率。此外,精简人力成本和利用现代技术(如自动化管理系统和在线支付等)也能大幅度降低运营成本。

(二)成本控制对盈利能力的影响

成本控制直接关系到民宿的盈利能力。降低成本并不意味着削减服务质量,而是通过优化资源配置和提高管理效率,实现成本和效益的平衡。例如,通过使用节能设备和优化能源管理,可以大幅度降低水电费等运营成本;通过批量采购和精细化管理,可以减少消耗品的费用;通过定期维护设备,可以避免昂贵的紧急修理费用。这些措施不仅能节省开支,还能提高民宿的服务质量和客户满意度,从而吸引更多的回头客和新客户,最终提升整体盈利能力。

二、民宿成本费用的类型

在民宿经营中,从财务管理的角度来看,成本费用主要可以分为固定成本、变动成本、半变动成本和隐性成本。每种成本类型在民宿的日常运营中都有不同的表现形式和管理策略。了解并管理这些成本有助于优化资源配置,提高经营效率和盈利能力。

(一)固定成本

固定成本是指那些在一定时期内不随业务量变化而变化的成本。这些成本通常是长期合同或固定支出的项目,具体包括以下几种。

1. 房租或按揭贷款

房租是民宿的一项主要固定支出,无论入住率如何,每月都需要支付。对于自有物业的民宿,这部分支出体现为按揭贷款的还款。

2. 物业维护费用

物业维护费用涵盖定期的建筑结构维护、园林绿化等项目。这些费用通常是计划内的固定支出,以确保民宿的设施和环境保持良好状态。

3. 固定员工薪资

固定员工薪资包括管理人员、前台接待等主要员工的固定薪资。这些支出在短期内不会因为业务量的变化而改变。

4. 固定资产折旧费

固定资产折旧费是对民宿中的固定资产(如建筑物、家具、设备等)进行费用分摊。折旧费反映了固定资产的价值损耗,通常采用直线折旧法,即每年按固定金额进行费用摊销。这部分费用在会计处理中属于固定成本,无论业务量如何,折旧费每年都会固定分摊。

(二)变动成本

变动成本是指那些随着业务量的变化而变化的成本,这些成本与民宿的实际运营直接相关,具体包括以下几种。

1. 清洁费用

随着入住率的变化,清洁费用也会相应增加或减少。这些费用包括清洁用品和外包清洁服务的费用。

2. 能源消耗

电费、水费和燃气费等直接受到入住率及季节性因素的影响。例如:在夏季和冬季,由于空调使用和取暖需求的增加,这些费用可能会相对较高;而在春季和秋季,则相对较低。

3. 消耗品费用

消耗品包括洗漱用品、床上用品、客房小食品等。这些消耗品的使用量与入住率直接相关,入住率高时消耗品的更换频率和消耗量也会增加。

(三)半变动成本

半变动成本是指部分固定、部分变动的成本,这类成本随着业务量的变化有一定程度的浮动,具体包括以下几种。

1. 季节性员工薪资

在旅游旺季时,民宿可能需要雇佣临时员工,而在淡季则可能会减少员工数量或不再雇佣。这部分薪资属于半变动成本,因为它会根据业务量的变化而有所调整。

2. 临时维修和保养费用

虽然定期维护是固定成本,但由于突发情况需要进行的临时维修和保养则属于半变动成本。这些费用难以预测,但对设备和设施的正常运行至关重要。

(四)隐性成本

隐性成本是那些不易直接察觉但会对运营造成影响的成本。这些成本通常不会直接出现在财务报表中,但长期积累会影响民宿的盈利能力。例如,由于服务质量或其他问题导致客人不再选择入住,带来的潜在收益损失;新员工的培训和适应期成本,以及因为员工流失带来的知识和经验损失;设备老化或频繁故障会导致服务质量下降和客户投诉,从而间接影响收入。

通过了解民宿不同类型成本,民宿经营者可以更有效地进行成本管理和控制,制定相应的预算和策略,确保资源的最优配置,提高整体运营效率和盈利能力。

三、民宿成本预算的制定

在民宿经营中,制定成本预算是确保民宿财务健康和长期盈利的关键步骤。从财务管理的理论出发,预算的制定应全面、详细且具有前瞻性,不仅是对未来支出的计划,也是控制成本和优化资源配置的重要工具。其中,初期投资成本、运营成本和营销成本是制定成本预算时需要考虑的主要方面。

(一)初期投资成本

初期投资成本是民宿开业前的一次性投入,主要包括以下几个方面。

1. 装修成本

民宿的装修需要根据目标市场和客户群体的需求来进行。装修风格、材料选择和施工质量都会影响成本。通常,装修成本是初期投资中最大的一部分。

2. 设计费

设计费包括空间规划、室内设计、景观设计等方面的专业服务费用。一个良好的设计能提升民宿的整体吸引力和客户体验,是初期投资中不可忽视的部分。

3. 家具和设备

民宿需要采购家具和设备,如床、沙发、桌椅、厨房设备和电子设备等。这些固定资产需要考虑耐用性和维护成本。

4. 许可证和手续费用

根据所在地区的政策规定,开设民宿需要办理各种许可证和手续,如营业执照、消防许可证、卫生许可证等,这些费用视当地政策而定。

(二)运营成本

运营成本是民宿在日常运营过程中发生的持续性支出,这些成本直接影响民宿的

案例拓展

是否投资节能空调系统

营利能力和现金流管理,主要包括以下方面。

1. 水电费

水电费是民宿的基本运营支出,受入住率和季节性因素的影响较大。合理的能源管理和节能措施可以有效降低这部分成本。

2. 清洁费

清洁费包括清洁用品和外包清洁服务的费用。入住率高时,清洁频率和消耗品的使用量也会增加,因此需要根据实际情况进行动态调整。

3. 布草耗材费

布草耗材费包括床上用品、毛巾等布草的采购和清洗费用。为了保证客房卫生和客人体验,这部分费用需要持续投入。

(三)营销成本

营销成本是吸引客户和提升品牌知名度的重要投入,主要包括以下几个方面。

1. 平台上线费

将民宿上线到各种预订平台,如 Booking.com、Airbnb 等,通常需要支付一定的上线费用和佣金,这是民宿获取客源的重要渠道。

2. 广告推广费

广告推广费包括在线广告、线下宣传和各类促销活动的费用。广告推广可以提高民宿的曝光率和吸引力,促进客源增长。

3. 社交媒体运营费

社交媒体运营是指通过社交媒体平台进行品牌推广和客户互动,建立良好的在线口碑。社交媒体运营费用包括内容制作、推广和维护等方面的费用。

(四)成本效益分析

在制定成本预算时,成本效益分析这一过程不仅帮助民宿经营者评估每项支出的即时和长期价值,而且为资源配置提供了科学依据。通过这种分析,可以确定哪些投资将带来最大的经济效益。

(五)评估投资回报率

投资回报率(Return on Investment,ROI)是衡量投资效益的关键财务指标,它计算了投资带来的净收益与投资本身的比例。对于民宿业主而言,了解和评估 ROI 不仅有助于判断投资的营利性,还能为未来的投资决策提供依据。下面介绍评估民宿投资回报率的几个关键步骤。

1. 确定投资成本

投资成本应包括所有用于启动和维持民宿运营的费用,如初始购置或建造成本、装修和布置费用、设备和家具采购费用、初始营运资金(如前期营销、许可证费用等)、贷款利息费用等。

2. 计算净收入

净收入是从总收入中扣除所有运营费用后的金额,包括房间收入(基于平均入住率和平均房价计算)、额外服务(如餐饮服务、活动组织等)收入、运营费用及变动费用。

3. 计算投资回报率

投资回报率(ROI)＝净收益÷总投资成本×100%。

4. 考虑时间价值

投资的回收期越长,资金的时间价值就越重要。可以使用贴现现金流分析来评估长期投资的真实回报,考虑了未来现金流的现值。通过这些步骤,民宿业主可以更全面地理解他们的投资效益,并据此做出更明智的财务决策,增强民宿的盈利能力和市场竞争力。

综上所述,制定预算时应尽可能全面和细致,涵盖所有可能的支出项,并考虑突发性和不可预见的费用。通过科学合理的成本预算制定,民宿经营者可以更好地规划和控制财务支出,提高资源配置效率,确保民宿的健康运营和可持续发展。

四、民宿成本控制与优化

民宿可控制的成本主要涉及人力成本、采购成本、能源成本、销售成本等。

(一)人力成本控制

人力成本是民宿运营中的一项重要支出,通常包括工资、奖金、津贴、补贴、过节福利等。一般来说,人力成本应尽量不超过营业额的40%,在总成本中占比50%～65%。通过以下几种方法,可以有效控制人力成本,优化资源配置,提高运营效率。

1. 加强员工培训

在民宿运营中,可通过多技能培训,使员工能够胜任多种岗位,减少对员工数量的需求,从而降低薪酬支出。例如,前台员工在空闲时段可以协助清洁工作,清洁人员在淡季时可以参与简单的维修工作。此外,制订系统的培训计划,涵盖服务标准、操作流程、客户沟通、安全规范等内容。新员工入职后进行入职培训,定期组织再培训,提高员工的综合素质和工作能力。

2. 优化人员结构

根据淡旺季需求,灵活安排人员,优化和精简人员结构,确保在高峰期有足够的员工,而在淡季减少人员配置。通过数据分析预测客流量,合理安排排班。在旺季雇用临时工,确保高峰期有足够人手,而在淡季减少临时工数量,降低人力成本。定期分析各岗位的工作量,识别出冗余岗位和人员,进行必要的调整和优化。例如,根据客房入住率调整清洁人员数量,根据前台工作量安排值班人员。

3. 制定合理的薪酬方案

结合基本工资、绩效工资及福利待遇等设计薪酬体系,激励员工根据工作表现获得相应的报酬,从而提高工作效率和民宿的整体利润。首先,基本工资应保障员工基本生活需要,确保设置合理的工资标准。绩效工资则依据员工的具体工作表现和对民宿的贡献来发放,需要配合公平、公正的绩效考核标准。此外,合理的福利待遇如社保、公积金、带薪假期和节假日福利可以增强员工的归属感和满意度。最后,薪酬策略应根据季节性业务波动进行调整,例如,旺季提高绩效奖金以激励更高的工作效率,淡季则适当控制薪酬总额,以保持民宿的利润空间。这种灵活的薪酬策略有助于应对收入的季节性变化,确保经营的可持续性。

(二)采购成本控制

通过有效的采购管理,可以降低采购成本,提高资源利用效率,增强竞争力。财务管理理论提供了多种工具和方法,帮助民宿经营者优化采购流程,确保质量与成本的最佳平衡。

1. 集中采购与批量采购

集中采购是指将民宿所需的所有物品集中一次性采购,以获得规模经济效应。通过批量采购,可以享受供应商提供的折扣和优惠,降低单位成本。此外,集中采购还可以减少运输和管理费用,提高采购效率。例如:某民宿与当地其他多个民宿进行集中采购,成功降低了床上用品、清洁用品等日常消耗品的采购成本,同时保证了质量。

2. 供应商管理

选择合适的供应商是采购管理的重要环节。应通过招标、比价等方式筛选供应商,确保其提供的产品质量可靠、价格合理。同时,与供应商建立长期稳定的合作关系,可以获得更好的服务和更有竞争力的价格。例如,某民宿定期对供应商进行评估,淘汰不符合要求的供应商,并通过签订长期合同锁定价格,减少市场波动带来的成本风险。

3. 采购流程优化

简化和优化采购流程可以提高工作效率,减少人工错误。建立规范的采购流程和审批机制,确保每一步都有据可查,降低采购风险。例如,某民宿通过电子采购平台,实现从需求申报到订单管理的全流程电子化,提高了采购透明度和效率。

4. 成本分析与控制

定期进行采购成本分析,了解各项物品的成本构成和变化趋势,有助于发现潜在的节约空间。通过成本分析,可以制定更加科学的采购策略,控制成本上涨。

通过科学的采购管理,民宿经营者可以有效控制成本,提高采购效率,确保物品质量,最终提升民宿的整体运营水平和竞争力。

(三)能源成本控制

能耗费用是民宿运营中非常大的成本支出。具体而言,别墅的能耗中,空调能耗占比高达45%,热水能耗占16%,采暖耗能占20%,而总体电力消耗通常在50%以上。下面介绍几种有效的能源管理方法。

1. 使用节能设备

选择和使用高效节能的设备和电器,可以显著降低能源消耗:①使用节能灯泡:更换传统的白炽灯泡为LED节能灯泡,既能节约电费,又能延长使用寿命;②安装智能恒温器:自动调节室内温度,减少空调和取暖设备的能源消耗;③合理配置电动系统:选用节能电动机和新节能技术,优化电动系统配置,提高设备运行效率。

2. 合理安排能源使用时间和方式

(1)根据季节变化调整照明时间。例如,在夏季,走廊和大厅的招牌灯于19:00点亮,适应日照时间较长的夏季条件。部分公共空间的照明将于23:00关闭。午夜12:00除了必要的走廊照明外,其他所有灯光也将熄灭,以进一步减少能源消耗。到了7:00,走廊照明也关闭,直至日出或客户活动开始。

(2)高效利用高峰和低谷时段。在电价较低的时段(如夜间)进行高能耗的操作,如洗衣、加热热水等,减少电费支出。

(3)区域化管理。对照明和空调系统进行分区控制,根据实际需求和使用情况灵活调整,避免能源浪费。

3. 员工和客人节能意识教育

提升员工和客人的节能意识,共同参与节能行动。可定期对员工进行节能培训,养成随手关灯、合理设置空调温度等使用习惯;通过提示牌或宣传材料引导客人在入住期间注意节能,如外出时关闭电源、节约用水等;在客房及公共空间放置节约用水用电的提示牌,增强客人节能意识。

4. 利用可再生能源

尽可能利用可再生能源,减少对传统能源的依赖。例如,通过安装太阳能热水器,可以利用太阳能来供应热水,从而降低电费和燃气费。若条件允许,还可以考虑安装光伏发电设备,利用太阳能发电,以部分替代传统的电力供应。

5. 建筑材料选择

建筑材料的选择对能源消耗有重要影响,选择高效保暖材料可以减少冬季取暖和夏季制冷的能源消耗,而合理的建筑设计能够优化自然采光和通风,减少照明和空调的使用频率。

通过这些能源管理措施,民宿经营者可以有效降低能源成本,提高资源利用效率,并进一步增强民宿的环保形象及其可持续发展能力。

(四)销售成本控制

1. 直接预订

为了减少依赖第三方预订平台而产生的高额佣金,民宿可优化自身的官网和直接联系渠道(如电话、微信、电子邮件等),鼓励客人直接预订。民宿可以提供直接预订优惠,包括折扣价格、免费升级或额外服务(如提供免费早餐或当地旅游指南),以吸引客人直接通过民宿进行预订,从而降低销售成本。

2. 社交媒体与内容营销

利用社交媒体平台进行成本效益高的营销。民宿应定期发布吸引人的内容,包括客房精美照片、客人好评及周边地区活动信息,以提升在线可见度和吸引力。通过内容营销,如分享客人的真实故事、民宿的特色服务和当地文化特色,可以使客人建立起强烈的品牌认同感,从而激发潜在客人的兴趣并增强他们的预订意愿。

3. 合作与网络营销

与当地的旅游业者建立合作关系,共同开发和推广打包服务。这种策略不仅能提高客源,还可以通过资源共享减少单独营销的成本,还可以参与地区的旅游促销活动或节日庆典,通过集体广告减少单个广告的成本。

4. 数据驱动的营销

利用客户数据分析,精准定位目标市场,优化广告投放,减少无效广告支出。另外,跟踪营销活动的效果,调整策略以确保最高的投资回报率,从而有效控制销售成本。

本章小结

本章分析了民宿业中收益管理的必要性,尤其是在面对需求波动、市场竞争和资源有限的挑战时的重要性。本章介绍了多种收益管理策略,包括动态定价、市场细分、预测和需求管理等,配以实例或模拟场景,具体阐述了如何在不同市场条件下应用这些策略。最后,通过讨论成本控制在收益管理中的作用,将民宿的成本策略与收益策略相结合,揭示了通过成本优化进一步提升收益管理效果的方法,旨在使学习者不仅了解收益管理的理论和方法,而且还能将这些策略灵活应用于民宿的日常运营中,从而实现收益的最大化。

课后训练

一、知识训练

1. 收益管理的起源与哪些行业密切相关?

2.民宿成本费用中,哪些属于固定成本?

3.在民宿成本费用管理中,采购成本控制主要依赖哪些策略?

二、能力训练

1.阐述在民宿业务中实施收益管理的重要性,并分析哪些具体策略可用于提高民宿的收益。请考虑不同季节性需求的影响和客户偏好的变化。

2.案例分析

下面是桂林L民宿成本管理分析。

民宿介绍与市场定位:L民宿位于桂林市阳朔县遇龙河畔,毗邻多个知名景点,如十里画廊和大榕树等。自2016年开业以来,该民宿已成为游客旅游住宿的热门选择,特别是在5—10月,入住率可达90%,节假日则常满房。L民宿以其优越的地理位置和精致的装修,提供住宿、餐饮、酒吧和定制旅行等服务,有30间客房。

经营表现:以下表格总结了2016—2018年L民宿的关键经营数据,包括年度平均房价、入住率和主要收入来源。

L民宿关键经营数据(2016—2018年)

年份	平均房价/元	入住率	营业收入/万元	客房收入/万元	餐饮收入/万元	酒吧收入/万元	旅游收入/万元
2016	560	55%	412.11	337.12	17.68	16.99	40.32
2017	621	60%	545.33	427.43	32.96	28.53	56.41
2018	750	68%	710.76	575.18	39.7	33.43	62.45

成本分析:民宿的主要成本包括人力成本、采购成本、能源费用、维修费用和销售成本。以下表格展示了2016—2018年的成本明细。

L民宿成本明细表(2016—2018年)

成本类别	成本		
	2016	2017	2018
人力成本/万元	82.31	104.63	137.85
采购成本/万元	32.22	49.53	69.77
能源费用/万元	30.12	40.42	47.99
维修费用/万元	5.08	8.63	16.42
销售成本/万元	60.16	86.43	125.63

请分析以下问题:

根据提供的数据,分析L民宿人力成本持续上升的原因。可考虑员工数量、工资水平和工作效率等因素,请提出具体的人力资源改进措施。

分析L民宿在OTA平台高佣金销售策略的优势与劣势。基于此,探讨哪些替代策略或方法能够有效减少对OTA平台的依赖,并降低销售成本?

第八章 民宿市场细分与目标市场定位

 本章概要

在竞争日益激烈的民宿市场中,市场细分成为提升竞争力的关键策略。通过了解与把握民宿市场细分的概念、基本原则、标准和程序,深入研究不同细分市场的规模、发展趋势和消费者特征,民宿能够更精准地定位目标客户群体,挖掘潜在的市场机会,并据此优化资源配置。目标市场细分和定位研究还有助于民宿预测市场变化,提前布局,规避潜在的市场风险。通过对市场趋势的敏锐洞察和精准判断,民宿可以及时调整战略,确保长期稳定发展,这不仅有助于民宿制定更加个性化、有针对性的营销策略,还能帮助民宿建立独特的品牌形象和竞争优势,从而提高市场份额和盈利能力。

 学习目标

知识目标

1. 掌握民宿市场细分、民宿市场定位的基本概念,理解市场分析与目标市场定位在民宿经营中的重要性。
2. 熟悉民宿市场细分的基本原则、标准和程序,以及民宿市场定位的主要策略,包括特色定位策略、避强定位策略、对抗定位策略和创新定位策略等。
3. 根据民宿的实际情况,精准做出民宿市场分析,并且掌握制定有效的目标市场定位策略,并理解其在实际操作中的应用。

能力目标

1. 能够分析民宿市场的竞争态势,识别民宿的竞争优势和劣势。
2. 能够根据民宿市场分析结果,制定合适的民宿目标市场定位策略,并做出合理的决策。
3. 能够将所学的民宿目标市场定位策略应用于实际民宿经营中,提升民宿的市场竞争力。

素质目标

1. 培养学生对民宿文化的热爱和尊重,传承和弘扬中华优秀传统文化。
2. 加深学生对民宿作为旅游文化重要载体的理解,树立文化自信,自觉维护国家文化安全。
3. 培养学生创新创业精神,勇于尝试新的市场定位策略,推动民宿行业的创新发展。

本章导入

北京第二外国语学院和台湾嘉义大学联合发布的《中国大陆与台湾民宿业大数据报告(2023)》显示,2022年中国大陆民宿业展现出了显著的复苏趋势。2022年中国大陆现有民宿97730家,民宿总数和总入住量分别恢复到了2019年的85.2%和106%,其中北京民宿数量位居中国大陆第一。中国大陆民宿的分布特点显著,具有明显的集聚效应,其分布向少数城市集中,民宿数量排名前三十的城市占据着2/5的民宿市场。

这一趋势不仅体现了民宿行业在地理分布上的集中性,更凸显了这些城市在旅游市场中的核心地位。这些城市凭借丰富的旅游资源、便捷的交通网络和完善的旅游服务设施,吸引了大量游客的到访,进而推动了民宿业的繁荣发展。

木鸟民宿发布的《2024五一假期民宿消费报告》显示,2024年"五一"假期民宿订单在2023年高位基础上稳中有增,"五一"当日订单同比2023年增长110%,假期民宿市场价格平稳。民宿消费正在由传统旅游热点城市向周边蔓延,更多"小城市"走向台前,特色小城订单同比增长超八成,"体验游"正在取代"打卡游"。周边乡村"躺游"俨然成为假期新风尚,不少家庭或者朋友结伴出游,包下一整栋民宿享受假期。

第一节 民宿市场细分

一、民宿市场细分的概念

市场细分理论起源于20世纪50年代中期,由美国市场学家温德尔·史密斯(Wendell R. Smith)提出①。市场是由许多具有不同需求和特征的消费者群体组成,而市场细分则是根据这些消费者群体的特征和变量,将一个整体市场划分为若干个相对同质的子市场或亚市场。如今,市场细分已经成为营销领域中的核心概念之一,并被广泛应用于各种营销活动中。

---

① 刘一良,曹时军,曾咏梅.基于车险费率市场化角度的湖南市场细分分析[J].贵州大学学报(社会科学版),2010,28(4):37-40.

在民宿行业中,正确的市场细分有助于民宿经营者有效地进行目标市场选择和市场定位,从而实现营销目标。通过市场细分,有助于民宿经营者更精准地把握市场需求,根据客人的不同需求和特征,更好地满足客人多样化的需求,提高市场竞争力。

民宿市场细分,作为住宿业市场细分的重要分支,指的是民宿企业在深度研究并理解消费者需求特征、购买动机、购买习惯及行为差异性的基础上,将整体民宿市场进行精细划分,形成若干具有相似需求和购买行为的子市场,从而确定民宿目标市场的活动过程。民宿市场细分是针对需求不同的消费者进行分类,不是针对民宿产品分类。通过市场细分,不仅有助于民宿企业精准识别目标消费者群体,还有助于企业制定更加贴合市场需求的营销策略,最终实现市场满意度与企业利润的双重提升。

正确理解民宿市场细分的内涵应从以下四个方面展开。

(1)民宿市场细分的对象是消费者群而不是产品。

(2)民宿市场细分的客观依据是人们对某种住宿产品兴趣的差异性。

(3)按一定标准将总体市场细分所得的各个子消费者群对某种住宿产品的需求应该有显著的差异性,而同一子消费者群中不同的消费者却对该住宿产品有共同的需求,且对民宿企业的营销刺激产生的响应。

(4)民宿市场细分的目的是选择目标市场[①]。

在旅游业蓬勃发展的当下,民宿市场凭借其独特的多元化和个性化特质,已成为旅游市场中不可或缺的一部分。与传统酒店相比,民宿更加注重提供个性化、有特色的住宿体验,满足游客对于不同旅游体验的追求。然而,这也使得民宿不仅面临来自同行的竞争,还面临着高端酒店、精品酒店、度假酒店及房车露营等新兴业态的挑战,这要求民宿在市场中寻找自身的独特定位,以吸引并留住目标客户。

市场细分理论在民宿市场中的应用,为民宿企业提供了明确的指导方向。通过市场细分,民宿企业可以更加深入地了解不同客户群体的需求和偏好,进而根据这些需求设计出更具特色的产品和服务。

随着"Z世代"新消费群体的崛起,他们对于民宿的需求也呈现出多元化、个性化的趋势。因此,民宿企业在进行市场细分时,还需要特别关注这一群体的需求和偏好。通过深入了解"Z世代"的消费习惯、兴趣爱好,民宿可以设计出更符合他们需求的民宿产品,并通过社交媒体等渠道进行精准营销,提高品牌知名度和市场占有率。

二、民宿市场细分的作用

市场细分已成为市场营销活动的重要手段,有助于民宿企业实现可持续的业务增长和成功,其主要作用表现在以下几个方面。

(一)精准把握市场需求,发现新市场

民宿市场细分使民宿企业能够深刻洞察不同客户群体的核心需求与独特特点,以

---

① 郝石水.从市场细分看保定楼宇电视的发展策略[J].当代电视,2008(6):78-79.

及这些需求被满足的程度。从而精准定位,为客人量身打造个性化、专业化的服务和产品,确保每位客人的需求得到最大程度的满足,同时发掘并占领未被满足的市场,从而扩大市场占有率,赢得市场主动权。

(二)有效利用资源并降低风险

通过市场细分,民宿企业能够深入了解各细分市场的需求和特点,合理配置资源,包括人力资源、资金资源和物资资源,提高资源利用效率,降低运营成本。同时,将市场划分为多个细分市场有助于分散市场风险,当某个细分市场出现不利变化时,企业能迅速调整策略,减轻对整个业务运营的影响。

(三)提升竞争优势

市场细分不仅有助于民宿企业发现新的市场机会,如新的目标客户群体、新的市场需求和旅游产品,从而调整产品结构、开发新产品、增加产品特色,拓展市场领域,还能使民宿企业更深入地了解竞争对手在各细分市场的表现和策略,制定有针对性的竞争策略,提高自身的市场竞争力。

(四)塑造品牌形象并增强客户忠诚度

对不同客户群体进行市场细分有助于民宿企业塑造独特的品牌形象和品牌定位,通过提供与细分市场相匹配的产品和服务,提升品牌知名度和美誉度。同时,个性化的服务和精准的营销策略能够增强客人对品牌的忠诚度和信任度,促进企业的长期发展。

三、民宿市场细分的基本原则

民宿市场细分的有效性直接关系到制定和实施高效目标营销战略的成败。进行市场细分时,需确保细分市场具有可衡量性、可进入性、可盈利性、可识别性、稳定性(图8-1),从而确保营销策略的精准与高效。

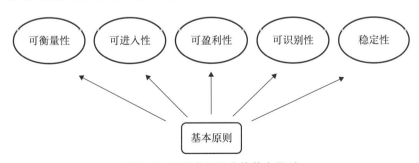

图8-1 民宿市场细分的基本原则

(一)可衡量性

细分出的市场必须具有可衡量性,即消费者的特征、市场范围的大小、消费者购买力的大小等必须是具体的、可以衡量的。如通过统计工具分析目标消费群体的年龄分布、收入水平等特征,以及市场调研数据评估市场规模和消费者购买力。

(二)可进入性

民宿可进入性意味着市场需具备足够的发展空间,使得企业能够成功进入并有所作为,同时企业在人力、财力和物力等方面也应具备足够的实力,以确保在该市场中有效运营。这涵盖了市场的开放程度、政策的支持、竞争的激烈程度,以及企业自身的资源和能力状况等因素。

(三)可盈利性

可盈利性是指细分出的市场规模及潜力足够大,能够满足民宿企业的业务需求,从而确保民宿企业能够在该市场中获得稳定且可观的经济效益。这要求市场中的目标客户群体足够大,且他们愿意为民宿产品支付相应的价格。

(四)可识别性

可识别性是指民宿市场细分后的各个子市场应具有明显且易于识别的特征,这些特征可以帮助企业准确地区分和定位目标客户群体。在民宿市场中,可识别性通常体现在目标客户群体的特定属性、偏好或需求上,这些属性、偏好或需求能够形成独特的细分市场。例如,根据目标客户群体的年龄、性别、职业、收入等人口统计特征,民宿企业可以将民宿市场细分为年轻人市场、家庭市场、商务人士市场等。

(五)稳定性

民宿市场的稳定性体现在其能够长期保障企业获得稳定的经济效益,并且具备足够的发展潜力,使得企业能够凭借自身能力不断扩大市场份额。例如,一个历史悠久的古镇的民宿市场,由于游客数量稳定且持续增长,同时当地政府也致力于保护古镇的文化和历史,使得该市场具有长期的稳定性,民宿企业可以在此基础上不断发展壮大。

四、民宿市场细分的标准

民宿市场细分的标准,原则上与酒店市场细分无大差异,同样是以消费者需求的差异性为基础。这种需求的差异性主要源于消费者的生理特征、社会经济地位及心理因素。因此,在选择民宿市场细分标准时,需要考虑基本变量和决定性要素两种不同类型因素。

基本变量是指与某消费者群体相关的基本社会属性和生理特征,包括人口统计(如年龄、性别、职业等)、地理变量(如城市、乡村、景区周边等)及心理变量(如生活方式、旅游动机、个性偏好等),这些因素为我们描绘出不同消费者群体的轮廓,有助于我们更准确地理解他们的需求和偏好。

决定性要素则是指直接影响消费者对特定民宿产品或品牌的购买行为的因素。

这些因素包括消费者对民宿产品的偏好(如设计风格、设施配备、服务水平等)、追求的利益(如放松身心、体验当地文化、享受家庭氛围等),以及他们对民宿企业营销活动的反应程度(如对促销活动的接受程度、对在线预订系统的使用体验等)。通过深入了解这些决定性要素,我们可以更精准地把握消费者的需求和期望,从而为他们提供更满意的民宿产品和服务,民宿市场细分变量和细分因素如表8-1所示。

表8-1 民宿市场细分变量和细分因素

细分变量	细分因素
地理变量	地理位置、气候与季节、自然环境、空间距离、人口密度、交通便利性等
人口变量	年龄、性别、职业、收入水平、受教育程度、家庭规模、家庭结构、家庭年收入、文化宗教、社会阶层、国籍等
心理变量	态度、个性、动机、性格、偏好、习惯、生活方式、价值观等
行为变量	购买时间、方式、原因、状态、忠诚度、频率、价格敏感程度、服务敏感程度、广告敏感程度、信息获取渠道等

(一)地理变量

传统的市场细分是以地理变量为依据来划分市场。地理变量包括洲际、国别、区域、城乡、气候条件和其他地理环境等一系列的具体变量。俗话说"一方水土养一方人",由于地理环境、气候条件、社会风俗和文化传统的影响,同一地区的客人往往具有相似的消费需求,而不同地区的客人在需求内容和特点上有明显差异。比如南方与北方、山地与沿海、乡村与城市的人们有各自不同的需求和偏好。处于不同地理环境中的客人对民宿所采取的营销策略(如产品的设计、价格、分销方式、广告宣传等)也会有不同的反应。

另外,民宿的地理位置对于吸引客人起着至关重要的作用,不同地理位置的民宿往往拥有各自独特的吸引力。例如:位于城市中心的民宿可能更受商务人士和寻求城市便利的客人青睐,因为它们靠近商业区、文化景点和交通枢纽;而位于城市郊区的民宿则可能更吸引那些寻求宁静和休闲的客人,因为它们通常环境优美,空气清新,适合度假和放松。

此外,乡村和乡村周边的民宿以其田园风光和农家乐体验吸引着客人。这些民宿通常位于风景如画的乡村地区,为客人提供亲近自然和体验乡村生活的机会。而景区内或景区周边的民宿则以其独特的地理位置和便捷的旅游服务成为客人的首选,它们通常位于著名景点附近,方便客人游览和休息。

(二)人口变量

人口变量也是民宿市场细分的重要考虑因素。不同年龄、性别、职业和收入水平、社会阶层和文化程度的客人对民宿的需求和偏好各不相同。例如,年轻人更喜欢具有时尚元素和社交氛围浓郁的民宿,而家庭客人则可能更注重民宿的舒适性和家庭友好设施。商务人士可能更关注民宿的商务设施和便利性,而老年人则更注重民宿的休闲养生功能。

(三)心理变量

心理变量对于客人选择民宿也有着重要影响。不同的生活方式、旅游动机和个性偏好会影响客人对民宿的选择。例如,喜欢冒险和探索的客人可能更倾向于选择具有户外活动和探险元素的民宿,追求休闲度假的客人则可能更倾向于选择提供品茗、咖啡等休闲活动及氛围轻松的民宿。此外,不同的个性偏好也会导致客人对民宿风格、设计和服务等方面的不同需求。

(四)行为变量

行为变量也是民宿市场细分的重要考虑因素。客人的购买时间、购买方式、购买原因和忠诚度等都会影响民宿的经营策略和市场份额。例如,针对不同购买时间的客人,民宿可以提供不同的优惠活动和营销策略;对于不同的购买方式和渠道,民宿可以采取相应的营销和推广手段;而针对回头客和会员,民宿可以提供更加个性化的服务和优惠,以提高客人的满意度和忠诚度。

总之,通过对民宿市场进行细分,我们可以更深入地了解不同客人的需求和偏好,为民宿的经营和发展提供更加精准和有效的策略。

以贵州省为例,针对民宿细分市场推出精品民宿游线,展示了其丰富多彩的旅游资源和独特魅力。从田园休闲的归园田居,到山地运动的苍茫云海;从康体养生的汤泉细浪,到非遗体验的匠心独运;从红色研学的传承基因,到古村古镇的桃李罗堂,这些精心设计的游线为游客提供了多样化的选择。这些细分市场不仅满足了不同游客的需求,更展现了贵州独特的自然风光、历史文化和民俗风情。游客在游览贵州美丽山水的同时,也能深入体验当地的生活方式和文化特色,获得更加丰富和深刻的旅行体验。

五、民宿市场细分的程序

民宿市场细分是民宿经营者在市场定位过程中,对目标市场进行深入剖析和理解的关键步骤。通过有效的市场细分,民宿经营者可以更加精确地识别市场需求,制定针对性的营销策略,从而提高市场竞争力。民宿市场细分的程序具体如下。

（一）确定民宿市场范围

在确定民宿市场细分程序之初，首先需要明确民宿的市场范围。这包括确定民宿的地理位置、目标客户群体、服务内容以及价格定位等。通过明确这些要素，可以为后续的市场细分工作提供清晰的框架。

（二）了解民宿不同潜在客户需求

在明确市场范围之后，民宿经营者需要通过市场调查和数据分析，深入了解目标客户的需求和偏好。这包括了解客户对民宿位置、设施、服务、价格等方面的期望和偏好，以及客户在预订、入住、离店等各个环节的体验需求。

（三）分析可能存在的细分市场

在了解市场需求的基础上，民宿经营者需要分析可能存在的细分市场。这些细分市场可能基于客户的年龄、性别、职业、收入水平、旅游目的等因素进行划分。通过分析不同客户群体的需求和特点，可以发现具有共同特征的细分市场。

（四）确定民宿市场细分标准

在确定可能存在的细分市场之后，民宿经营者需要选择适合自身经营特点的细分标准。这些标准可能包括客户的旅游目的（如商务出差、休闲度假、家庭旅游等）、客户的消费能力（如高端、中端、经济型等）、客户的住宿偏好（如独立别墅、主题房、特色房等）等。通过选择合适的细分标准，可以将市场划分为具有不同特征和需求的细分市场。

（五）为可能存在的民宿细分市场命名

在确定了民宿市场细分标准之后，需要对每个细分市场进行命名。这些名称应该能够准确地反映每个细分市场的特征和需求。例如，可以将商务客户群体命名为"商务精英市场"，将休闲度假客户群体命名为"休闲度假市场"等。通过命名细分市场，可以更加清晰地了解每个市场的需求和特点。

（六）分析各民宿细分市场的规模和潜力

在命名了细分市场之后，民宿经营者需要对每个细分市场的规模和潜力进行评估。这包括分析每个细分市场的客户数量、消费能力、增长速度等因素。通过评估市场规模和潜力，可以确定哪些细分市场是民宿经营者的主要目标市场，哪些市场具有较大的发展潜力。

（七）分析每个民宿细分市场的需求和购买行为

最后一步是对每个民宿细分市场的需求和购买行为进行深入分析。这包括了解客户在选择民宿时的决策过程、影响购买决策的关键因素及客户的满意度和忠诚度等。对民宿客户及其需求进行精准分析，对于民宿企业在市场中实现精准细分及制定有针对性的营销策略具有至关重要的作用。通过深入了解客户的性别、年龄分布、兴趣偏好和消费习惯，民宿企业可以更加准确地把握目标市场，确保产品或服务满足客户的实际需求为其制定有针对性的营销策略提供有力支持，从而在竞争激烈的市场中脱颖而出。

北京第二外国语学院和台湾嘉义大学联合发布的《中国大陆与台湾民宿业大数据报告（2023）》显示，2023年，民宿用户男性略多于女性，多以20岁至39岁的青年为主，占比高达57.6%。这个年龄段的用户中，以30岁至39岁的中年人居多，占比为37.2%，随后是20岁至29岁的年轻人，占比为20.4%，40岁至49岁和50岁及以上的用户占比分别为22.2%和12.2%，而19岁及以下的年轻用户则只占8.0%。

在用户需求方面，民宿用户普遍对线上民宿平台有着浓厚的兴趣。尽管Airbnb已退出中国大陆市场，但其在用户心中仍具有强大的品牌影响力和用户黏性，用户在搜索民宿时仍会频繁提及。同时，途家、小猪民宿、蚂蚁短租等本土品牌也受到了用户的青睐，这些平台在民宿预订市场展现出了强大的竞争力和用户需求的多样性。

因此，对于民宿企业来说，精准分析用户及其需求是实现市场细分和制定有效营销策略的关键。只有深入了解用户需求，才能确保产品和服务的针对性和有效性，从而在竞争激烈的市场中取得成功。同时，在民宿市场细分过程中，民宿经营者还需要密切关注竞争对手的动态，及时调整自身的市场策略以保持竞争优势，定期更新和调整市场细分策略，以适应市场的变化和发展。

六、未来民宿细分市场的关键

随着旅游业的不断发展和消费者需求的日益多样化，未来民宿细分市场将更加注重创新与多元化的融合。这一主题旨在探索民宿行业在保持传统特色的同时，如何引入创新元素，拓宽服务领域，以满足日益增长的消费者需求。总体来说，未来民宿细分市场涵盖的关键方面如表8-2所示。

表8-2 未来民宿细分市场涵盖的关键方面

未来细分关键	细分内容
设计风格细分	民宿的设计风格将成为吸引不同客群的重要因素。未来市场将进一步细分为田园风、极简风、禅意风等多种风格，以满足客户对美学和舒适度的不同追求
客群形态细分	休闲度假、康养旅居、运动潮玩、亲子家庭、女性闺蜜、时尚社群等不同的客户群体将对民宿有不同的需求和期望。未来民宿将更加注重针对不同客群提供定制化服务和特色体验
主题文化细分	民宿不仅仅是一个住宿场所，更是文化传承的载体。未来民宿市场将更加注重融入当地文化元素，打造具有地方特色的民宿产品，如民族风、复古风等，以吸引对文化有浓厚兴趣的游客
营销卖点细分	针对不同客户群体和市场需求，民宿将开发多样化的营销卖点，如生态打卡、庭院景观、云朵泳池等，以吸引客户入住并提升客户满意度

续表

未来细分关键	细分内容
个性化服务细分	随着客户需求的日益多样化,未来民宿将更加注重提供个性化的服务[①]。这包括但不限于提供私人定制的行程规划、特色美食、手工艺品等,以满足客户对独特体验的追求
技术融合与创新细分	借助现代科技手段,如智能家居、虚拟现实等,提升民宿的智能化水平和客户体验。同时,通过创新商业模式和营销策略,打造具有竞争力的民宿品牌
可持续发展与环保细分	随着环保意识的提升,未来民宿市场将更加注重可持续发展。通过采用环保材料、节能技术等方式,降低对环境的影响,同时为客户提供更加健康、舒适的住宿环境

第二节 民宿目标市场定位

一、评估民宿的细分市场

民宿的细分市场是指根据民宿市场的不同特点和需求,将整体民宿市场划分为若干个具有相似特征的子市场或目标市场的过程。这些细分市场可以基于不同的维度进行划分,以便民宿经营者能够更精准地了解目标客户的需求和偏好,制定相应的市场策略,提高市场占有率和竞争力。在评估细分市场以选择目标市场时,民宿企业应当从两个核心维度进行全面而细致的分析:首先是细分市场的状况,其次是民宿企业自身的能力。通过深入分析这两个方面,企业可以准确评估市场与企业的契合程度以及匹配条件,确保目标市场选择的正确性和可行性。

(一)民宿细分市场现状

1. 细分市场的规模和发展

1)细分市场规模和发展的概念

细分市场规模指的是每个细分市场中潜在消费者的数量、购买力及市场规模的总量。这通常通过市场调研、数据分析等方式来评估,以便企业了解不同细分市场的规模大小和增长潜力。细分市场发展是指细分市场在数量、容量和增长潜力方面的变化。随着消费者需求的变化、市场趋势的演进以及新技术的发展,一些细分市场可能会迅速增长,而另一些则可能会逐渐萎缩。企业需要密切关注细分市场的发展动态,以便及时调整市场策略。

---

① 黄影,邵双月.数字经济时代河北省语言产业的发展机遇[J].文化产业,2024(10):121-123.

2) 细分市场规模和发展的重要性

(1) 发现市场机会。

民宿行业日益繁荣,但市场也日趋饱和。通过对细分市场规模和发展的分析,民宿企业能够精准地识别出具有增长潜力的细分市场。这些市场可能包括特定的客户群体、地理位置、价格区间或服务特色等。了解这些细分市场的需求和趋势,有助于民宿企业发现新的市场机会,从而制定有针对性的市场策略,迅速占领市场份额。

(2) 优化资源配置。

在有限的资源条件下,民宿企业需要合理分配人力、物力和财力等资源,以实现最大的效益。通过对细分市场规模和发展的分析,民宿企业可以了解不同细分市场的需求和增长潜力,从而根据市场需求和竞争态势来优化资源配置。这样,民宿企业可以更加高效地利用资源,提高资源的使用效率,为长期发展奠定基础。

(3) 制定营销策略。

制定有效的营销策略是民宿企业成功的关键。而细分市场规模和发展的分析是制定营销策略的重要依据。通过对不同细分市场的特点和需求进行深入了解,民宿企业可以制定个性化的营销策略,如产品定位、价格策略、促销手段等。这些策略能够更好地满足消费者的需求,提高营销效果,从而增强民宿企业的市场竞争力。

(4) 建立竞争优势。

在竞争激烈的民宿市场中,建立竞争优势是其生存和发展的关键。通过对细分市场规模和发展的分析,民宿企业可以更加深入地了解消费者的需求和偏好,从而设计出更符合市场需求的产品和服务[1]。这些产品和服务能够更好地满足消费者的需求,提高消费者的满意度和忠诚度[2]。同时,民宿企业还可以在特定细分市场中建立独特的品牌形象和口碑,形成竞争优势,提高市场份额和盈利能力。

(5) 规避风险。

民宿市场面临着多种风险,如政策变化、市场需求波动、竞争加剧等。通过对细分市场规模和发展的分析,企业可以预测市场的变化趋势和风险。这样,企业可以提前做好准备,制定相应的风险应对策略,规避潜在的市场风险。例如,当某个细分市场的增长潜力下降时,企业可以及时调整市场策略,转向其他具有增长潜力的细分市场,确保企业的稳定发展。

总之,细分市场的规模和发展对于企业的市场策略制定、资源配置、竞争优势建立以及风险规避等方面都具有重要意义。因此,民宿企业需要密切关注细分市场的变化动态,及时调整市场策略以适应市场需求的变化。

2. 细分市场的结构性吸引力

迈克尔·波特的竞争理论,也称为波特竞争理论,是企业管理领域的重要理论之

---

[1] 陈啟明.市场经济条件下发电企业市场营销策略研究[J].北大商业评论,2023 (10):140-142.
[2] 吴蔚.天水风动机械股份有限公司竞争战略研究[D].兰州:兰州大学,2023.

一。该理论强调企业在拟定竞争战略时,必须深入了解决定产业吸引力的竞争法则[①]。波特提出的五力模型是竞争理论的核心。这五种力量包括既有竞争者能力、新加入者的威胁力、客户的议价能力、供货商的议价能力及替代品或服务的威胁力[②]。这五种力量共同决定了产业的竞争结构和企业的竞争策略。

民宿要打造品牌竞争力,首先要关注产品质量和服务体验。这意味着提供舒适、安全、清洁的住宿环境,以及优质的客户服务。此外,明确自己的定位和特色,通过差异化来吸引目标客户群。有效的宣传推广也至关重要,可以通过建立专业网站和社交媒体账号,参与当地旅游推广活动等方式提升知名度。持续创新和改进也是关键,民宿需要不断引入新的服务或设施,优化运营流程以保持竞争优势。最后,建立良好的客户关系和忠诚度是打造品牌竞争力的重要一环,通过个性化的服务和定期沟通来提升客户忠诚度。

同时,可以结合波特五力模型可以更清晰地了解民宿品牌竞争力的构成和影响因素。

民宿波特五力模型如图8-2所示。

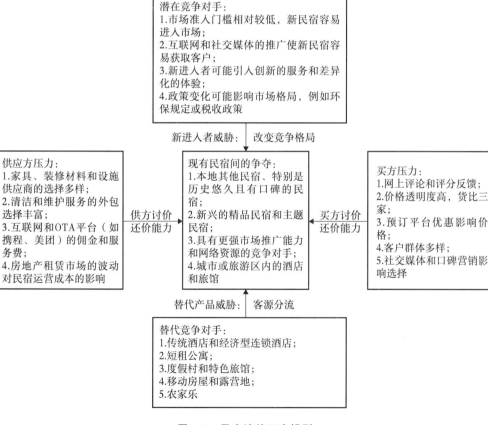

图8-2 民宿波特五力模型

---

① 郭增亮.大中小型物贸企业发展战略研究[J].铁路采购与物流,2017(12):32-34.

② 韩志辉,王鹏.构建发电企业电力辅助服务营销决策模型[J].中国电业,2019(5):22-27.

（1）竞争对手的威胁。

在民宿行业，竞争对手的威胁来自同一地区内的其他民宿及其他类型的住宿服务，以及新型住宿模式，如短租公寓、民宿共享平台等。民宿之间的竞争激烈程度取决于其位置、设施、服务质量和价格等因素。为了应对竞争，民宿需要注重差异化经营，提供独特的体验和服务，以吸引更多客户。

（2）新进入者的威胁。

民宿行业的新进入者主要来自房屋所有者或投资者，他们可能通过转型出租房屋或新建民宿来进入市场。然而，进入壁垒并不低，需要考虑到资金投入、法规限制、品牌建设等因素。已经建立品牌的民宿可能拥有一定的优势，但仍需密切关注新进入者的动向，保持竞争力。

（3）替代品的威胁。

民宿的替代品包括其他类型的住宿服务，如酒店、房车、露营、度假村等。为了应对替代品的威胁，民宿需要注重差异化经营，提供个性化的服务和独特的体验，吸引更多客户选择。

（4）供应商的议价能力。

民宿的主要供应商包括房地产开发商、家具装修公司、清洁服务公司等。供应商的议价能力取决于其在市场上的地位和供应情况。为了降低供应商的议价能力，民宿可以寻求多样化的供应渠道，建立长期合作关系，并通过谈判和合作协议来获取更有利的价格和服务。

（5）买家的议价能力。

民宿的买家主要是游客，他们会根据价格、位置、设施、评价等因素来选择住宿。买家的议价能力取决于市场供需关系、竞争情况和旅游季节等因素。为了提高买家的忠诚度和议价能力，民宿可以通过提供优惠活动、会员福利、个性化服务等方式来吸引游客，并提升游客的满意度和忠诚度。

在民宿产业中，企业需要密切关注这五种力量的变化，并制定相应的竞争策略。例如，企业可以通过提高服务质量、创新产品、降低成本等方式来应对竞争对手的威胁；通过加强品牌建设、提高客户满意度来增强客户黏性；通过多元化采购、与供应商建立长期合作关系等方式来降低供应商的议价能力；通过差异化定位、提供独特的服务来降低替代品或服务的威胁。同时，企业还需要关注市场趋势和客户需求的变化，不断调整和优化自身的竞争策略。

（二）民宿企业能力

民宿企业能力是指民宿企业在经营过程中展现出的综合能力，这些能力直接影响民宿企业的运营效率、客户满意度及市场竞争力，下面介绍构建民宿企业能力的几个关键方面。

1. 服务管理能力

民宿企业需要具备出色的服务管理能力，包括提供温馨、舒适的住宿环境，提供热情周到的接待服务,以及解决客户在住宿过程中遇到的问题等。良好的服务管理能力有助于提高客户满意度,增强客户对民宿的忠诚度,进而提升民宿的品牌形象和市场竞争力。

2. 运营管理能力

民宿企业需要具备高效的运营管理能力,包括人力资源管理、财务管理、物资管理等方面。高效的运营管理能力有助于降低企业的运营成本,提高运营效率,确保民宿企业的稳健发展。

3. 品牌建设与营销能力

品牌建设与营销能力是民宿企业吸引客户、扩大市场份额的重要手段。民宿企业需要注重品牌建设,通过提供优质的服务和独特的住宿体验来树立品牌形象。同时,民宿企业还需灵活运用多种营销策略,如社交媒体推广、线上预订平台等,以增强民宿的知名度和曝光率,从而吸引更多潜在客户。

4. 创新能力

民宿在产品、服务和经营理念方面的创新能力,是其吸引客户、保持竞争力的关键。随着客户需求的不断变化和市场竞争的加剧,民宿企业需要具备创新能力来应对市场变化。创新能力包括产品创新、服务创新、管理模式创新和理念创新等方面。产品上,融入地域特色与文化元素,提供独特住宿体验;服务上,注重个性化与互动性,让客人感受如家般的温暖;经营理念上,强调绿色环保与社区融合,实现可持续发展;管理上,采用智能化手段提高效率,同时注重员工培训与团队建设,确保服务质量。通过不断创新,民宿企业可以开发出更具竞争力的产品和服务,满足客户的新需求,提升市场竞争力。

5. 风险管理能力

民宿企业在经营过程中会面临各种风险,如市场风险、安全风险等。民宿企业需要具备风险管理能力,通过制定完善的风险管理制度和应急预案,降低风险发生的概率和影响程度,确保企业的稳健发展。

总之,民宿企业能力是一个综合性的概念,涵盖了服务管理、运营管理、品牌建设与营销、创新和风险管理等方面。这些能力相互关联、相互作用,共同影响着民宿企业的运营效率、客户满意度和市场竞争力。因此,民宿企业需要注重提升这些能力,以应对市场竞争和挑战,实现可持续发展。

二、民宿目标市场的选择类型、影响因素和策略

(一)民宿目标市场的选择类型

1. 目标市场选择类型

民宿目标市场选择类型通常基于多种因素,包括但不限于以下几个方面。

(1) 家庭游市场。

家庭游市场是民宿的重要目标市场之一。家庭客人倾向于选择温馨、舒适、设施齐全的民宿,享受家庭团聚的时光。针对家庭游市场,民宿可以提供多卧室套房、宽敞的活动空间、儿童游乐设施等。

(2) 情侣/蜜月市场。

情侣和蜜月客人追求浪漫、私密和独特体验,他们更倾向于选择具有浪漫氛围、高品质床品和贴心服务的民宿。为了满足这一市场需求,民宿可以设计情侣主题房、提供浪漫的晚餐服务或安排情侣专属活动等。

(3) 背包客/经济型市场。

背包客和经济型客人注重性价比和便利性。他们通常选择价格适中、设施齐全且位置便利的民宿。针对这一市场,民宿应提供经济实惠的房间,配备自助厨房、无线网络等基础设施,并确保房间保持清洁、整齐且舒适。

(4) 商务市场。

商务客人通常需要安静、舒适且便利的住宿环境,以便在出差期间处理工作。针对商务市场,民宿可以提供宽敞明亮的房间,配备高速无线网络、打印机等办公设备,以及提供早餐和接送服务等额外服务。

(5) 主题体验市场。

民宿以独特的主题或文化体验为卖点,吸引追求特色体验的客人。这些主题可能包括乡村田园、海滨度假、历史文化、艺术创意等。针对这一市场,民宿需要在房间设计、装饰风格等方面充分体现主题特色,为客人提供独特的住宿体验。同时,开展相关活动策划,融入文化和自然研学、非遗体验、农耕活动、户外体育、瑜伽、康养疗愈、身心健康课程等活动。

(6) 本地市场。

本地市场通常包括周末度假、亲子活动等类型的客人。他们通常选择位于城市周边或风景名胜区附近的民宿,以便在周末或节假日进行短途旅行。针对这一市场,民宿可以提供适合家庭或朋友聚会的房型和活动空间,以及提供当地特色美食和旅游咨询等服务。

(7) 文艺青年市场。

文艺青年通常对当地的文化和艺术有浓厚的兴趣,因此,民宿可以融入更多的文化元素和艺术氛围,如举办小型音乐会、画展、读书会、插花品茗活动等,让文艺青年在住宿期间也能感受到浓厚的文化氛围。同时,针对文艺青年对独特设计和个性化体验的追求,民宿可以设计一些具有创意的房型和装修风格,如复古风、工业风、波希米亚风等,让文艺青年在住宿期间能够获得与众不同的体验。

(8) 闺蜜市场。

闺蜜们通常喜欢一起分享快乐时光,因此,民宿可以提供一些适合闺蜜聚会的场所和设施,如共享厨房、露天阳台、KTV等,让客人在住宿期间能够充分互动和交流。此外,为了满足客人拍照打卡的需求,民宿可以设计一些具有特色的拍照景观,如浪漫的花海、复古的楼梯、精致的壁画等,让客人在享受住宿的同时也能留下美好的回忆。

在选择目标市场时,民宿经营者需要综合考虑自身条件、市场需求和竞争态势等因素,确保所选市场具有足够的潜力和发展空间。同时,随着市场环境和客人需求的变化,民宿经营者也需要不断调整和优化目标市场选择策略。

(二)民宿目标市场选择的影响因素

1. 企业资源条件

企业的资源条件是影响目标市场选择的重要因素,包括资金、人力、物力等方面的资源,决定了企业能够承担的市场规模和营销策略。企业在选择目标市场时,需要充分考虑自身的资源条件,确保所选市场与自身资源相匹配[①]。

2. 产品的特点

民宿产品的特点也是影响目标市场选择的重要因素。包括产品的特色、品质和个性化及价格等因素,都会影响客人的选择和满意度。企业需要根据产品特点制定合适的营销策略,确保产品能够满足目标市场的需求。

(1) 产品的特色。

民宿产品的特色是其与传统民宿区分开来的关键。通过提供独特的房型、装饰和文化体验等,民宿可以打造与众不同的住宿体验,满足客人对个性化和独特性的追求。例如,设计独特的主题房、引入当地的手工艺品和艺术品作为装饰、提供当地文化体验活动等,都可以为客人带来独特的住宿体验。这些特色不仅增加了民宿的吸引力,还提高了客人的满意度和忠诚度。

(2) 产品的品质和个性化。

在民宿行业,品质和个性化服务是吸引客人的重要因素。高品质的住宿设施、周到的服务和个性化的体验能够让客人感受到如家般的温暖和舒适。民宿经营者应注重细节,提供优质的床品、卫浴用品和家居设施,确保客人在住宿期间的舒适度。同时,民宿经营者还应提供个性化的服务,如定制化的早餐、接送服务、旅游咨询等,以满足客人的不同需求。这些举措能够提升客人的满意度和忠诚度,为民宿赢得良好的口碑和声誉。

(3) 产品的价格。

价格是客人在选择民宿时考虑的重要因素之一。合理的定价策略需要综合考虑成本、市场需求和竞争态势等因素。民宿经营者应了解当地市场的价格水平,并根据自身产品的品质和特色制定合理的价格。同时,定价策略也应与市场需求相匹配,确保价格具有竞争力且能覆盖成本。此外,民宿经营者还可以考虑采用灵活的价格策略,如推出优惠活动、会员制度等方式来吸引更多的客人。总之,合理的定价策略能够确保民宿的盈利能力,并提升客人的满意度和忠诚度。

---

① 陈学清,徐勇.酒店市场营销[M].2版.北京:清华大学出版社,2018.

3. 市场的特点

市场的特点包括市场规模和潜力、市场需求、市场竞争状况、市场稳定性和可持续性以及潜在竞争对手的威胁性等因素。企业需要了解目标市场的特点，以便制定有针对性的营销策略。例如，市场规模较大的市场可能具有更大的发展潜力，但也可能面临更激烈的竞争；而市场需求旺盛的市场则可能更容易实现销售增长。

（1）市场规模和潜力。

市场规模是指目标市场中潜在消费者的数量及他们的购买能力。市场规模的大小直接影响企业的销售潜力和盈利能力。一个足够大的市场能够为企业提供广阔的发展空间，确保企业能够在其中实现稳步增长。

除了市场规模，企业还需要关注市场的潜力。市场潜力反映了市场未来的增长趋势和前景。一个具有巨大潜力的市场，意味着企业在未来有更大的机会获得市场份额和利润。因此，在选择目标市场时，企业需要进行深入的市场调研，了解目标市场的规模和增长趋势，确保所选市场能够满足企业的发展需求。

（2）市场需求。

市场需求对民宿目标市场选择的重要性不言而喻。

首先，了解市场需求能够帮助民宿经营者精准定位自己的目标客户群体，从而为他们提供更具针对性的产品和服务。通过深入研究和分析市场需求，民宿经营者可以明确哪些类型的客人更倾向于选择民宿住宿，以及这些客人对于民宿的具体需求和期望。

其次，市场需求的变化也会影响民宿的经营策略和方式。例如，如果市场需求呈现个性化、体验化的趋势，那么民宿经营者就需要在房间设计、服务提供等方面进行创新，以满足客人的特殊需求。同时，市场需求也会受到季节、节假日等因素的影响，民宿经营者需要根据市场需求的变化来灵活调整价格、推广策略等。

最后，了解市场需求还有助于民宿经营者更好地进行市场定位和竞争分析。通过对目标市场的深入了解，民宿经营者可以明确自己在市场中的位置，以及与其他竞争对手的优劣势。这有助于他们制定更有效的营销策略和竞争策略，提高民宿的知名度和竞争力。

因此，市场需求是民宿目标市场选择的关键因素之一，对于民宿的成功经营具有重要意义。

（3）市场竞争状况。

竞争状况是指目标市场中竞争对手的数量、实力以及竞争策略等。竞争对手的营销策略、市场份额、竞争优势等因素也会影响企业的目标市场选择。企业需要评估竞争对手的实力和策略，制定相应的竞争策略，以确保在竞争中保持优势地位。一个竞争激烈的市场可能要求企业投入更多的资源和精力来应对竞争对手的挑战，同时也需要企业具备更高的创新能力和市场敏感度。在了解竞争状况时，企业需要关注竞争对手的市场份额、产品特点、价格策略等方面,以便制定有针对性的竞争策略[1]。同时,企业还需要关注行业的发展趋势和竞争格局的变化,及时调整自身的战略和策略,确保在竞争中保持领先地位[2]。

(4) 市场稳定性和可持续性。

市场的稳定性是指市场在未来一段时间内保持相对平稳的状态,不会出现大的波动。一个稳定的市场有利于企业制定长期的发展计划和战略,减少经营风险。可持续性则关注市场的长期发展潜力和生态环境。一个可持续的市场能够为企业提供长期稳定的收益,同时也有利于企业与社会的和谐发展。因此,在选择目标市场时,企业需要评估市场的稳定性和可持续性,确保所选市场能够为企业带来长期稳定的收益。

(5) 潜在竞争对手的威胁性。

潜在竞争对手是指暂时对企业不构成威胁但具有潜在威胁的竞争对手[3]。潜在竞争对手可能来自其他行业或市场,他们可能通过创新或跨界合作等方式进入目标市场。因此,在选择目标市场时,企业需要全面考虑潜在竞争对手的威胁,制定相应的防范措施。

4. 民宿选址

选址对于民宿的成功至关重要。首先,交通便利性是选址的首要考虑因素,因为客人通常希望轻松抵达目的地。靠近公共交通站点、主要道路或机场、火车站等交通枢纽的位置,能够显著提高民宿的可达性。其次,周边环境、景观同样重要,民宿的选址应尽可能靠近旅游景点、商业区或文化中心,以便客人能够方便地享受周边设施和活动。最后,潜在客源也是选址时不可忽视的因素。通过了解目标客群的需求和偏好,民宿可以选择能够吸引这些客群的地段,从而提高客流量和盈利能力。

5. 外观环境设计

民宿的外观环境设计是其品牌形象的重要组成部分。设计应体现民宿的主题和特色,与周边环境相协调,营造出独特的氛围。民宿建筑风格独具特色,注重与当地的文化、历史、自然环境相融合。有的民宿选择旧房改造,在改造过程中,应尽可能保留原有的建筑风貌和特色元素,如古老的木质结构、青石板路、传统的庭院布局等。同时,为了满足现代人的居住需求,民宿装修设计也注重将传统文化元素与现代审美相结合,打造出既传统又现代的住宿环境,如舒适的床铺、齐全的设施等,让客人在享受传统风情的同时,也能感受到现代生活的便捷。

---

[1] 杨淑荣.供水企业终端营销管理思路[J].市场瞭望,2023 (10):13-15.
[2] 胡群.百年品牌需要传承更需要创新[J].现代广告,2024 (5):34-37.
[3] 康思本.基于关键因素测评法的竞争对手识别研究[J].情报探索,2013 (4):84-87.

（三）民宿目标市场的选择策略

1. 无差异营销策略

无差异营销策略适用于那些民宿产品同质化程度较高且市场需求广泛的情况。在这种情况下，民宿企业可以采用统一的品牌形象、价格策略和服务标准，通过大规模的广告宣传来覆盖整个市场，满足大多数客人的基本住宿需求。这种策略的优势在于能够降低营销成本，提高运营效率，但也可能因忽视客人的个性化需求而降低客人满意度。

2. 差异性营销策略

当客人的需求差异显著时，民宿企业可以采用差异性营销策略。通过深入的市场调研，将市场细分为若干个子市场，如家庭游、情侣度假、商务出行等，并为每个子市场制定不同的产品策略、价格策略、促销策略和服务策略。这种策略能够更好地满足客人的个性化需求，提高客人满意度和忠诚度，但也可能因增加营销成本而降低盈利能力。

3. 集中化营销策略

集中化营销策略适用于资源有限的民宿企业。企业将主要资源集中于一个或少数几个具有发展潜力的子市场，提供特色化、专业化的产品和服务，以快速建立市场地位。这种策略要求企业对目标市场有深入的了解和把握，能够准确把握客人的需求和偏好，并提供有针对性的解决方案。虽然这种策略可能面临较高的市场风险，但一旦成功，将为企业带来显著的竞争优势。

三、民宿市场定位及其特点和方式

（一）民宿市场定位

民宿市场定位是民宿企业在竞争激烈的市场中确定自身独特地位的过程。它涉及识别目标游客群体、了解他们的需求和偏好，以及明确企业在这些需求中的独特价值。准确的市场定位有助于民宿企业在众多竞争对手中脱颖而出，吸引和保留目标游客。民宿市场定位是民宿企业在日益激烈的旅游住宿市场中确立自身独特身份和地位的关键步骤。这个过程不仅仅是简单地确定一个客户群体，更是深入洞察和理解这些目标游客的内在需求和偏好，进而确定企业能够提供的独特价值和优势。

1. 民宿市场定位要求企业明确其目标游客群体

这包括分析游客的年龄、性别、职业、收入水平、旅游目的、消费习惯，以及了解目标游客的需求和偏好等多个维度，以便更精准地把握他们的需求和期望。一方面，通过深入研究目标游客，民宿企业可以了解他们更看重的是舒适的环境、独特的体验、个性化的服务还是便捷的交通等因素，为制定更符合其需求的市场策略提供依据；另一方面，目标游客群体的需求与偏好不仅包括游客对于住宿环境、设施、服务等方面的基

案例拓展

"宿旅"——万峰林榕宿：诗画般的栖居之所

本要求,还包括他们对于文化、历史、艺术、美食等方面的兴趣和追求。通过深入了解游客的需求和偏好,民宿企业可以为其提供更符合其兴趣和品位的住宿体验,增加游客的满意度和忠诚度。

2. 民宿市场定位要求企业明确自身在这些需求中的独特价值

在竞争激烈的市场中,民宿企业需要找到自身与其他竞争对手的差异点,确立自身在市场中的独特地位。这可以通过提供独特的房型设计、丰富的文化体验、个性化的服务、独特的地理位置等方式来实现。通过明确自身的独特价值,民宿企业可以吸引更多目标游客的关注和选择,从而在市场中脱颖而出。

精准的市场定位有助于企业更精准地把握目标游客的需求和偏好,制定更符合其需求的市场策略,提高游客的满意度和忠诚度。同时,准确的市场定位还有助于民宿企业在众多竞争对手中树立自身独特的品牌形象,增加品牌的知名度和影响力。因此,民宿企业在制定市场策略时,应该注重市场定位的准确性和有效性,以确保在竞争激烈的市场中获得成功。

(二)民宿市场定位的特点

民宿市场定位注重独特性、清晰性、稳定性、情感连接性和本地化。

1. 独特性

民宿市场定位的核心在于独特性。独特性体现在每个民宿都有其独特的风格和主题,满足游客对个性化住宿的追求。这意味着民宿企业需要在产品和服务上创造出与众不同的特点,以区别于其他竞争对手。这种独特性可以来自民宿的装修风格、地理位置、提供的特色服务等方面。

2. 清晰性

成功的民宿市场定位应清晰明确。企业需要清楚地传达其独特的价值主张,让目标游客一目了然地了解其产品和服务的特点。这种清晰性有助于建立品牌形象,提高游客的认知度和忠诚度。

3. 稳定性

市场定位需要具有一定的稳定性。虽然市场环境和消费者需求会发生变化,但民宿企业需要保持其核心价值和独特性的稳定性。这有助于企业在长期内维持其竞争优势,抵御竞争对手的挑战。

4. 情感连接性

情感连接是通过营造如家般的温馨与舒适环境,使游客在旅途中能够体验到归属感和亲切感。在民宿中,游客不仅仅是一个过客,而是被当作家人一般对待。民宿主人通常会为游客精心准备各种细节,比如个性化的房间布置、温馨的欢迎卡片、家常的早餐等,都让游客感受到家的温暖和关怀。此外,民宿主人还会与游客分享当地的生活经验、文化和风土人情,让游客在旅行中不仅能够欣赏到美丽的风景,还能够深入了解当地的历史、文化和生活方式[①]。这种互动和交流,让游客在民宿中感受到一种归属感和亲切感。

例如,朴语野奢民宿给预订游客提前发放电子入住指南,同时,为住店游客提供欢迎果盘(图8-3、图8-4)。

图8-3　朴语野奢民宿入住指南

图8-4　朴语野奢欢迎果盘

5. 本地化

本地化则强调与当地文化和环境的融合,为游客提供真实的本地体验。民宿的本地化不仅仅是一种策略,更是一种态度和文化的体现。在民宿中,游客可以深入体验当地的文化和生活方式,感受到真实的本地风情。民宿主人通常会为游客提供丰富的本地活动,比如参观当地的景点、品尝地道的美食、参加传统的节日庆典等,让游客在旅行中能够更深入地了解当地的文化和历史。同时,民宿的装修和布置也会充分融入当地的文化元素,比如使用当地特色的材料和工艺、展示当地的艺术品和手工艺品等。这些元素不仅让民宿更具特色和魅力,也让游客在住宿期间能够感受到浓厚的文化氛围和地域特色。

(三)民宿市场定位的主要方式

1. 产品差异化定位

产品差异化定位是民宿在激烈的市场竞争中脱颖而出的关键策略之一。这种方式强调民宿产品在某些方面的独特性。它强调民宿在硬件和软件上的独特性,以区别于其他住宿选择。在产品差异化定位中,民宿可以从多个方面入手,打造其独特的品牌形象。例如,民宿可以通过提供独特的装修风格、高品质的床品、当地特色的美食等方式来区别于竞争对手。

---

① 黄丽露.旅游促进民族交往交流交融研究[D].南宁:广西民族大学,2023.

（1）民宿的在地环境和装修风格是其产品差异化的重要体现。

每个民宿都应该拥有自己独特的装修风格,这不仅能给游客带来耳目一新的感觉,还能更好地融入当地的文化氛围。例如:位于海滨城市的民宿可以采用海洋元素作为设计主题,打造清新自然的度假空间;位于历史文化名城的民宿则可以结合当地的历史文化,打造具有浓郁文化氛围的住宿环境。

（2）高品质的床品也是产品差异化定位的一个重要方面。

游客在旅行中,对于住宿的舒适度有着很高的要求。因此,民宿应该注重床品的品质,提供柔软舒适的床垫、床单和枕头等,让游客在旅途中拥有一个美好的睡眠体验。

（3）当地特色的美食是民宿产品差异化的一大亮点。

游客在旅行中除了欣赏风景,品尝当地美食也是不可或缺的一部分。民宿可以结合当地的文化和特色,提供具有当地风味的美食,让游客在品尝美食的同时,也能更好地了解当地的文化和风俗。

2. 服务差异化定位

服务差异化定位是民宿在提升客户体验方面的重要策略。服务差异化定位侧重提供独特且个性化的服务体验。民宿可以提供个性化的服务、温馨的家庭氛围、丰富的娱乐设施等,以满足游客的不同需求。

（1）个性化的服务是服务差异化定位的核心。

民宿应该充分了解游客的需求和喜好,为他们提供个性化的服务。比如,为游客提供定制化的旅行建议、行程规划等;在游客入住时,为他们提供贴心的欢迎服务,如送上鲜花、热茶等;在游客离开时,为他们提供伴手礼或手写信等,以表达民宿对游客的关心和感谢。

（2）温馨的家庭氛围也是服务差异化定位的一个重要方面。

民宿应该努力营造一个温馨、舒适的家庭氛围,让游客在旅途中感受到如家般的温暖和舒适。民宿主人可以主动与游客交流、分享当地的文化和风俗;为游客提供家庭式的娱乐活动,如烧烤、篝火晚会等;在特殊节日或纪念日时,为游客准备特别的惊喜和礼物。

（3）丰富的娱乐设施也是服务差异化定位的一大亮点。

民宿可以为游客提供多样化的娱乐设施和活动选择,如游泳池、健身房、瑜伽室等;组织各种户外活动和文化体验活动,如徒步旅行、自行车骑行、文化讲座等。这些活动不仅能丰富游客的旅行体验,还能增强游客对民宿品牌的认同感。

3. 品牌形象定位

树立品牌是民宿成功的关键。品牌形象定位是通过塑造独特的品牌形象来吸引游客。民宿可以通过精心设计的品牌故事、独特的品牌标志和视觉识别系统等方式来建立品牌形象。通过独特的品牌定位、一致的品牌形象和高品质的服务,民宿可以赢得游客的信任和忠诚度。品牌不仅代表了民宿的形象和价值,更是民宿与游客之间情感连接的纽带。因此,民宿需要注重品牌塑造和传播,以树立强大的品牌形象。民宿的品牌形象定位CIS(Corporate Identity System,即企业识别系统)是民宿为了塑造独特且引人注目的品牌形象而采用的一种全面策略。在民宿的品牌形象定位CIS中,需要综合考虑民宿的资源、目标市场和竞争对手的情况,制定合适的策略和方法。通过精准的品牌定位、独特的设计元素和有效的传播手段,民宿可以塑造出独特且引人注目的品牌形象,提升品牌价值和市场竞争力。

朴语野奢民宿

朴语野奢民宿,作为一个新兴的度假民宿品牌,朴语"质而不矫为朴,对话心灵为语",其名称寓意着质朴与奢华的完美结合,其Logo如图8-5所示。创始人秉持着对自然与人文的深刻理解,致力于打造具有独特魅力的度假体验。朴语野奢民宿自创立以来,一直专注于提供高品质、个性化的服务,让每一位客人在自然与人文的交融中享受身心的放松与愉悦。无论是寻求心灵宁静的客人,还是热爱户外探险的冒险家,都能在朴语野奢民宿找到属于自己的度假体验。

图8-5　朴语野奢Logo

4. 价格定位

价格定位是民宿经营中至关重要的一个环节,价格定位是根据民宿的定价策略来区分市场,它直接关联到民宿的市场定位、目标客户群体以及整体盈利策略。价格定位不仅仅是简单地设定一个价格标签,更是民宿根据市场需求、竞争环境、自身资源等多种因素,对客人愿意支付的金额进行的科学评估。企业可以选择高端、中端或低端市场进行定位,以满足不同消费水平的客人需求。价格定位需要与民宿的产品和服务质量相匹配,以确保客人的满意度和忠诚度。

在高端市场,民宿可以定价较高,主要面向追求高品质、高服务、独特体验的客户群体。这类民宿通常提供豪华装修、个性化服务、定制化活动等高端产品和服务,满足客人对于独特性和尊贵感的需求。通过高品质的产品和服务,民宿能够在客人心中树立高端品牌形象,吸引更多高端客人,实现高利润回报。

在中端市场,民宿的价格定位相对适中,主要面向大众客人。这类民宿注重提供性价比高的产品和服务,满足客人对于舒适、便捷、安全的基本需求。通过合理的价格策略,民宿能够吸引大量中等收入水平的客人,实现稳定的市场份额和盈利能力。

在低端市场,民宿的价格定位较低,主要面向预算有限的客户群体。这类民宿通常提供基本的住宿设施和服务,满足客人的基本住宿需求。虽然价格较低,但民宿仍然需要确保基本的卫生、安全和服务质量,以赢得客人的信任和口碑。

无论选择哪个市场进行价格定位,民宿都需要确保价格与产品和服务质量相匹配。过高的价格可能导致客人流失,而过低的价格则可能损害品牌形象和盈利能力。因此,民宿需要根据市场需求、竞争环境、自身资源等因素进行综合考虑,制定科学合理的价格策略,以实现长期稳定的盈利和发展。同时,民宿还需要关注市场动态和客人反馈,及时调整价格策略,以适应市场变化和客人需求的变化。

5. 消费群体定位

民宿的消费群体主要定位为追求独特旅行体验的年轻人群,特别是热衷自由行的都市白领、文艺青年、家庭出游者和自由职业者。在消费习惯上,他们喜欢民宿的个性化设计和温馨氛围,追求独特的旅行体验,注重品质和细节,乐于尝试新鲜事物,偏好具有个性化、定制化服务的住宿环境,同时也对价格敏感,寻求高性价比的住宿选择。这些消费者往往注重民宿的环境舒适度、设计感及设施完备性,同时对服务质量和性价比也有较高要求。民宿通过提供精准的市场定位、定制化服务和亲切的家庭式接待,成功吸引了这些追求品质生活、渴望自由探索且注重品质的年轻客户群体。

总之,产品定位的成功核心在于深入洞察目标市场和消费者的需求,并精准地传达产品的独特价值。民宿市场定位是企业在竞争激烈的市场中取得成功的关键。企业需借助市场调研和数据分析来制定最有效的定位策略,进而构建相应的营销计划。值得注意的是,产品定位并非一劳永逸,随着市场环境的动态变化及消费者需求的持续演进,企业应灵活调整和优化产品定位策略,以确保持续的市场竞争力和满足消费者的期望。通过明确自身的竞争优势和特色,选择合适的定位方式,民宿企业可以吸引和保留目标客户,实现长期稳定发展。

四、民宿市场定位的步骤

(一)识别并凸显竞争优势:差异分析与核心竞争力

在竞争激烈的民宿市场中,企业首要任务是深入挖掘和识别自身与竞争对手之间的独特差异。这些差异不仅涵盖民宿的地理位置、建筑风格、设施配备等硬件条件,更涉及服务质量、文化氛围、客户体验等软性元素。为了确立清晰的市场定位,企业需对这些差异进行细致的分析和评估。

在差异分析的过程中,民宿企业需要审视自身的核心竞争力,并评估其是否真正具备独特性和吸引力。更重要的是,这些核心竞争力是否能够精准地满足目标客户的需求和期望。例如,若民宿坐落于自然风光秀丽的景区附近,且内部装潢融合了当地传统文化元素,这些特色就能构成其独特的竞争优势,并作为市场定位的坚实基础。

案例拓展

首个天然瀑布洞穴酒店——赤水匠庐·雅路古

(二)精准选择竞争优势:目标导向与市场定位

在识别出多个潜在竞争优势后,企业需进一步筛选和确定最具吸引力和竞争力的优势点,以作为市场定位的核心。这一选择过程必须紧密结合目标市场的需求和竞争态势进行。

其一,企业需深入了解目标客户的需求和偏好。通过市场调研和数据分析,企业可以掌握客人对于民宿的期望和关注点,从而选择与之最为契合的竞争优势。例如,若目标客户注重与自然的亲近和文化的体验,那么企业可以将"生态环保"和"文化传承"作为市场定位的核心。

其二,企业还需密切关注竞争态势的变化。若某个竞争优势已被竞争对手充分占据,企业则需考虑寻找新的优势点或改进现有优势以形成差异化竞争。在选择竞争优势时,企业需确保这些优势具有可持续性、独特性和可传播性,以便在竞争激烈的市场中脱颖而出。

(三)有效传递市场定位:多元化沟通与传递策略

确定了市场定位后,企业需通过多元化的渠道和方式将定位信息传递给目标客户。这一过程不仅涉及广告宣传等传统手段,还包括社交媒体营销、口碑传播等新型方式。

在广告宣传中,企业应确保广告内容能够精准传达市场定位信息,并吸引目标客户的关注。通过创意性的文案、精美的图片和引人入胜的故事,企业可以充分展示其独特的竞争优势和品牌价值。同时,企业还需根据不同渠道的特点和受众的偏好,制定个性化的宣传策略以提高传播效果。

口碑传播是传递市场定位信息的另一重要途径。企业应积极关注客人的反馈和评价,并及时回应他们的需求和期望。通过提供优质的服务和体验,企业可以赢得客人的信任和好评,进而形成积极的口碑效应。这种口碑效应不仅有助于吸引更多潜在客人的关注,还能增强企业的品牌形象和竞争力。

在社交媒体营销方面,企业可以充分利用社交媒体平台的传播力量,与目标客户进行互动和交流。通过发布有关民宿的图片、视频、故事等内容,企业可以展示其独特的魅力和价值,吸引更多潜在客人的关注。同时,企业还可以借助社交媒体平台的数据分析工具,了解客人的兴趣点和行为模式,以便更好地调整市场定位策略和提高营销效果。

因此,在传递市场定位信息时,企业需要确保信息的准确性和一致性,以便在目标客户心中形成清晰的品牌形象。同时,企业还需持续关注市场变化和客人需求的变化,以便及时调整市场定位策略以保持竞争优势[1]。通过多元化的沟通和传递策略,企业可以更有效地将市场定位信息传递给目标客户,并赢得更多市场份额和竞争优势。

---

[1] 史雪绒.电子商务环境下的企业物流管理策略研究[J].中国航务周刊,2023(47):191-193.

五、民宿市场定位的策略

民宿市场定位策略是民宿业务成功的关键,它涉及精确识别民宿在目标市场中的独特位置,以确保民宿与竞争对手形成明显的区别,并吸引和满足特定客户群体的需求。通过制定和实施有效的市场定位策略,民宿可以在竞争激烈的市场中脱颖而出,吸引和保留目标客户。

(一)特色定位策略

特色定位策略是民宿企业常用的一种市场定位方式。它强调民宿的独特性和特色,以吸引对特定主题或风格感兴趣的客人。这些特色可能包括民宿的地理位置(如海边、山区、古镇等)、独特的建筑风格(如传统中式、欧式古典、现代简约等)、文化氛围(如当地文化体验、艺术氛围等),或是提供的特色服务(如私人定制旅行、家庭式服务等)。通过精准地把握客人的需求和喜好,民宿企业可以打造独具特色的产品和服务,从而在竞争激烈的市场中脱颖而出。

(二)避强定位策略

避强定位策略是一种避开强有力的竞争对手进行市场定位的模式。当企业意识到自己无力与强大的竞争者抗衡时,可以选择避免与其直接竞争,根据自己的条件及相对优势,突出宣传自己与众不同的特色,选择相对较弱或未被充分开发的市场领域进行定位,这就是避强定位。这需要民宿企业具备敏锐的市场洞察力和创新能力,能够发现市场的空白点或潜在机会,并通过提供差异化的产品和服务来满足客人的需求。这种定位的优点是能够迅速地在市场上站稳脚跟,并在客人心中尽快树立起一定形象。由于这种定位方式市场风险较小,成功率较高,常常为多数旅游企业所采用[①]。通过避强定位策略,民宿企业可以降低市场竞争压力,实现稳健的发展。

(三)对抗定位策略

对抗定位策略是与竞争对手直接竞争的一种市场定位方式。这种策略要求民宿企业具备强大的竞争力和资源实力,能够提供更好的产品或服务来赢得市场份额。在与竞争对手的竞争中,民宿企业需要深入了解对手的优势和劣势,分析市场需求和客人的偏好,制定有针对性的营销策略和竞争策略。通过不断提高产品和服务的质量,提升品牌形象和知名度,民宿企业可以在竞争中占据有利地位,实现市场的快速扩张。

(四)重新定位策略

重新定位策略适用于市场环境发生变化或企业自身发展需要进行调整的情况。当民宿企业发现原有的市场定位不再符合市场需求或企业发展战略时,需要重新审视市场环境和自身条件,制定新的市场定位策略。重新定位策略要求民宿企业具备灵活

---

① 殷志刚.浅析"定位惯性"与"再定位"策略[J].现代营销(学苑版),2011(4):26-27.

性和适应性,能够快速调整经营策略和服务模式,以适应市场的变化。通过重新定位,民宿企业可以焕发新的活力,吸引更多客人的关注和选择[①]。

本章小结

通过本章的学习,使学生理解并掌握民宿细分市场的概念、原则、标准和程序,理解与把握未来民宿细分市场的关键;理解与掌握民宿目标市场评估的重要性,以精准把握目标客群的需求;理解并掌握目标市场的选择策略,掌握民宿市场定位及其方式,能够指导民宿企业根据地域特色进行差异化经营;掌握民宿市场定位的步骤,能够采用定位策略,帮助民宿企业在激烈的市场竞争中脱颖而出。综上所述,民宿市场定位的成功关键在于深入了解市场、精准选择目标客群、合理定位市场区域及采取有效的市场定位策略。

课后训练

一、知识训练

1. 简述民宿的细分市场的概念。
2. 简述民宿市场细分的主要目的。
3. 简述迈克尔·波特的竞争理论中的五力模型。

二、能力训练

某民宿坐落在贵州某传统村落,是一栋三层楼建筑,共有9间房。

1. 请为这家民宿取名并解释名字的含义,为该民宿设计民宿宣传口号。
2. 请列出该民宿主要目标客源市场。

---

① 傅振星,纪国涛.企业学习型组织构建的初探[J].中外企业文化,2023 (9):100-102.

第九章 民宿营销与推广

 本章概要

民宿的营销与推广几乎贯穿民宿经营的全过程,很大程度上决定了民宿的生存状态。本章将从民宿营销的发展、特点及相关营销理论来介绍民宿营销的概况;通过对我国及海外主要OTA平台的运营和盈利模式及民宿短租平台发展方面的认识形成对民宿OTA平台的了解;结合相关案例展开讨论新媒体营销的主要渠道及作用;再从KOL营销、口碑营销及场景营销分析民宿营销与推广的策略。

 **学习目标**

知识目标

1. 了解我国及海外市场主要的OTA平台、新媒体营销渠道。
2. 熟悉OTA平台与民宿短租平台的运营模式及盈利模式。
3. 掌握KOL营销、口碑营销策略。

能力目标

1. 提高OTA营销意识与能力。
2. 强化新媒体推广手段与能力。
3. 提高掌握互联网+民宿营销策略的能力。

素质目标

1. 加强民宿文化认同与特色民宿的品牌自信。
2. 培养对民宿行业创新创业的认知,树立对从业人员专业能力要求的意识并激发创新创业的动力。
3. 坚定文化自信,立足于民宿文化本土化,致力于乡村振兴,注重培育学生的实践运用能力。

数字化营销直抵人心

如今,抖音、小红书等平台成为乡村民宿营销线上推广的"主战场",微信小程序实现区域民宿一键预订,语音、人体感应就能遥控民宿各种设备……近年来,安徽抢抓数字经济发展机遇,加快推进乡村民宿产业与数字科技产业跨界融合,以数字化赋能民宿产业高质量发展。

"新进来的朋友,你们看,这棵便是我们民宿已有400岁高龄的桂花古树了,旁边是我们精心打造的吊桥,夜幕降临,桥上灯光璀璨……"在安徽池州初心叁舍·大音希声民宿,民宿主人正在用手机直播,这已是他的日常工作。"当前,游客对旅游目的地的了解方式,正在从过去的宣传册、推介会向短视频、直播等新形式转变。"民宿主人介绍,民宿营销要充分把握年轻消费群体的喜好和需求。短视频、直播等数字营销方式,能让游客有更直观、更真实的感受,民宿产业取得了显著的经济效益。近几年,他不断探索数字营销新形式、新方法、新内容,坚持在抖音、小红书等社交媒体平台发布民宿视频,"直播带客"。其发布内容除民宿内部场景,还广泛涉及山村美景、风土人情、乡土美食以及民宿举办的各类活动,吸引了众多旅游爱好者的关注与到访,使得民宿的人气日益旺盛。

第一节　民宿营销概况

一、民宿营销发展

民宿营销是市场营销的一种,也是民宿经营活动的重要组成部分。它始于民宿提供产品和服务之前,主要研究客人的需要和促进民宿客源的增长的方法,致力于开发民宿市场的潜力,增加民宿的收益。民宿市场营销涉及满足客人的需求产品,贯穿于从民宿预订到客人入住及离店的全过程,最终使民宿实现其预设的经营目标。

民宿的营销关系着民宿的发展和前景,如何才能使民宿营销发挥较佳优势呢?这是在整个民宿经营中需要时刻考虑的问题。要制定最佳的营销导向,选择较好的目标市场,积极运用和开发各种营销策略,以达到优质营销的最终目的。

民宿营销是为了满足客人的合理要求,为使民宿盈利而进行的一系列经营、销售活动,宣传和推广民宿产品和服务,吸引潜在客户并促使其产生购买行为的过程。营销的核心是满足客人的合理要求,最终的目的是盈利。它旨在提高民宿的品牌知名度、增加客户黏性、提升市场竞争力。具体的营销手段包括网络营销、定位精准、建立品牌认知度等。网络营销是通过社交网络、OTA预订平台等在线渠道进行宣传和推广,展示民宿的特色和优势;定位精准则要求民宿经营者明确目标客户群体,制定相应的营销策略;建立品牌认知度则是通过品牌营销手段,让更多的人了解民宿品牌,建立品牌美誉度。在民宿营销中,还需要注意迎合客人的需求,提供亲情化服务,让客人感受到如家般的温暖和舒适。因此,民宿营销也需要不断创新和探索,结合市场变化和客人需求,制定更加精准有效的营销策略。营销推广主要有以下几个作用。

1. 提升知名度与曝光率

通过有效的民宿营销,可以将民宿的品牌、特色及优势传达给更多的潜在客户。这不仅能提升民宿的知名度,还能增加其在市场上的曝光率,吸引更多的客人选择入住。

2. 塑造品牌形象

营销是塑造和传达品牌形象的关键手段。通过精心设计的营销策略,民宿可以展示自己的独特风格、服务特色以及文化内涵,从而建立起独特而吸引人的品牌形象。

3. 吸引目标客户

民宿营销能够帮助民宿精准地定位目标客户群体,并根据他们的需求和偏好制定相应的营销策略,可以更有效地吸引目标客户,提高转化率。

4. 增强竞争力

在旅游住宿市场中,民宿面临着来自酒店、度假村等其他类型住宿的竞争。有效的民宿营销可以突出民宿的优势和特色,使其在竞争中脱颖而出。

5. 促进生命力强劲与可持续发展

成功的民宿营销,不仅可以吸引更多的客户,还可以提高客户的满意度和忠诚度,从而增加民宿的回头客数量。这不仅有利于民宿实现长期稳定的经营,还能为其生命力的强劲与可持续发展提供有力支撑。

二、7Ps营销理论

杰罗姆·麦卡锡(McCarthy)在《基础营销》一书中提出4Ps理论,即营销四要素:产品(Product)、价格(Price)、渠道(Place)、促销(Promotion)。他认为营销当中应该重视企业与消费者的联系,可以通过分销商的各自销售渠道起到加强企业与消费者联系的作用;更应该找出产品的差异性,突出其独特性,其中,产品的定价需要结合考虑到多方的利益,并以合理的营销手段与策略促进消费者的消费。1981年,布姆斯(Booms)和比特纳(Bitner)在4Ps理论的基础上增加了人(People)、有形展示(Physical Evidence)和过程(Process)这三个维度,从此形成7Ps理论。其中,人是指交易过程中,与消费者有直接接触的企业各个部门的工作人员,服务过程是指企业与消费者接触时的服务流程,有形展示是指通过营销人员的引导和展示,让商品和服务的特性更加贴近消费者,让消费者体验到真实的服务质量。7Ps理论认为应该从消费者的角度出发,关注消费者在消费过程中的心理体验,消费者的购买决策不仅受到产品本身的影响,往往也受到交易过程中企业所提供的服务影响。

7Ps理论是从消费者行为学的角度去研究消费者的心理活动过程,民宿作为旅游住宿行业的重要组成部分,在面临日益加剧的市场竞争时,其营销推广策略必须具备较强的针对性。为此,民宿需要充分考虑消费者的心理特征,并灵活运用有效的营销理论策略,以提升自身的竞争力和扩大市场份额。

三、民宿营销的特点

(一)营销管理的单一性

民宿营销是民宿实现收入目标的重要途径之一,而现在市场上大部分民宿的营销渠道都普遍存在着单一性。相比于酒店客房的规模,民宿自身的规模较小,并且由于其自身市场定位的不同,导致其能够接待客户的承载量有限,所以大多数民宿都没有单独设立一个专门负责销售的部门或是专职的销售人员,民宿产品的销售主要依赖线上平台的订购,甚至一些地理位置较为偏远的民宿,几乎完全依赖于在线分销渠道。鉴于此,民宿直销渠道的发展仍有很大的上升空间,亟须推动其营销管理向多元化方向发展。

(二)营销方式的个性化

民宿营销方式的个性化主要表现在民宿经营者能够依据客人的不同需求提供个性化的服务,让客人有宾至如归的感觉。民宿经营者可以借助科技系统手段,实时追踪并记录每位客人的个人偏好与特点,深入分析并掌握其喜好习惯,进而精准识别客人的特殊需求。基于每位客人不同的消费动机与需求,民宿提供有针对性的营销服务。当客人的需求得到满足并感受到个性化、精准化专业服务时,才有可能成为该民宿的推广者与介绍者,向周围人群积极推荐,从而日积月累地提升民宿的口碑,不断扩大客户群体。此外,个性化营销还促使民宿注重用户体验,致力于提供优质服务与产品,密切关注客人反馈与需求变化,及时调整经营策略,以期不断提升客人的满意度。

(三)营销受众的精准化

无论是酒店还是民宿,在营销推广过程中都会进行市场分析,以明确各自的目标市场及目标消费人群。民宿因为规模小而精,需要结合自身的装修风格、地理位置及文化内涵等独特属性,来确定主要消费人群,实现更为精准的目标客户群定位,进而实施精准营销策略,以提升销售溢价,达到预期的营销效果。通过实施精准营销,民宿的受众面会形成一定的社交群体和圈层,客人之间会进行分享和连接,而这种精准的社区化和圈层化的特点有助于民宿经营者能够提供精准的服务,同时也扩大了客源。

(四)营销方式的互动性

大多数企业的市场营销活动方向通常是单向的。消费者从通过各种渠道(如媒体广告、展览等)了解到最后购买该产品的整个流程中,常常处于被动状态,没有掌握更深层次了解该产品的主动权,导致商家在收集消费者需求信息时,所得结果往往与实际情况存在偏差。而互联网的出现则为商家与消费者提供了一个沟通的桥梁,民宿经营者可以通过互联网展现产品、服务等相关详细信息。消费者能借助软件,通过在线聊天或评论向商家提问,而商家也能迅速响应,从中洞察消费者的偏好和需求。此外,消费者在线评论中分享的关于某品牌民宿的服务体验,会在特定平台或网络上累积,形成对于该民宿的形象感知,即人们常说的口碑。这种口碑效应不仅是影响潜在消费者消费决策的重要因素之一,也是民宿管理者需要着重收集分析并改进的关键点,对于该民宿未来良性发展奠定了重要的基石。

（五）营销渠道的多样性

民宿的营销渠道主要分为线上与线下两种,其中线上渠道因其传播速度快、覆盖面广、成本相对较低且效果显著,成为主要的销售途径。随着互联网的迅猛发展,人们的生活日益依赖网络,媒体推介也随社会需求不断细分和完善,从传统的新闻、广播、电视,到如今的微信公众号、小红书、微博等自媒体平台,乃至专门的在线旅游产品和团购平台的旅游软件。例如,一些平台会运用多种商业竞争策略,在平台上展示民宿产品或服务,以获得更多曝光机会,加深消费者印象,从而提高预订率或购买率。尽管线上营销表现出色,线下营销虽在业绩和效果上不如线上那么突出,但它能更直接、更有针对性地与目标客群接触,更好地展现出民宿所想要表达的产品内涵。

第二节　民宿OTA平台

OTA,全称Online Travel Agency,译为在线旅行社,又称第三方售卖网站,是连接卖家与买家沟通的桥梁,旅游商家可以借助OTA平台进行产品销售与营销推广,而消费者则能通过OTA平台预订或购买旅游产品及服务,并可选择线上或线下支付方式进行结算。

一、民宿OTA平台概述

对于民宿业而言,OTA平台不仅是宣传的渠道,更是与客人沟通交流的重要桥梁。在国内市场,主要的OTA平台包括携程、去哪儿、飞猪等。而在国外,知名的OTA平台则有Expedia、TripAdvisor、Priceline和Airbnb等。

中领智库2022年《民宿行业研究报告》显示,国内民宿2022年房源数量突破162.1万套,旅游人群年轻化引领民宿行业发展新引擎,而2019年,国内在线民宿市场交易规模为209.4亿元。其中,中低端民宿(房价300元以下)是行业主体,构成行业的近70%,2019年到2021年,中低端民宿市场相对饱和,其市场占比逐渐下降,而中高端(房价500元以上)的民宿占比略有提升,行业消费结构正在向中高端倾斜。如图9-1所示,民宿市场订单来源占比中,50%来自携程等OTA类平台,45%来自木鸟、途家等垂直类

图 9-1 民宿市场订单来源占比

民宿预订平台，5%来自品牌民宿自有平台。其中，专业民宿平台的使用占比达到50%，是消费者的首选渠道；综合类平台的使用率达到40%；而民宿品牌自有平台的使用率低，只占到6%。此外，从中游平台的使用习惯来看，房东倾向于同时使用多个平台进行房源发布，平台流量、知名度与用户品质是三大考虑因素。2020年受到疫情影响，交易规模下降到125.8亿元，而2021年上半年再次回升到201亿元，甚至已经接近2019年的全年水平，即使在疫情还没有完全过去的2021年，全国民宿数量依然逆势上涨，数量平均增长率达到61%。

（一）国内主要民宿OTA平台

国内主要民宿OTA平台有携程、美团民宿、途家民宿、小猪民宿及木鸟短租等，随着移动互联网的普及和技术的发展，移动端已成为OTA行业的重要发展方向，用户可以通过移动端App随时随地查询和预订旅游产品和服务，提升了用户体验，这些平台都通过提供用户评价和点评功能，帮助用户选择更适合的产品和服务。美团民宿是美团旗下的民宿预订平台，拥有大量的用户群体和高黏度的用户，其可以提供专业的房源管理和客户服务，为民宿主人提供全方位的支持和保障。途家民宿是国内领先的短租民宿平台，拥有全国各地的房源，对接渠道多，可以将自己的房源曝光到更广泛的受众群体面前，提高入住率和收益。小猪民宿成立于2012年，为用户提供民宿短租服务，小猪民宿的用户群体涵盖了全国各地的年轻人、家庭、商务人士等不同类型，能够满足不同民宿的需求。

1. 携程

携程是国内领先的在线旅游代理商（OTA），是一个通过互联网、移动互联网等线上渠道为消费者提供酒店、机票、旅游度假等服务的预订平台。携程的发展历史可以追溯至1999年，作为互联网发展的黄金年代的产物，逐渐在在线旅游市场中占据领先地位，随后，通过一系列的收购与合作策略，携程进一步强化了其在在线旅游代理商（OTA）行业的地位。QuestMobile数据显示，截至2023年3月，携程旅行在中国的在线旅游平台活跃用户数量已达到8394.1万，同比增长高达53.4%。

携程核心功能包括酒店预订、交通预订及旅游度假预订，并扩展至旅游攻略、旅游保险、美食购物、包车租车、外币兑换等旅游相关服务。相对其他OTA，携程知名度较高、浏览量大，竞争较激烈。目前，定位于"高品质+全球化"，中高端客户服务及出境游业务已成为携程的核心优势，其产品排名规则主要基于PSI（Property Service Index）质量分，PSI质量分＝基础分＋激励分－惩罚分。即排名由点评情况、活动参与度、内容信息完整度、即时确认率、产量营业额、综合质量分数、服务质量等级等综合判定，以及与携程的合作关系而定。与携程的合作关系越紧密,商家在平台上的排名也就越有利。携程的盈利主要依赖四个方面:酒店预订佣金、机票预订佣金、旅游度假产品佣金及其他增值服务佣金。作为中介机构,携程通过整合上游产品供应商的票务资源和下游旅游者的消费需求,提供包括营销、咨询等在内的售前售后服务,从而赚取佣金。此外,携程以丰富的产品线、优质的服务和高效的运营模式,为消费者提供了便捷、高效的在线旅游预订体验,同时也为旅游行业的发展作出了积极贡献。

携程民宿是携程上的一个重要板块,专注于为消费者提供多样化的民宿预订服务,以其独特的品牌特色、丰富的房源选择和优质的服务,为消费者提供了便捷、高效的民宿预订体验。无论是想要体验当地文化还是寻找舒适休闲的住宿环境,携程民宿都能满足消费者的需求,成为旅行中不可或缺的一部分。

携程民宿在市场上享有较高的知名度和影响力,民宿的房源类型丰富,包括城镇民宿和乡村民宿等,涵盖了不同地域和风格。消费者可以在携程平台上浏览各种民宿的详细信息、价格、用户评价等,以便做出更明智的预订决策。同时,携程民宿也提供一系列增值服务,如旅游攻略、旅游保险、美食推荐等,为消费者提供更加全面和便捷的旅行服务。通过与上游产品供应商的合作,携程民宿能够提供丰富的房源选择,并通过高效的运营模式为消费者带来优质的预订体验。在预订携程民宿时,消费者能够直观地比较划线价格与未划线价格,享受优惠对比的便利,具体成交价格还会根据活动、优惠券等因素有所调整。此外,消费者还可以随时联系客服进行咨询,以确保预订的顺利进行。

2. 美团民宿

1) 美团民宿的发展

美团民宿是美团旗下的民宿预订平台,2017年4月榛果民宿正式上线。2019年10月,美团榛果民宿正式更名为美团民宿,除了品牌名称变化之外,组织架构、运营模式和业务方向保持不变。与此同时,美团榛果民宿App仍保留,附带有榛果形象标识的Logo亦不作更换,一切维持原样。该平台充分利用美团体系内丰富的资源,致力于为游客提供个性化的民宿住宿体验。美团民宿相较于其他平台,其特色在于房源的多样化和个性化,主要面向年轻一代消费群体。它涵盖了酒店、公寓、客栈、短租等多种住宿形式,旨在满足不同游客的多样化需求。然而,美团民宿也面临一些挑战和投诉,例如部分用户反映平台上民宿的品质存在差异,以及价格透明度有待提升等问题。

2019年1月,榛果民宿(美团民宿)发布2018下半年数据,其中,8万房东入驻,在线房源达35万套,覆盖超过300个城市,遍布全国350余个城市。2020年10月,美团民宿在国内拥有超过17万活跃房东,80万套在线房源。这使得游客能够轻松找到心仪的民宿,无论是在繁华的都市还是宁静的乡村,都能有适合自己的住宿选择。如今,美团民宿逐渐成为国内头部的共享住宿平台之一。

在美团民宿平台上,用户可以轻松查询并预订自己心仪的民宿房源。与此同时,房东能够通过手机号注册账户,并发布自家的公寓和客栈信息,待平台审核通过后,即可正式成为房东,有偿分享其住宿资源。用户与房东之间享有直接沟通渠道,便于及时互动,从而获取详尽的房源信息及旅程详情,帮助用户更好地做出住宿选择。此外,美团民宿还提供了订单管理、房态管理等功能,方便用户查询订单状态和管理房源。同时,房东和用户之间还可以相互评价,提供真实的住宿体验及反馈,帮助其他用户做出更明智的预订决策。

2020年,美团民宿在发展过程中也积极承担社会责任,参与制定并发布行业规范,推动民宿行业的健康发展。同时,美团民宿还关注房源卫生标准,发布了行业首个《民宿房源卫生标准》,以提升民宿住宿体验的质量和安全性。

2) 美团民宿的部分功能

(1) 分类标签引流入口多,且民宿特色标签和特色功能的图标不一样。

美团民宿的分类标签引流入口有近20个,对于用户的需求做到多元化、细节化,用户基本上都可以在分类标签栏中找到目标功能。同时,民宿特色标签的图标延续搜索民宿栏的亮黄色风格,引导用户与下方的特色功能区域进行区分。

(2) 热门入住地的地标数量多,背景以地图作为可视化显示,下方还标注了用户选择该地标的百分比。

热门入住地的地标也存在多个引流入口,方便用户进行选择。这些地标以地图为展示背景,并且对每个地标都标注了用户选择的百分比信息。这样的设计使得去外地旅游的用户能够直观地了解各个地标的地理位置及其热门程度。

(3) 为用户推送个性化内容。

首页底部设有"猜你喜欢"板块,以图片搭配基本信息的对齐双列形式呈现,用户可通过滑动方式浏览。每点击一个引流入口,都会引导用户进入新的模块进行细致浏览。当用户下滑界面时,系统会推送更多相关内容。页面底部有更多房源推荐,可获取更多推送展示。

(4) 房源价格吸引消费者注意,房源标签方便选择。

在房源浏览界面,用户可以通过顶部的标签栏对房屋的特色功能及适用场景进行筛选,从而精准定位到心仪的房源。此外,美团民宿还特别将价格和优惠信息以加粗加红的方式标示出来,激发用户的预订欲望。

(5) 提供配套信息。

在详情界面,系统会显示房源与用户之间的距离,以及驾车、乘坐地铁和步行所需的时间,同时提供查看地图及周边环境的功能。相较于仅显示距离(如多少千米),提供交通工具所需时长的信息能让用户更直观地感知房源与目的地之间的实际远近,这样既省去了用户额外使用第三方软件查询的麻烦,也减少了用户到店后发现实际距离与预期不符的困扰。

(6) 引导用户砍价、评价、分享返利。

在提交订单界面增设了支付后返利机制,用户完成支付、参与砍价、提交评价或分享等活动后,均可获得一定金额的返利。通过鼓励用户分享和转发砍价信息,能够有效促进信息的广泛传播,从而吸引更多新用户并带动销量的增长。

(7) 学生特权。

美团民宿界面上会出现"学生特权/学生优惠"的提示字样,并且系统会优先向用户推荐经过认证、享有学生特权优惠的房源。鉴于美团民宿的用户群体以年轻人和学生为主,这样的提示、推荐策略及优惠政策,不仅能够有效吸引学生用户的关注,还能增强他们的忠诚度和使用黏性。

(二)国外OTA主要平台

1. Airbnb

Airbnb是一个在线住宿市场,允许用户提供住宿或预订过夜住宿。用户可以通过Airbnb平台轻松地发布或搜索房屋租赁信息,并实现在线预订。Airbnb的用户群体遍布全球,已有超过600万用户在该平台上发布或预订过房屋租赁信息。同时,Airbnb的房源也覆盖了全球200多个国家和地区,为旅行者提供了丰富多样的住宿选择。尽管Airbnb拥有运作成熟、国际化程度高和服务费较低等显著优势,并且能提供智能的房源定价对比功能,为房东提供周边房源的整体参考价位,以辅助其做出合理的定价决策,但是,Airbnb对中国本土化支持不够,无论是网站还是App均存在反应较慢、操作不够顺畅等问题。同时,关于Airbnb能否有效为房东带来流量,用户的反馈也各不相同。

2. Expedia

Expedia是旅游预订服务平台,也是由Expedia Group运营的主要OTA,Expedia Group拥有多家子公司,在几十个国家及地区拥有本地化网站。通过这一平台,客户可以预订酒店、度假屋、民宿、机票、租车服务及参与各种活动和其他旅游项目,其特点在于其营销策略上着重强调提供廉价且负担得起的住宿选择。

3. Booking.com

Booking.com是历史悠久的在线旅行社之一,与Priceline属于同一家公司,最初成立于1996年,公司总部位于荷兰阿姆斯特丹,该网站的服务范围遍及全球200多个国家。与市场上的许多OTA一样,为用户提供酒店、汽车旅馆、度假屋和其他类型住宿的预订,同时还提供旅行票价聚合服务。

(三)民宿OTA运营模式

1. 线上代理模式

线上代理模式主要是指由代运营公司协助民宿或房源主人全面管理其在各个线上平台的房屋资源。具体而言,一家民宿的旅游产品在线上的所有运营活动,包括日常管理、价格实时调整、线上营销推广以及市场分析等,均由代运营公司负责代理。而民宿主人则需配合代运营公司,专注于线下服务的优化,比如提升住宿体验及迅速响应到店客人的需求。

2. 全代理模式

全代理模式是指代运营公司不仅承担民宿主的线上代理业务,还对其线下产品和服务负有全面责任,形成"线上+线下"的综合服务模式。在民宿主有迫切需求时,代运营公司甚至会派遣专职人员,以长期或短期的驻店形式深入民宿,进行现场升级改造。这些专业人员能够迅速识别并解决民宿当前存在的问题,提出有效解决方案,旨在确保民宿能够长期稳定运行并实现高质量发展。

3. 顾问模式

顾问模式主要是指代运营公司凭借其丰富的资源和专业知识,包括深入掌握OTA平台的规则和强大的数据分析能力,为民宿运营提供全方位、深层次的经营性专业指导。这种指导涵盖民宿运营的各个方面,从初期规划到日常运营,从内部管理到外部营销。同时,代运营机构还协助民宿进行一线服务人员的员工培训,以及制定营销策略等,旨在帮助民宿建立起自己的专业运营团队和完善的运营制度。

(四)民宿OTA盈利模式

自OTA行业诞生以来,逐渐形成了以代理费、批发价及广告费为核心的盈利模式。随着服务标准的不断细分,该行业又涌现出多种不同的商业盈利方式。然而,目前大多数OTA平台主要依赖佣金模式来实现盈利。不同平台的佣金比例各异,因此其收益也有所不同,通常与OTA平台的销售业绩成正比。

1. 代理商模式

代理商模式是指OTA平台在用户与旅游产品供应商之间扮演代理商角色,从交易中按一定比例抽取佣金,这是当前较为普遍的商业模式。OTA平台作为在线中介,为上游供应商代理销售其提供的产品或服务,如旅行社的旅游套餐、酒店民宿预订、机票火车票、景区门票及缆车服务等,并从中抽取佣金作为盈利来源。这种代理商模式具有交易效率高、单笔营收稳定、运营成本低、交易流程简便等优势,特别适合国内消费人次多、消费频率高、标准化程度高的旅游产品。然而,它也存在单笔交易营收相对较低的问题。国内外众多知名OTA平台,如国外的Booking.com以及国内的携程、同程艺龙等,主要采用的就是这种代理模式进行运营。

2. 批发模式

批发模式主要是指OTA平台以低于市场价的批发价格向上游旅游供应商批量采购相关住宿、通行、游玩等相关服务及产品,再以更高的价格售卖给下游的消费者,从而获得两者之间的差价作为盈利,即中间商赚差价,类似于二手中间商角色,虽然是以低买高卖的方式来获取利润,但也需要承担相应的较高的运营成本以及经营风险。在海外市场中,批发模式较为普遍,其中全球最大的OTA平台Expedia就是典型代表。然而,近年来随着OTA平台直营模式的逐渐兴起,国内批发模式的占比不断减少。这种模式现在更多地被用于节假日资源紧张等特殊时期,以及旅游产品和服务领域。

3. 内容运营模式

内容运营模式主要涉及信息源构建、内容文案编辑以及内容推送。OTA平台通过短视频、照片、声音等多种形式,为消费者提供多场景下的信息获取途径,同时为商家搭建营销推广的平台。该模式还鼓励用户自发生成内容,即用户通过网络分享旅游相关的食、住、行、游、购、娱等方面的见闻、经验和观点,这些内容在各大平台上共享,以社交化的方式吸引大量目标流量,并据此收取广告费用,因此也被称为广告模式。随着短视频的迅猛发展,内容广告模式相较于其他模式,对线上流量的依赖度更高。小红书、快手、抖音等平台的兴起,进一步推动了这一模式的市场需求。对于民宿业而言,这种新模式为其带来了全新的发展机遇和赋能。

根据抖音生活服务发布的《2023年数据报告》,过去一年里,有超过450万家实体门店在抖音平台上运营,其中215万家小商家实现了营收增长。这一数据表明,越来越多的企业账号正在涌入抖音。抖音凭借其丰富的视频内容、庞大的平台流量,以及短视频与在线旅游形式的紧密结合,展现出了布局OTA业务的巨大潜力。抖音通过短视频和当地热门榜单为上游旅游供应商向消费者进行宣传推广,同时以企业号的形式帮助商家在平台上积累私域流量。此外,抖音还接入了携程等第三方平台进行预订,从而构建了"内容+营销+私域+交易"的全方位商业模式。

4. O2O模式

O2O(Online to Offline)模式是指将线下商务产品与互联网平台相结合,让消费者能够在线上根据自己的需求选择服务,并可以选择线上支付或线下交易。同时,线下商家也能通过互联网进行产品营销和推广,从而吸引更多客户。该模式的特点在于其宣传营销效果显著,交易订单有迹可循。O2O模式充分利用了互联网传播速度快、覆盖面广的优势,帮助商家迅速定位目标市场人群,创造人气流量,提升购买交易的概率。同时,它也为消费者提供了快速找到目标商品并实现线下消费购买的便利。由于每一笔交易(或预约)都发生在线上,O2O模式在本质上具有可计量性。然而,与纯线上商业模式相比,O2O模式的成本较高,管理难度也较大,对专业化人员的需求和要求也更高。尽管如此,该模式在进军三四线城市方面具有明显优势,有助于提升品牌营销效果和可信度,使平台能够优先占领下沉市场的旅游资源和客户资源。在这一模式中,美团民宿和途牛比较具有代表性。

5. OTM模式

OTM(Online Travel Marketplace),即在线旅游生态,主要是指通过搭建开放平台系统,依靠强大的技术支持、精准的客户数据分析来提供精准的定制应用,为航司、酒店等入驻商家赋能,最终实现商家产品服务与个人消费、金融支付、信用体系等一起构筑完整的在线旅游生态[①]。该模式的核心目的在于帮助商家更深入地了解用户需求。商家可以在平台上根据自己的优势进行销售、营销和服务,与消费者进行更加积极、频繁的互动,提供个性化、差异化的服务。这一模式类似于淘宝商城,一端连接着产品供应商(B端),另一端则连接着消费者(C端)。平台通过向B端收取租金、交易服务费及大数据分析服务费等方式来获取收益,而向C端则提供免费服务。随着平台上交易活

---

① 刘景.深圳市候鸟旅行公司竞争战略研究[D].兰州:兰州大学,2020.

动的日益活跃,平台的收入也会相应增加。

二、民宿短租平台

(一)民宿短租平台的发展

民宿短租主要是指人们利用闲置的房间或者房屋,通过一定的途径将其转化为潜在收入的盈利模式。国内短租民宿的前身是日租房,主要以低价格来满足短期过渡的住宿需求,住宿环境相对较差,获客运营方式主要有在分类网站发布信息与线下运营两种方式,主要分布在高校、医院、交通枢纽等人员流动密集的区域。随着共享经济的发展,短租民宿行业逐渐兴起,并借鉴了国外的Airbnb模式。自2011年起,国内涌现出众多短租平台,如蚂蚁短租(赶集网旗下)、途家、游天下(搜房网旗下)、爱日租等。然而,这些平台主要以B2C模式运营,面临着房源质量、服务质量、信息真实性、库存管理等诸多挑战。直到2012年,小猪民宿的出现改变了短租民宿的模式,小猪民宿经过重大战略决策把短租民宿真正变成C2C模式,也被行业称为中国的Airbnb。随着小猪民宿在C2C模式上的成功尝试,短租民宿在国内迎来了快速发展期,并吸引了大量资本的关注和投入。自2014年起,短租民宿平台如雨后春笋般涌现,并相继获得融资。按照行业的生命周期,民宿短租行业的发展历程主要包括起步阶段、成长阶段、爆发阶段、成熟阶段。

1. 起步阶段(2010—2012年)

这一阶段主要是发展模式的验证阶段,也是公司存活的关键阶段。此阶段速度是关键,各平台需要迅速以最简单的闭环来验证其商业模式的可行性。这包括明确目标用户、深入理解用户需求,以及准确判断行业未来的发展趋势。在此期间,爱日租、游天下、蚂蚁短租、小猪民宿等短租平台相继涌现。然而,由于信用体系尚不完善、公众的接受程度有限、市场规模相对较小,平台的发展遇到了挑战。

2. 成长阶段(2013—2014年)

2013年7月,爱日租倒闭,十余家公司退出短租市场,途家、蚂蚁短租、小猪民宿等获得融资,行业得以继续发展。

3. 爆发阶段(2015—2016年)

共享经济已广泛渗透到生活的诸多领域,从共享单车到共享充电宝,短租行业也逐渐被更多城市和人群所接受,并迅速向二三四线城市扩展。各短租企业开始探索差异化发展路径。随着行业发展模式的日益稳定,短租市场逐渐趋于饱和,短租行业的梯队格局也逐步清晰。据科技驱动创投领域的相关公布显示,第一梯队有Airbnb、途家、小猪民宿等品牌,它们在品牌知名度、业务范围、融资规模及用户反馈等方面均遥遥领先;第二梯队有蚂蚁短租、木鸟短租、自如友家、游天下等,这些品牌在房源规模、业务服务方面拥有相对优势；第三梯队有住哪网、一家民宿、自在客、喊你玩等新兴品牌，它们作为行业的新进入者，正积极推动市场认知，助力扩大整个行业的市场规模。

4. 成熟阶段（2017年至今）

随着共享经济的广泛渗透，信用体系持续完善与发展。国家层面亦积极推动民宿产业的发展，致力于制定民宿行业的规范与标准。这些举措促使在线短租行业不断迈向标准化、专业化，同时，增值服务也在此过程中不断创新与提升。

（二）民宿短租平台的优点

1. 房源多样丰富

借助在线平台的数据，用户在平台上能够看到的房屋风格类型会比线下更加丰富，用户的选择面更广。

2. 选择多且价比高

相对于酒店固定房型预订的模式，在线短租能够为用户提供更多的选择，并且在同等价位下，可以实时找出性价比较高的房源，还可以享受更加个性化的服务体验。

3. 沟通效率高

在线平台不仅为用户提供便捷服务，还利用互联网双边市场交易平台，展示多样化的信息，为房东和客人提供双向评价并公开向大众展示，提高了双方的沟通效率，减少了信息不对称带来的交易摩擦，从而提升了房东与房客之间的匹配率。

（三）民宿短租平台的作用

1. 拓展民宿宣传方式

民宿经营者可以在知名平台或旅游媒体的旅游版面发布有关民宿的宣传信息，同时，在介绍某个景点或旅游目的地的全面配套服务（包括食、住、行、游、购、娱等方面）时，也可以巧妙地在这类似于旅游笔记的内容中适当融入民宿的宣传推广。

民宿经营者可以自行在微信公众号、抖音、微博等各大平台创立账号，利用图片、文字和视频，配以相应的背景音乐，以发布视频或帖子的形式向大众提供民宿相关信息，信息包括各房间的实时报价（特别是节假日或优惠活动期间的报价）、民宿的具体位置及周边环境的介绍等，这些都可以成为吸引潜在客户的重要宣传点和卖点。通过这样的方式，更多的潜在客户能够主动获取到民宿的经营状况，从而扩大宣传范围，提升品牌知名度。

2. 分享民宿体验

客人通过在线平台对民宿入住体验进行反馈和点评，这些真实的体验分享能够引起潜在客户的兴趣，加深他们对民宿真实情况的了解，从而影响他们的消费决策。

3. 提高服务效率

通常，民宿的房间数量有限，无法像大型酒店那样提供众多客房给消费者。加之预订信息复杂多变,比如部分住客因特殊原因频繁更改到店或离店日期,给管理带来了不少烦琐的工作。在互联网快速发展的当下,民宿经营者可以依赖强大的数据平台,随时掌握房间状态及预订进度。同时,游客也能实时、便捷地通过旅游平台查询并预订民宿,无论身处何地都能轻松完成预订流程。

(四)民宿短租平台的运营模式

民宿短租平台的运营模式主要有C2C模式、B2C模式、C2B2C模式等,此外,在线短租行业企业功能划分如表9-1所示,主要包括基础功能、平台担保、品质服务及服务把控。

表9-1　在线短租行业企业功能划分

功能属性	服务内容	代表企业
基础功能	平台对接供需,提供基于互联网的房源信息和在线预订服务,即房源信息、在线预订	小猪民宿、蚂蚁短租
平台担保	经营过程中各种潜在风险因素促使平台为房东、房客端提供交易担保、财产及人身安全担保	小猪民宿、途家
品质服务	随着用户旅游消费日渐升级,大型短租平台凭借专业运营经验和技术优势,提供更细致化的品牌服务	小猪民宿、途家
服务把控	针对C2C市场缺乏统一规范的特征,在线短租平台加大对线下服务的把控力度,如房源审核、线下服务品质	小猪民宿、途家

1. C2C模式

C2C全称为Consumer to Consumer,即消费者对消费者,是一种常见的商业模式,指消费者之间进行的交易。即在C2C模式中,个人消费者可以通过在线平台发布出售产品或服务的信息,而其他消费者可以通过在线平台购买这些产品或服务。通常,C2C模式不涉及企业的介入,皆是消费者之间直接进行交易,在线平台则提供交易技术支持和支付方式的服务,从而赚取佣金或其他形式的收入。C2C模式最初流行于电子商务平台的在线拍卖和二手交易市场。随着社交媒体的发展,C2C模式也逐渐扩展到社交媒体平台。通过社交媒体平台,个人消费者可以直接向其他消费者销售商品或服务。这种模式的代表企业有小猪民宿、美团民宿、Airbnb。

这种商业模式具有很多优势。其一,成本较低。C2C模式通常不涉及企业中介,消费者之间直接交易,减少了中间环节,因此成本相对较低,能够提供更优惠的价格。其二,市场规模较大。C2C模式能够连接全球范围内的消费者,不受地域或人群限制,从而提供了更广阔的市场,有助于扩大销售和利润空间。第三,个性化服务。由于C2C模式是消费者之间的直接交流,沟通渠道透明,便于提供定制化的产品或服务。这不仅有助于企业丰富产品线、拓展盈利空间,还能满足消费者的个性化需求,提升客户满意度。

然而,这种相对松散的交易模式也存在一些劣势。比如卖家或买家的信用体系可能不完善,容易引发后续问题。同时,由于产品质量参差不齐,缺乏统一的衡量标准和定期的价值评估,对房源运营者的能力要求较高。

2. B2C模式

B2C全称为Business to Consumer,即企业对消费者,指的是企业直接向个人或家庭消费者销售产品或服务的模式。在这种模式下,企业是产品或服务的直接提供者,而消费者则通过企业的在线商店、实体店面或其他销售渠道进行购买。为了吸引个人消费者并建立直接关系,B2C模式通常会涉及广告和市场推广活动。该模式广泛应用于零售业和服务行业,包括餐饮、旅游、教育等多个领域。在民宿短租中,这种商业模式的应用主要表现在平台通过和企业或产品开发商达成合作,获取批量房源,并采用标准化的运营管理程序对这些房源进行打造,最终将其推向市场。这种方式能够相对保证房源的品质与质量,使上下游对接更为高效。这种模式的代表企业有途家。

B2C模式虽然具有诸多优势,但也存在成本投入较大的劣势。由于需要购买批量房源,企业不得不进行大量的营销活动,如广告、促销等,以吸引消费者。这些活动通常需要高额的成本投入,才能达到预期的效果。此外,面向个人消费者提供标准统一的服务,需要大量人员进行线下管理和客户服务,这增加了服务的难度,同时也需要应对各种消费者投诉、退货和售后等问题。该模式的个性化程度和社交属性相对也较弱,存在竞争激烈、产品定价受限以及产品质量要求严格等方面问题。

3. C2B2C模式

C2B2C全称为Customer to Business to Customer,通常是指消费者通过企业电子商务平台实现消费者与企业之间、消费者与消费者之间的信息与交流①。这一模式相当于一种分散式的酒店管理模式,房东把房源交给短租平台,平台按照运营方案装修后,通过平台统一出租,房东全程不与房客接触。简而言之,平台租赁个人业主的房源,进行统一装修和管理,扮演二房东的角色。其盈利主要来源于租金差价及提供的增值服务,如服务费等。这种模式的代表企业有自如、木鸟短租等。

C2B2C模式具有以下优势:一是易于快速扩张,房源既来自个人业主也来自商业房源,因此覆盖范围广,且房源质量相对较好;二是平台通过接入信用体系,有助于提升交易的保障程度。然而,该模式也存在一些劣势,如房源分布较为分散、延展性较弱,以及线下运营成本较高等。

(五)民宿短租平台的盈利模式

1. 比例佣金盈利模式

比例佣金盈利模式是指民宿经营者与线上平台之间按照事先约定的特定比例来分配交易销售额。这种模式下,佣金比例通常是单一且固定的,但不同平台之间的佣金比例可能会有所不同,普遍范围在10%至20%之间。以美团民宿为例,商家入驻平

---

① 李静.移动互联网时代广播媒体的创新策略[J].中国广播,2014 (3): 14-18.

台发布商品和服务是免费的,但根据具体情况可能需要缴纳一定数额的押金,押金金额因类目不同而有所差异,从几千元到几万元不等。当消费者凭借消费认证到商家指定地点完成消费后,消费金额会直接进入美团账户。随后,平台会根据双方签订的合同,按照约定的比例扣除佣金费用,剩余部分则结算给商户。

2. 多元化盈利模式

多元化盈利模式在比例佣金盈利模式的基础上增加了广告与增值服务营收部分,即收入来源包括:①广告费,其中包括收取付费区域展示信息的费用;②抽成费用,如根据用户咨询次数和在线预订数量收费等;③合作费用,与第三方合作,如房屋损坏保护等增值服务费。

第三节　新媒体营销与推广

《中国网络视听发展研究报告(2024)》显示,截至2023年12月,我国网络视听用户规模达10.74亿人,网民使用率为98.3%,居所有互联网用户首位。其中,移动互联网用户人均单日使用时长为435分钟;移动端网络视听应用人均单日使用时长为187分钟,超过3小时。短视频应用的用户黏性最高,人均单日使用时长为151分钟,随后依次为长视频应用(112分钟)、娱乐/游戏直播应用(63分钟)和网络音频应用(29分钟)。

文化和旅游部旅游质量监督管理所组织课题组开展的全国旅游民宿发展情况的调研报告显示,在旅游民宿的宣传渠道方面,62.32%的旅游民宿主通过抖音进行宣传。在问卷的多项选择中,通过口碑传播、微信公众号进行宣传的旅游民宿占比也较大,分别为47.75%、46.34%。把小红书、政府官方平台、快手作为主要宣传渠道的旅游民宿分别占比29.53%、22.5%、19.52%。在旅游民宿的销售渠道和平台选择上,携程是最主要的销售渠道,占比68.28%,选择美团作为主要销售渠道的旅游民宿占比50.79%,部分旅游民宿是两大平台均有选择(图9-2、图9-3)。

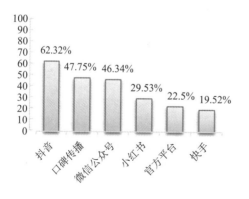

图9-2　旅游民宿宣传渠道

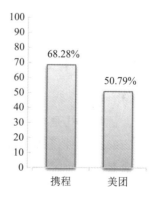

图9-3　旅游民宿销售渠道

随着信息技术的发展进步,特别是Web 2.0技术引起的巨大变革,用户不仅可以不受时空限制地分享各种观点,而且可以很方便地获取自己所需要的信息、发布自己的观点。这种变化使得企业的营销思维也随之发生了改变,企业变得更加注重消费者的体验和与消费者的沟通,新媒体营销就是这种环境下产生的。

一、新媒体营销发展特点

随着科技的飞速发展,新媒体已逐步成为信息传播的主要渠道。相较于传统媒体,新媒体凭借诸多优势,在现代社会中扮演着越来越重要的角色。随着人们消费习惯的演变,民宿行业为了彰显其独特的品牌文化和理念,提升曝光率、转化率及点击率,必须不断调整营销策略以适应市场变化,而传统的营销方法仅仅依赖预订平台也难以实现良好的效果。相比之下,新媒体营销因成本相对较低,使得个人及不同规模的企业都能轻松参与到信息传播中来,这不仅扩大了信息来源,还增强了信息覆盖面。新媒体营销具有时间成本低、经济投入小及应用面广等特点。

(一)传播内容多样化且速度快

1. 内容的多样性

传统的媒体营销主要依赖报纸和线下人工销售,这种方式的效率普遍低下,宣传面窄,宣传效果不佳。新媒体的内容形式丰富多样,包括文字、图片、音频、视频等多种元素可以同时展现,充分满足了用户多元化的需求。这种全方位的内容呈现方式使得信息传递更加生动、形象,有助于加深用户的理解和记忆。而这一切得益于新媒体的特性:在网络技术的支撑下,新媒体内容能够迅速且广泛地传播,同时其进入门槛相较于传统媒体也较低。

2. 传播的快速性

借助互联网的高速传输,新媒体能够在极短的时间内将信息传播到全球各地。这使得民宿企业能够迅速把握市场动态,及时作出反应。随着互联网的广泛普及和网络产品的不断涌现,人们拥有了众多渠道来接触和了解各种信息。以微博、抖音、微信等为代表的大众社交平台,凭借其信息传播速度快的特点,主要依赖热搜词条、海量用户讨论流量及朋友圈分享等方式,使得新闻事件、产品信息等内容可以以极快的速度传递。

(二)传播的互动性强

"互联网+"时代,网民数量不断攀升。当前的新媒体营销策略手段能够提高用户的参与性与决策性,增加用户的体验感,具有高度的互动性。传统媒体往往采用单向传播方式,而新媒体则实现了信息的双向传播。用户不仅可以接收信息,还可以参与评论、转发和互动,极大地提高了用户的参与度和黏性。用户可以随时分享他们对某一产品或服务的主观感受,形成在线评论。因此,检验产品营销效果的标准已从以往的投放率转变为反馈率。在互联网大数据的背景下,我们可以依靠数据分析来获取产品的实时评价,追踪目标市场人群,并实现精准投放。这种针对性的信息传递方式不仅降低了营销成本,还显著提升了营销效果。

(三)传播的个性化

新媒体的个性化定制功能强大,用户可以根据自己的兴趣和需求定制信息,从而实现个性化推荐。这是新媒体营销区别于传统营销方式最为显著的特点。新媒体营销能够借助大数据技术精确识别并锁定产品的目标市场与目标人群。基于这些人群的人口学特征(如年龄、性别、受教育程度、婚姻状况以及社会经济地位,包括个人收入和社会地位评价等),新媒体营销能够进一步发展和完善所提供的产品,并实现精准投放,使消费者接收到能够满足其自身需要或能够引发其消费动机的信息。此外,这种精准的信息匹配能够为用户带来更为贴心的服务,提升了用户的整体体验。

二、新媒体营销的主要渠道

TalkingData数据显示,主流短视频平台(如抖音、快手)、购物平台(如淘宝、京东)以及"种草"平台(如小红书、微博)中,短视频平台在活跃度和覆盖范围上均展现出较强的优势,且其月活跃用户规模也相对较大,可以说是当前流量池的中心。"种草"平台小红书覆盖率相对较低,但在活跃方面表现较好,也已经成为内容营销的主流平台。新媒体营销主要平台如表9-2所示。

表9-2 新媒体营销主要平台

平台名称	平台类别	平台特点	内容传播特征	主要营销形式
微博	综合内容	内容扩散性、媒体属性、娱乐性较强	用户对于平台内容的参与互动率高,内容的传播率高,热搜榜上的话题容易引发社会的广泛关注和热门讨论	话题讨论
微信	即时通信	用户关系链社交属性强,以接收日常社交信息与通过公众号了解信息为主	主要以文章或图片形式传播,用户常通过转发至相关联系人或朋友圈等形式进行内容传播	文字图片
抖音	短视频电商	用户数量多,且年龄段分布集中,以日常休闲为主要需求,用户黏性较强	视频时长较短,易于满足用户感官知觉上的刺激;内容传播速度快、覆盖面广且丰富	视频、直播内容输出
小红书	内容电商	商品内容分享属性强,寻求产品推荐需求的用户多	主要以文本图片方式进行产品"种草"内容分享	内容消费观念引导

(一)抖音

2016年,抖音平台上线,以短视频的形式传播信息内容具有较强的社交属性。用户不仅可以在平台上浏览海量的视频内容,还能作为创作者,根据个人喜好选择主题风格、音乐背景等元素来制作短视频。随着现代人对内容创作质量要求的日益提升,短视频的发布时长也从最初的15秒逐步延长至现在的1至15分钟,内容更加倾向于碎片化、富有趣味性和互动性。此外,抖音平台根据其自身的算法推荐机制,根据用户特征精准推送其感兴趣的类型视频或类似博主。

《2022抖音旅行生态报告》显示,截至2021年12月,旅游企业在抖音开通企业号的账号总数已达10.47万个,同比增长达121%,这表明了旅游企业与抖音短视频平台的合作日益紧密。其中,抖音认证企业号(以下简称"蓝V")成为旅游企业引流增收的重要渠道,旅游"蓝V"各品类数量、视频发布量快速增长。数据显示,2021年,从总量上来看,酒店住宿、旅行社、出行旅游以及景点相关的"蓝V"数量占据主导地位;而从增长趋势分析,城市出行与出行旅游领域的"蓝V"入驻数量增幅超过了200%,旅行社、商旅票务代理、在线旅游平台(OTA)、景点及游轮等领域的"蓝V"入驻数量增幅则超过了120%。这表明抖音在旅游市场的积极宣传推广策略,已经获得了旅游行业各主体的广泛认可。

各省级文化和旅游主管部门都在抖音设立各自官方抖音号,此外,文化和旅游部旅游质量监管所也单独设立该部门的抖音官方账号,对我国甲级、乙级民宿向大众进行宣传,并制作了由律师解读社会常见旅游投诉真实案例的视频内容,旨在向公众普及如何在旅行过程中有效维护自身权益、规避风险,并减少可能的损失。

酒店民宿行业的繁荣,吸引了无数抖音用户打卡酒店民宿,从而成为内容创作者。从2022年11月以来,酒店民宿创作者数量爆发式增长,根据巨量引擎城市研究院对《2023抖音酒店民宿行业专题报告》的研究结果,截至2023年3月,酒店民宿创作者数量已经超过13万人。然而,酒店民宿创作者的发展目前处于方兴未艾的阶段,粉丝数量在5000以内的创作者数量占了97%,而腰部、头部创作者仅占到3%。优质内容是吸引抖音用户的关键,抖音平台通过举办丰富的活动,助力创作者获得更多的粉丝群体。抖音平台不仅具备激发用户兴趣(即"种草")的能力,还能满足用户实现消费愿望(即"拔草")的需求,这使得用户对酒店民宿相关内容的需求尤为旺盛,进而促使酒店民宿领域的创作者不断产出高质量内容。据统计,2023年第一季度与2022年第一季度相比,用户数量增长了168%。创作者们精心制作的内容被广大抖音用户广泛观看并积极参与互动,2022年全年,这些创作者发布的内容共获得了近250亿次的播放量及超过5亿次的互动量。

由此可知,抖音由于其内容热度相对于其他平台而言表现较好,比较适合酒店民宿的内容引爆与持续传播,创作者通过热门视频内容或话题,能更深入地了解用户偏好,进而创作出更具吸引力的内容。因此,民宿品牌可以借助短视频内容的制作来实现宣传目的,并引导用户通过在线介绍中的指定方式购买民宿产品。在利用抖音来进行民宿营销推广时主要考虑到以下因素。

1. 视频发布与规律相符

《2020年抖音旅行白皮书》数据显示,在抖音有4.7亿人常看旅游内容,其中31岁至

40岁用户最多。在时间分布上,这些用户更倾向于在12点、18点至22点观看旅游视频。由此可以推断,午休时段、下班回家途中以及睡前时段是一天中用户观看旅游视频的高峰期。民宿经营者在制作相关视频时,应根据民宿自身的市场目标人群来选择合适的发布时间。如果视频发布时间与用户的观看高峰时段不匹配,可能会导致观看人数减少,进而影响流量的曝光率。相反,如果视频在用户使用高峰期发布,那么视频的曝光率会大幅提升。

2. 掌握流量规则

抖音流量运行操作规则包含视频流量分配、推荐等规则。对于新账号发布的视频,抖音系统会首先分配一个初始流量池,即200次至500次的播放量。随后,系统会进行流量的二次分配,这一过程主要依据视频的完播率(该指标最重要)、点赞量、评论数以及转发量等数据进行。在这些指标中,完播率>点赞率>评论率>转发率。此外,了解视频的最佳时长也是提升流量的关键因素之一。由于抖音的年轻用户群体占比较大,他们更倾向于观看简短、新奇且紧跟热点的视频。因此,10秒至15秒的视频时长在抖音上最受欢迎。在账号运营初期,选择恰当的发布时间也至关重要。例如,在18点这一用户活跃时段发布10秒至15秒的视频,并邀请好友、同事、同行及民宿入住客人等观看、点赞和留言,可以显著提升视频的互动率和曝光率。当视频的数据指标达到系统要求时,遵循长尾效应,视频获得第二次流量分配的机会将会大大增加。

3. 优化视频质量

(1)视频呈现质量相当于硬件要求。

视频呈现质量涉及视频清晰度、调色、剪辑、配乐等。例如剪辑效果比较出色的代表有李子柒视频,大众通过她视频中所呈现的田园风光、世外桃源等引起内心深处的文化认同。优化视频质量,实际上是对视听感官体验的一种提升。创作者需要围绕特定主题,借助背景音乐、文化内容、拍摄风格及剪辑手段等元素得出最终创作的作品,这样的作品能够在用户的感官和视觉上产生强烈的冲击力。

(2)视频内容质量相当于软件要求。

视频内容需要符合当下消费者群体的选择或引起他们的共鸣,激发他们前往该地的欲望。通常,抖音上的旅游视频主要是旅游攻略类和旅游目的地风景类。民宿在制作这方面视频时,可以通过与酒店风格对比,突出自身轻松、闲适,更加个性化、自由的松弛感。

4. 定期更新

保持新媒体平台上民宿内容的持续更新,能够使目标客源在互联网强大的推荐机制下不断接收到民宿主人希望传达的信息。而只有那些内容优质且持续更新的新媒体,才能有效维持目标客源的持续关注。如果民宿的出镜率低,目标客源从网上获取不到民宿的新信息,那么他们很可能失去继续关注的兴趣,从而使得民宿无法达到预期的营销效果。另外,建立民宿自媒体的过程也不是简单地单向输出内容,而是一个双向的互动环节。这不仅仅涉及发布有趣的文章和精美的图片,更重要的是它具备社群属性。社群,简单来说就是一群人因某个相同的价值观、爱好而聚集在一起,具有社交的属性。建立社群的过程,实质上是识别并利用人们的某种需求,找到并汇聚这一群人的共同点。因此,民宿应将自媒体视为一个互动平台,让民宿客户、目标客户乃至潜在客户都能参与其中。围绕民宿的定位,持续运营账号,定期更新内容并发布视频,才能确保账号流量的持续增长。而抖音算法会对账号打上标签或记号,将视频精准推送给匹配的潜在用户,从而吸引流量,最终实现转化。

(二) 微信

1. 公众号

微信公众号是近年来较为流行的一种文化内容与价值观念输出的手段,作为微信软件中的一项功能应用,微信公众号成为企业与用户之间沟通的重要渠道,具有精准触达用户、个性化运营的优势。根据《中国旅游报》数据,文旅微信公众号传播力指数(WCI)的评价维度包括整体传播力、篇均传播力、头条传播力和峰值传播力四个方面,权重分别为30%、30%、30%、10%,如图9-4所示①。

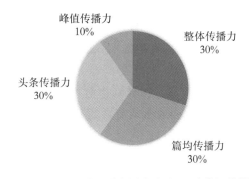

图 9-4　文旅微信公众号传播力指数(WCI)的评价维度占比

从2023年1月各省级文化和旅游行政部门微信公众号的表现来看,排在前列的有好客山东之声、江西风景独好、河北旅游、文旅北京、乐游上海、湖北文旅之声等。此外,2023年1月监测到各省级文旅微信公众号共发布文章4180篇。从阅读总量看,共19个微信公众号高于10万次,其中阅读量最高的是乐游上海,有44.4万次。从平均每篇阅读量分析,阅读量均值为1914次,其中好客山东之声为9972次。以贵州省文化和旅游厅的微信公众号为例,该公众号会根据不同的时间节点和节庆活动,推出关于省内各个旅游目的地的旅游路线攻略,其中就包含了对当地特色民宿的宣传与推广介绍。

微信公众号在民宿营销推广的主要体现如下。

(1) 公众号通过持续输出有趣、有价值的内容并定期更新,能够有效地刺激用户的感官,提升用户的关注度和参与度。

---

① 李晓霞.2024年3月全国省级文旅国际传播力指数报告[N].中国旅游报,2024-04-24(004).

（2）为了提供方便快捷的用户体验，需要设计相应的功能，例如，公众号不仅可以用来传递信息，还可以添加超链接直接跳转至微信小程序，如微信下单、订房等，这样既能给客人带来更加便捷的服务，同时也能为业务创造更高的商业价值。

2. 朋友圈

新媒体营销在微信朋友圈媒介的宣传效果主要表现在两方面。一是客户由衷认为该民宿的体验度及价值高，愿意将其分享给亲朋好友，阐述自己对于该产品或服务的好感值或主观看法，从而起到客观上的宣传作用。二是一些民宿在为了追求更多的知名度与好评时，会主动引导客人宣传店面并凭此来获取利益。

（三）小红书

小红书是基于UGC的生活分享社区和跨境电商平台，2013年小红书正式上线，同年12月其推出海外购物分享社区，2014年8月小红书电商平台"福利社"上线，从社区升级电商，完成商业闭环。2018年6月，小红书将类别由购物改为社交，并在各大网站的社交排行榜上稳定在前十。根据艾媒咨询的数据，女性是小红书的用户主体，约占总用户数的四分之三，因为女性大多具有较强的购物欲望和分享生活的偏好。如今，小红书以"你的生活指南"为标语，通过大数据和人工智能技术，将社区中的内容精准推送给感兴趣的用户，以此拉近与消费者的距离，展现多样化的生活方式。

克劳锐指数研究院调查数据显示，2022年抖音、微博、小红书三个平台旅游达人同比增长68%，官媒账号同比增长37%。在规划旅游行程时，超过五成的游客心中已有既定的目的地，而另一部分游客则会通过与好友组团讨论来选择最佳目的地。此外，超过八成的游客会在出发前详尽准备攻略，其中小红书平台关注度最高，主要是依靠明星推荐、KOL推广、KOC种草方式加大产品品牌的曝光率，这也是民宿在营销推广时可供选择的重要途径之一，民宿主人在进行宣传时主要通过发布结合视频/图片与文字的内容，而单独的文字发布则不被支持，这源于小红书的目标用户群体及平台特性，也是其区别于其他平台的一大亮点。作为一个"种草"平台，发布者通过发布图片和视频能够更吸引观众注意，更具说服力，从而更有效地实现"种草"目标。用户长按图片即可保存，且图片会带有ID水印，而文字内容则可通过添加相关标签来进行引流。

（四）官网

这里所指的官网主要涵盖两个方面。一是政府官方网站。一些地区的旅游部门为了促进本地民宿业的发展会定期进行民宿评比，选出杰出民宿代表供客户选择，并在官方账号进行推广宣传，使更多人了解并促进该地的旅游发展。二是民宿主体自营官网账号。民宿想要达到预期宣传效果，需要保持自媒体内容的持续更新，能够让目标客源在自媒体强大的推荐机制下持续接收民宿主想传达给客户的信息，并且一直在进行更新的自媒体且内容优质才会让目标客源保持关注。此外，民宿自媒体是一个双向互动的过程，具有较强的社群属性。通过自媒体建立社群可以有效地使民宿和民宿客户、目标客户甚至是潜在客户互动，持续输入高频互动能让民宿的自媒体账号"活"

起来,才能够达到理想宣传销售效果。

(五)直播

直播作为一种新兴的信息传播媒介与互动社交方式,标志着我们已经步入了"直播时代"。在这一背景下,越来越多的企业开始采用这种创新的娱乐营销手段来获取流量、聚集人气,直播也因此迅速崛起为一种热门的营销模式。直播的显著优势在于其不受固定场所限制,能够随时随地展开,这一特性对于民宿营销而言极具优势。

民宿通过直播方式进行宣传营销是一种创新且高效的方式,在考虑这种销售宣传渠道时,即通过直播方式进行民宿宣传营销需要综合运用多种策略和手段,需注重内容质量和观众体验,同时不断优化和创新,以实现最佳的宣传效果。直播步骤如下。

1. 选择合适的直播平台

根据民宿的特点和目标客户,选择适合的直播平台。例如,可以选择抖音、快手等流行的短视频平台,也可以选择淘宝、京东等电商平台。

2. 制定直播策略

明确直播的目的、内容、时间和频率。例如,可以制订每周一次的直播计划,每次直播聚焦一个主题,如民宿介绍、周边游玩推荐、特色房型展示等。

3. 保证直播内容质量

确保直播内容有趣、实用且吸引人。可以邀请民宿主人、当地导游或知名旅游博主等作为主播,分享民宿的故事、特色房型、当地美食和旅游攻略等。同时,可以增加互动环节,如抽奖、答题等,提高观众的参与度。

4. 与KOL合作

邀请具有影响力的旅游KOL或网红进行合作,请他们参观民宿并体验,同时开启直播模式,借助粉丝效应扩大民宿的知名度。

5. 优化直播技术

确保直播画面清晰、音质良好,以提高观众的观看体验。同时,可以利用技术手段增加直播的趣味性,如添加滤镜、特效等。

6. 推广与宣传

在直播前通过民宿官方社交账号进行预告,提前吸引用户关注。在直播过程中,可以利用平台的推荐算法提高曝光率。直播结束后,可以将直播内容剪辑成短视频或图文形式进行二次传播。

7. 做好客户服务

在直播过程中,及时回答观众的问题,解决他们的疑虑。对于有意向预订的客户,可以提供专属优惠或礼品等福利,提高转化率。

8. 数据分析与优化

定期分析直播数据,包括观看人数、互动次数、转化率等指标,根据数据反馈调整直播策略和内容,以提高宣传营销效果。

三、活动推广

（一）全国民宿大会

我国的民宿推广交流大会可以追溯到21世纪初,随着国内旅游业的崛起和乡村旅游的逐渐兴起,民宿作为一种新型的住宿方式开始受到人们的关注。最初的民宿推广交流大会主要由地方政府或旅游机构组织,规模较小,参会者主要是当地的民宿主人和旅游业从业者。开展这些大会的目的是分享民宿经营的经验,探讨民宿发展的可能性,并为当地的民宿产业搭建一个交流的平台。

2016年10月,民宿行业拥有了全国性行业组织,中国旅游协会民宿客栈与精品酒店分会成立,隶属于中国旅游协会的分支机构。同年10月10日,第二届全国民宿大会暨中国旅游协会民宿客栈与精品酒店分会成立大会在贵州省安顺市顺利举行。2023年8月,第八届全国民宿大会暨首届全国森林民宿大会在黑龙江省大兴安岭地区塔河县、漠河市举办,大会总结了各地区乡村民宿的发展成果和经验,致力于民宿产业新阶段的高质量发展。2024年10月,第十届全国民宿大会在日照山海天旅游度假区举行,以"民宿的未来"为主题,共同探寻民宿发展路径,共谋民宿发展未来。

随着全国性民宿交流大会规模的逐渐壮大,其意义也日益深远。一方面这不仅展示了民宿行业繁荣发展的态势,也为民宿从业者提供了更广阔的视野和合作机会,促进了业界的交流与合作,为民宿业提供了宝贵的交流学习平台。另一方面,除了交流民宿经营管理经验,也在促进民宿行业的不断升级和转型,使其逐渐适应和引领行业的发展。在此背景下,各地区民宿管理者日益重视民宿与乡村振兴、旅游产业的融合发展,积极探索并提出了民宿产业可持续发展的模式和路径。

（二）黑松露奖

从2017年开始,国内知名民宿品牌运营商"借宿"每年发布民宿行业榜单——中国民宿TOP50榜。2020年,这个榜单进行了一次升级,并正式命名为"黑松露"。黑松露奖是中国民宿领域的一个重要奖项,它代表着民宿行业的较高荣誉。这个奖项的名称源自黑松露这种珍贵食材,寓意着获奖的民宿就像黑松露一样,珍稀而独特,具有高品质和巨大的吸引力。黑松露奖的评选始于2017年,由"借宿"发起,每年从上千家提名度假酒店和精品民宿中,依据资源禀赋、区位交通、设计美学、设施配套、生活方式、美食体验、在地人文七大标准,以及完整度假业态、区域开创与引领、宿集品牌影响力、传播领域创新力四大维度,通过资深行业专家、民宿践行者、生活旅行媒体人、建筑师、美食家、艺术家、神秘人以及OTA平台大数据的综合评审,多角度、全方位地评选出国内个性化住宿行业的佼佼者。因此,对于民宿从业者来说,获得黑松露奖是一种极高的荣誉和认可。通常,黑松露奖每年评选出"三星此生必睡、二星专程前往、一星出行首选"等出行总榜,以及新锐榜、设计榜等子榜单。历经多年发展,黑松露奖几乎见证了中国民宿行业从品牌化、规范化到集群化发展的完整进程,也亲眼见证了多个上榜民宿,从一家小而美的单体民宿,一步步成长为行业的标杆。

2017年4月16日,首届黑松露奖由借宿方主办,杭州市民宿行业协会和浙江文创集团联合主办的"时间的灰烬·重新认识民宿",数百位行业KOL、跨界精英、生活美学专家、设计新秀、资深媒体人以及产业投资人,与一千多位民宿从业者、爱好者齐聚杭州。2017中国民宿榜及行业趋势发布盛典在杭州大剧院举办,公布了2017中国民宿榜TOP50。此外,第六届黑松露奖将关注点拓展至中国乡村,视民宿为乡村复兴的切入点。在单体民宿主导的乡村文旅行业中,通过民宿这一微小单元串联上下游产业,结合民宿集群的集约化建设管理与运营模式,成功探索出一条乡村复兴的新路径。经过一年多的深入探访,以及一个多月紧张的资料收集、整理与筛选,最终有近200家商家入围第六届黑松露奖中国民宿榜。此次黑松露奖还联合了三家机构,分别聚焦于民宿与乡村中的设计、建筑师人物、民宿管家三个维度,共同打造了本次黑松露奖的主题榜。这三家机构分别是设计媒体"网易设计"、建筑人文媒体"一言一吾",以及民宿行业全产业链服务商木亚文旅旗下的莫干山管家培训中心。它们共同发起了三个主题榜,并在2022年3月30日于上海浦东世博展览馆举办的上海旅游产业博览会上,正式揭晓了这些榜单。

第四节 民宿营销与推广策略

一、口碑营销

口碑营销是一种以客户为中心的营销策略,旨在通过提供优质的产品和服务,赢得客户的好评和推荐,从而迅速提升品牌知名度、提高客户信任度、降低营销成本并扩大市场份额。口碑营销主要依赖客户的满意度和在线评价来推广品牌和产品。口碑营销的力量在于它能够通过消费者的个人经验和推荐,影响其他消费者的购买决策,打造客户口碑和在线口碑是口碑营销的主要途径。

(一)客户口碑

客户口碑营销是一种有效的营销策略,此类营销需要民宿企业付出持续的努力和投入,以确保提供的产品和服务始终能够满足客户的期望和需求,帮助民宿实现销售目标并提高市场竞争力。以下途径有助于民宿企业赢得良好的客户口碑。

1. 优质服务体验

民宿应提供优质的服务体验,涵盖从预订至入住的每一个环节,包括热情的接待、房间的干净整洁、环境的舒适宜人以及贴心的服务。员工应当始终以微笑和耐心面对每一位客人,确保他们的需求能够迅速且满意地得到满足。

2. 回应客户评价

对于客户的评价,无论是正面的还是负面的,线上评论还是线下评论,民宿都应及时回应。正面评价可以增强客户对民宿的信任感,而负面评价则被视为改进服务、提升口碑的宝贵机会。通过积极处理客户反馈,民宿能够展现出其专业态度和诚信精神。

3. 开展客户互动

与客户建立紧密的联系和互动,可以增强客户对民宿的归属感和忠诚度。可以通过举办客户活动、分享民宿故事、邀请客户参与民宿的改进计划等多种方式,增加与客户的互动机会,让客户感受到民宿的用心和关怀。

4. 鼓励客户分享经验

民宿可以通过各种方式鼓励客户分享他们的入住感受与旅游经验,例如提供优惠券、积分或其他奖励以此激励客户在社交媒体上分享正面经验,可以吸引更多潜在客户的关注。

5. 培训员工技能

员工是民宿形象和服务质量的重要代表。因此,应定期对员工进行专业技能和服务态度的培训,以提升员工的服务水平,进而增强客户满意度。同时,鼓励员工发挥创新精神,提供个性化服务,让客人能够感受到独特的民宿体验。

6. 定期维护更新

保持民宿的设施和环境整洁、舒适且富有吸引力,是吸引客户和维持口碑的基础。因此,民宿应定期进行维护和更新工作,确保各项设施运行良好且符合时代潮流,同时,应以自身独特的民宿文化为基调进行装饰,增添特色与魅力。

7. 提供个性服务

在提供基本住宿服务的基础上,民宿可以根据客人的需求和喜好提供个性化的服务。例如,为客人提供当地旅游建议、定制化的早餐服务、特色的民宿文化体验等,让客人感受到独特和温馨的关怀。

8. 强化网络营销

在当今数字化时代,网络营销是提升民宿口碑和知名度的重要手段。通过建设官方网站、社交媒体营销、合作旅游平台等方式,增加民宿的曝光率和知名度。同时,利用客户评价和口碑传播的力量,吸引更多潜在客户的关注和信任。

9. 建立良好的客户关系

民宿需要与客户建立良好的关系,维系良好的客户关系对拓展民宿客源有较大的促进作用,能够增加客户对民宿的信任和忠诚度。主要可以通过以下两种方式。

(1)定期问候。

关怀客户是维护关系的关键。民宿可以通过发送生日祝福、节日问候或感谢信等方式,表达对客户的关心和感激。此外,关注特殊客户(如老年人、儿童或残障人士等)的需求,并提供相应的便利和支持。

(2)适当返利。

通过民宿品牌粉丝群或者官方账号定期向客户推送优惠活动信息,可以吸引客户再次选择民宿。例如,推出季节性折扣、长期住宿优惠或推荐朋友入住的奖励等。通过优惠活动,民宿能够增强客户的忠诚度,提高回头率。

(二)在线口碑

在当今数字化时代,互联网已经成为人们获取信息、做出决策的重要渠道,在线口碑已成为影响消费者选择的重要因素。对于民宿业来说,当潜在客户考虑预订民宿时,他们通常会先在网上搜索相关信息,查看其他客人的评价和反馈。正面的在线口碑可以增加潜在客户的信任度与品牌的信誉和形象,促使他们做出预订决策;而负面的口碑则可能对品牌形象造成损害,致使他们选择其他竞争对手的民宿。维护并提升民宿在线口碑,不仅能吸引更多潜在客户,增强现有客户的忠诚度,还能协助民宿通过仔细分析客户评价和反馈,发现服务中存在的问题和不足,及时采取措施进行改进。这一举措能够进一步提高客户满意度和忠诚度,为民宿创造更大的商业价值。为了达成这一目标,民宿可以从以下几个方面优化流程。

1. 鼓励客户在线评价

积极鼓励客户在在线平台上对民宿进行评价,激励客户分享他们的住宿体验。同时,对于负面评价,民宿应积极回应并解决问题,展现其专业态度和解决问题的能力。

2. 及时回复客户评价

无论是正面还是负面评价,民宿都应及时回复客户。对于正面评价,表示感谢;对于负面评价,表示歉意并提出解决方案。通过积极回复客户评价,民宿能够展现出其专业态度和诚信精神,从而增强客户的信任感和满意度。

3. 定期分析在线口碑数据

定期收集和分析在线口碑数据,可以帮助民宿了解客户需求和满意度,发现服务中存在的问题和不足,从而有针对性地改进服务质量和提升客户满意度。同时,通过对口碑数据的分析,民宿还可以发现其品牌形象和口碑传播的趋势和变化,为制定更有效的营销策略提供依据。

二、KOL营销

KOL(Key Opinion Leader)营销是一种通过与具有影响力和专业知识的关键意见领袖合作,将产品或品牌的信息传播给目标受众的营销策略。这种策略通过与某些特定的领域具有强大影响力的人物合作实现营销推广的效果。在选择KOL营销时,应采取长远战略,因为它可以更精准地定位目标市场人群,提高品牌知名度和美誉度,并且能够帮助企业建立与客户群众的联系,实现良性互动,由此来提升企业品牌的推广计划与可信度,并获得潜在客户。这种营销方式在数字化时代越来越受欢迎,KOL通常是在特定领域具有专业知识和影响力的人士,如行业专家、名人、博主或社交媒体上的意见领袖。他们拥有庞大的粉丝群体,其推荐和评价对品牌的影响非常大。通过与KOL合作,品牌可以利用他们的影响力和专业知识,将产品或品牌信息传播给更广泛的受众,提高品牌知名度和购买转化率。在选择KOL时,企业需综合考虑KOL的个人形象、粉丝群体是否与品牌定位相契合,以及KOL的影响力指标,如粉丝数量、互动率等。与品牌形象相符的KOL更容易吸引目标消费者,提升品牌知名度。此外,企业还需明确与KOL的合作模式,如长期合作或项目合作,以及合作的具体内容和形式,如产品试用、内容创作、活动宣传等,以确保合作效果最大化。

然而,KOL营销也存在一些挑战和风险。因为选择合适的KOL需要花费大量时间和精力,同时需要对KOL的影响力和粉丝群体进行深入分析。并且KOL的言行举止可能影响到品牌形象和声誉,因此需要谨慎选择KOL并建立良好的合作关系。同时,需要确保影响力真实性,一些KOL的粉丝和关注者中可能存在一定程度的"水军"和虚假粉丝,品牌需要谨慎选择合作的KOL,以避免影响力不真实的问题。此外,过度依赖KOL可能导致品牌失去自主性和独立性,影响品牌的长期发展。

(一)KOL心理原理

近年来,KOL营销逐渐走入人们生活,最直观的营销类型就是KOL直播带货,它已成为电商行业的新宠,并引发了广泛的讨论与关注。然而,KOL营销发展为何如此之快?其根源在于这种营销方式深刻理解了消费者的心理原理,主要依赖于以下五种关键的心理机制。

1. 社交认同机制

人们天性中都有一种追求社交认同的心理需求。而KOL通常都拥有很高的社交影响力,他们的言行可以引起大量人群的响应。在直播中展示自己的美貌、品位及高端品质,并获得观众的认可与赞誉,KOL不仅能够满足自身的社交认同需求,同时也激发了观众的购买欲望。

2. 权威认同机制

人们往往倾向于信赖专家或权威人士的意见和建议,认为他们具备更为深厚的专业知识和丰富经验。在直播带货的场景中,KOL通常会与知名品牌或专业商家合作,这些合作伙伴在其领域内拥有丰富的经验和知识。这种权威认同的机制使得消费者更加信赖KOL的产品推荐,从而增强了他们的购买欲望。

3. 超值体验机制

人们总是热衷于追求高性价比的商品。在直播带货中,KOL常常为消费者提供优惠券、秒杀等特别的购物优惠,使消费者感受到实惠与超值的购物体验。这种机制让消费者觉得自己获得了更多价值,进而增强了他们的购买意愿。

4. 社交影响机制

人们倾向于通过购买一种商品或者使用某种服务来展现自己的社会地位和身份。KOL在直播中往往会展现自己的外形、品位和高品质的生活，观众视其为生活的典范和目标，并希望通过购买相应的商品或服务来模仿和实现自我表现。

5. 虚荣心机制

人类天性中普遍存在一种追求虚荣心的心理需求。KOL往往通过精心塑造自己的形象，使其显得更加美丽且高端，为消费者提供了一种满足虚荣心的途径。当消费者购买KOL所宣传的商品或服务时，他们能够体验到与KOL相似的成就感和满足感，这种心理体验进一步激发了他们的购买欲望。

此外，KOL的心理原理还与人类追求安全感的心理需求有关。在面对不确定性时，人们往往会寻求外界的支持和认可，而KOL作为意见领袖，他们的建议和推荐往往被视为可靠和权威的，这种心理需求也促使人们更倾向于相信和跟随KOL的选择和推荐。因此，民宿在采用KOL营销方式时，需要注意可以结合社交认同、权威认同、超值体验、社交影响和虚荣心等多种心理机制，引导消费者购买其宣传的商品或服务。品牌方可以通过合作KOL，充分利用这些心理学原理，提高自己的营销效果。同时，消费者也需要时刻保持理性思考，确保自己的消费行为是基于真正的需求和价值观，并不被KOL的虚假宣传和心理学机制所左右。

（二）KOL营销模式与类型

1. KOL营销模式

KOL营销模式通常包含聚焦型营销模式、扩散型营销模式、功能型营销模式。聚焦型营销模式指的是利用垂直类KOL的影响力在特定领域内专注于关键人群进行的营销活动；扩散型营销模式是指品牌方需要制定阶段化营销策略，通过"预热—引爆—持续扩散"的执行节奏，不断扩大营销活动声量；功能型营销模式是指品牌方根据整体营销诉求梳理各个环节的关键目标，选择搭建多领域KOL矩阵共同发声，覆盖更大的范围受众群体，再分别对应制定KOL选择和内容策略，通常选择对应领域的垂直专业类KOL，通过深度内容与粉丝沟通，结合互动话题，侧重选择粉丝活跃、内容生产力强的泛娱乐类KOL[①]。

2. KOL类型

常见的KOL类型主要有几个方面。

（1）综艺影视类。

以芒果TV、央视频、爱奇艺、腾讯视频等为主要慢生活田园风光热门综艺推广平台，代表综艺有《向往的生活》《亲爱的客栈》《青春旅社》等，此类风格综艺皆在散播一种走出城市、走进农村的慢节奏松弛生活。其中《向往的生活》每一季都选择不同的乡

---

① 周瑶.自媒体时代KOL营销模式分析——以小红书为例[J].淮南师范学院学报，2022（1）：73-76.

村地点,通过展示明星在民宿中的生活,让观众了解到了民宿的独特魅力和舒适环境。明星们在民宿中体验并分享他们的农村生活技能,包括种植当地特色农作物、依据主题装饰房屋等,不仅展现了当地民宿的本土文化,也向观众传达了民宿所能带来的轻松愉悦的生活体验。同时,节目中还展示了民宿在传播传统文化、历史文化、地域文化和民族文化方面的独特作用,使观众在享受舒适住宿的同时,也能深入了解当地的文化风情。

(2)形象代言类。

品牌邀请KOL来担任代言人或拍摄形象广告片,品牌不但重视与KOL在资讯和产品方面的合作,也越发重视与KOL的形象合作。

(3)产品类。

品牌通过选择KOL推荐及博主发放个人优惠链接等方式来推广具体产品,这类合作是通过带货绩效作为关键衡量标准的。

(三)KOL营销要点

1. 合理选择

选择合适的KOL是KOL营销中非常关键的一个环节,不仅需要考虑KOL的类型,还需要考虑KOL自身个性是否和品牌个性相契合。

(1)选择合适类型,搭建有机KOL营销矩阵。

选择KOL时,不仅需要匹配KOL其所带的粉丝群体定位,整合不同类型或规模的KOL也是一项关键的营销策略,使整个KOL队伍的推广效果最大化。

(2)结合KOL自身个性。

在KOL领域,不同领域有其独特的风格。有的属于自带话题引爆的名人,有的则以作品质量取胜。在选择适合营销的产品时,需综合考虑KOL的人物设定、热点话题的匹配度及社会对其形象的接受程度。从多个维度进行深入分析,评估其是否适合推广该产品,从而筛选出最合适的KOL进行营销合作。

2. 确定平台

在选择合适的KOL之后,接下来需确定推广的媒体平台。所选平台的消费市场必须与所售产品的目标人群相匹配,以确保营销效果的最大化。如果产品的市场定位是高端人群,而将其投放到以学生群体为主要消费对象的平台,则营销推广的效果将大打折扣。因此,在选择与KOL合作的平台时,必须明确自身的营销目标及对平台的具体需求,以确保精准定位,实现最佳营销效果。

3. 预防虚假KOL数据

当涉及KOL营销时,预防虚假KOL数据是非常重要的。

(1)验证KOL的真实性。

在选择KOL进行合作之前,务必进行充分的调查和验证。查看他们的社交媒体账号,仔细审查粉丝数量、互动率及内容的质量。同时,深入了解他们的合作历史和客户反馈,确保他们确实具备真实的影响力。

(2)注意数据异常。

分析KOL数据时,应借助专业的数据分析工具来评估其真实性和数据质量。在此过程中,要特别留意任何异常或不合逻辑的数据。例如,粉丝数量异常庞大但互动率极低,或评论区出现大量重复、夸张的评论,这些都可能是虚假的迹象。同样,如果评论区的评论内容千篇一律或过于夸张,也可能是数据造假的表现。通过预防虚假数据,我们可以更有效地识别并规避潜在的风险,从而提升营销活动的效果。

三、场景营销

场景营销是一种将产品或服务与特定场景相结合,通过在用户日常生活场景中进行品牌推广与营销的策略,强调品牌与用户之间的情感共鸣与互动,通过创造场景化的体验,使用户在潜移默化中对品牌产生好感,并最终转化为消费行为。场景营销是一种基于用户特定场景的新营销理念,围绕用户的个人特性,构建以"兴趣引导+海量曝光+入口营销"为线索的网络营销新模式。

在当前的旅游市场中,民宿作为一种新兴的住宿方式,逐渐受到游客的青睐。为了进一步提升民宿的吸引力和竞争力,民宿场景营销应运而生。随着人民生活水平日渐提升,消费者在购买和使用产品时,已不再仅仅满足于产品的物质层面,而是更加注重追求精神层面的满足。因此,民宿场景营销不仅要关注民宿的物理属性和基础设施,更要高度重视消费者的情感体验,深入考虑民宿所能为消费者带来的情感价值和情绪体验。

(一)满足消费者的情感需求

消费者不仅仅是为了满足物质需求而购买或使用某种产品或服务,更重要的是为了获得情感上的满足。

根据马斯洛需要层次理论,人有多种不同需求,不同群体也有不同的需求,就消费者对于旅游住宿方面而言,消费者的消费动机需要和民宿行业所提供的服务标准也有不同层次划分(图9-5)。

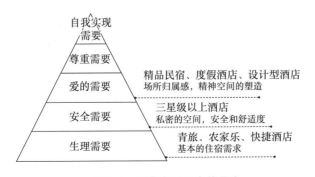

图9-5 消费者对住宿的需求

生理需要与安全需要构成基础层，这一层对应是能够提供基本住宿、餐饮等功能的产品，如农家乐、青旅或快捷酒店等。这些产品侧重功能的实用性，追求的是物质层面的实质性满足。

爱的需要属于发展层，这一层较为注重消费品质，倾向于通过民宿提供的环境来享受休闲度假，突出的是情感需求。以三星级以上酒店为代表，这些酒店强调精神层面的追求，关注民宿空间的私密性、安全性及舒适度。

尊重需要和自我实现需要构成提升层，这一层强调品牌个性与精神追求，以精品民宿、度假酒店及设计型酒店等为代表，能够为消费者提供深度体验的民宿产品和品质化服务，满足消费者对于个性化、高品质生活的追求。

民宿场景营销应注重创造独特的住宿环境，能够反映消费者对民宿深层次的需求。它不仅提供基本的住宿功能，更多是民宿环境应符合消费者的精神需求，如消费理念、价值观、品牌个性等，这些因素共同构成了消费者所向往的生活方式。通过这样的环境营造，使客人在住宿期间能够感受到愉悦、满足，并产生强烈的归属感。

（二）增强客户体验

民宿通过精心设计和布置住宿环境，提供贴心的服务，以及组织各种活动，创造出一个愉悦、轻松的氛围。这种氛围有助于提升客户的住宿体验，使他们在享受服务的同时，也能感受到民宿主人的热情和关怀。

（三）建立情感连接，注重与客户建立情感连接

民宿通过深入了解客户的需求和偏好，提供定制化的服务，让客户感受到被重视和关心，从而建立起深厚的情感联系。这种情感连接有助于增强客户对民宿的信任和忠诚度，提高他们再次选择该民宿的可能性，增加对民宿的忠诚度，使客户在民宿获得较高的情绪价值，实现民宿与客户的双赢。

四、民宿促销

（一）民宿促销的概念

民宿促销是指利用各种传播媒介向目标消费人群传达民宿产品的信息和服务特色，以激发消费者对民宿的需求，并促使他们实际购买的销售过程。民宿产品促销在当今竞争激烈的旅游市场中扮演着至关重要的角色。随着旅游业的不断发展和人们对个性化、独特体验的追求，民宿作为一种特色住宿方式备受青睐。然而，在众多同类产品的竞争下，如何有效地推广和促销民宿产品成为每个民宿经营者都面临的挑战。

（二）民宿促销的作用

1. 增加信息沟通渠道

民宿促销的意义在于通过各种营销策略和活动，提高民宿的知名度和吸引力，从而增加销售量和市场份额。通过广告营销、人员促销、销售促进、公共关系等多种手

段,民宿可以将自己的特色和优势有效地传达给潜在客户,吸引他们选择该民宿。这不仅有助于满足客户的个性化、独特住宿体验的需求,还可以为民宿带来稳定的客流量和收益。

通过传递信息和提供情报,确保产品信息有效传达给潜在客户和中间商,促使他们了解民宿的特色、价格、服务等关键信息。在这个过程中,双向信息传递尤为重要,因为客户的反馈可以帮助民宿更好地满足他们的需求,促进产品的销售和市场份额的增长。例如,当民宿推出新产品时,及时向客户和中间商提供全面的信息,引起他们的兴趣和注意,从而增加产品的曝光度和销售机会。

2. 突出其特色,刺激消费者的需求

在当今竞争激烈的市场环境中,民宿往往面临着同质化的挑战,因此如何在竞争中脱颖而出,形成独特的产品特色就显得尤为重要。通过巧妙的营销活动,民宿可以向客户传达其与竞争对手的区别,并突出自己的独特之处,从而加深客户对产品的印象,并激发其购买欲望。同时,民宿还可以通过营销活动创造出新的消费需求,满足客户更高层次的精神需求,从而唤起其内在的消费欲望,进而推动消费行为的发生。

3. 提升品牌认知度和美誉度,建立良好的品牌形象

通过精心策划的营销活动,民宿可以与客户建立起深度的情感联系,增强他们对民宿品牌的认同感和忠诚度。例如,通过参与社区活动、开展环保公益活动等方式,民宿可以展现其社会责任感和环保理念,树立良好的企业形象,赢得客户的信赖和支持。

综上所述,民宿产品促销不仅是销售手段,更是一种战略性的市场营销活动,对于民宿企业的长远发展具有重要的意义。通过有效的促销策略和活动,民宿可以提升品牌知名度和美誉度,增加销售量和市场份额,巩固行业地位,实现持续稳定的经营增长。因此,民宿经营者应该重视产品促销工作,不断创新营销策略,提升竞争力,为客户提供更好的住宿体验,实现可持续发展。

(三)民宿促销策略方式

1. 民宿促销组合的方式

促销组合是根据民宿产品特点和营销目标,综合各种因素选择、编排和运用各种营销方式的做法。它是营销策略的前提,需要提前组织、统一计划,才能在具体的营销实施中发挥作用。

(1)广告营销。

广告营销是利用大众媒体,如社交媒体、网络广告、地方报纸、旅游杂志等,向目标客户传递民宿产品和服务信息,以提高知名度、吸引客户、促进预订。

(2)人员促销。

人员促销是组建专业销售团队,具备良好业务素质和谈判能力的人员直接与潜在客户交流、宣传,提高客户对民宿的认知度和信任度,促成订单。

（3）销售促进。

销售促销是通过提供优惠价格、预订奖励、礼品赠送、积分兑换等方式，鼓励客户预订民宿产品，增加销售量。

（4）公共关系。

通过参与社区活动、与当地媒体合作、开展环保公益活动等方式，树立良好的民宿企业形象，提高客户满意度和忠诚度，促进民宿产品销售增长。

2. 民宿促销组合的基本策略

（1）推式策略。

民宿可以通过与当地旅游中介或社区合作，将产品直接推向目标市场。通过与中介机构合作，以及举办本地活动或公关活动来实现。

培训提升乡村民宿主人的眼界和素养

（2）拉式策略。

民宿可以通过广告宣传、社交媒体推广等方式，直接激发终端消费者的兴趣和欲望，使他们愿意选择民宿作为住宿地点。这种策略强调直接与消费者互动，并提供诱人的价格优惠及试住活动来吸引他们。

（3）综合策略。

民宿可以同时采用推式和拉式策略，以达到更好的促销效果。例如，可以通过与旅游中介合作推广新的住宿体验，同时通过广告和社交媒体宣传吸引更多的消费者。这样做既可以提高民宿的知名度，又可以直接吸引消费者预订住宿。

国内首个不通公路的诗歌主题精品民宿——独山碧城Hestie群山之心民宿

本章小结

经过本章学习，学生可以了解民宿营销具有单一性、个性化、精准化、互动性、多样性的特点。有效的营销推广能提升民宿品牌的竞争力及其知名度与曝光率。我国现存的OTA平台主要有携程、美团民宿等，以及海外的Airbnb、Expedia与Booking.com等。民宿OTA的运营模式主要有线上代理模式、全代理模式、顾问模式。民宿OTA的盈利模式主要有代理商模式、批发模式、内容运营模式、O2O模式、OTM模式。民宿短租平台主要有途家、小猪民宿、蚂蚁短租，且其通常采用C2C模式、B2C模式及C2B2模式等运营模式。在新媒体营销快速发展的背景下，主要介绍了民宿在抖音、微信、小红书、官网、直播等营销推广渠道的运用及操作要点。此外，在民宿营销与推广策略中，着重介绍口碑营销、KOL营销、场景营销、促销的原理及其与民宿业的联系。结合相关数据与案例分析，进一步巩固加强大众对民宿行业从业人员的专业能力要求的意识，激发创新创业的动力，且立足于民宿文化本土化，坚定文化自信，致力于乡村振兴。

课后训练

一、知识训练

1. 在线短租行业企业的功能如何划分?
2. 民宿营销方式的特点有哪些?
3. 社交影响机制是什么?

二、能力训练

1. 请选择当地一家特色民宿,根据节庆日策划一场新媒体营销活动。
2. 了解你所在地区民宿开展的营销活动(渠道、内容、效果等),形成调研报告。

参考文献

[1] 纪文静，姚建园，凌新建.民宿概论[M].北京：旅游教育出版社，2022.

[2] 吴文智.民宿概论[M].上海：上海交通大学出版社，2018.

[3] 简德三.项目评估与可行性研究[M].上海：上海财经大学出版社，2004.

[4] 注册咨询工程师（投资）考试教材编写委员会.项目决策分析与评价[M].北京：中国计划出版社，2003.

[5] 姜红.酒店运营管理[M].武汉：华中科技大学出版社，2020.

[6] 魏卫.酒店管理概论[M].武汉：华中科技大学出版社，2019.

[7] 李伟清.酒店运营管理[M].重庆：重庆大学出版社，2018.

[8] 沙绍举，王永盛，张晓旭.民宿产品创新与开发[M].北京：旅游教育出版社，2022.

[9] 笪玲.山地民宿发展研究——来自贵州的案例[M].北京：中国旅游出版社，2018.

[10] 过聚荣，熊颖.中国民宿发展报告（2022）[M]北京：社会科学文献出版社，2023.

[11] 马进峰，李文举.民宿概论[M].武汉：华中科技大学出版社，2023.

[12] 陈学清，徐勇.酒店市场营销[M].2版.北京：清华大学出版社，2018.

[13] 刘剑飞，李华丽.酒店市场营销[M].长沙：湖南大学出版社，2018.

[14] 张明立，任淑霞.品牌管理[M].3版.北京：北京交通大学出版社，2018.

[15] 陈雪钧，马勇，李莉.酒店品牌建设与管理[M].重庆：重庆大学出版社，2015.

[16] 李祖武.酒店市场营销[M].合肥：中国科学技术大学出版社，2018.

[17] 严风林，赵立臣.民宿创办指南从0到1开民宿[M].武汉：华中科技大学出版社，2019.

[18] 谭玉芳，张海超.手把手教你开民宿[M].武汉：华中科技大学出版社，2021.

[19] 俞昌斌.体验设计唤醒乡土中国——莫干山乡村民宿实践范本[M].北京：机械工业出版社，2017.

[20] 龙飞,虞虎.民宿管理与运营[M].北京：旅游教育出版社，2022.

[21] 叶锦鸿.台湾民宿之美[M].广州：广东旅游出版社，2016.

教学支持说明

为了改善教学效果,提高教材的使用效率,满足高校授课教师的教学需求,本套教材备有与纸质教材配套的教学课件和拓展资源。

我们将向使用本套教材的高校授课教师赠送教学课件或者相关教学资料,烦请授课教师通过电话、邮件或加入旅游专家俱乐部QQ群等方式与我们联系,获取"电子资源申请表"文档并认真准确填写后发给我们,我们的联系方式如下:

地址:湖北省武汉市东湖新技术开发区华工科技园华工园六路

邮编:430223

电话:027-81321911

E-mail:lyzjjlb@163.com

旅游专家俱乐部QQ群号:758712998

旅游专家俱乐部QQ群二维码:

群名称:旅游专家俱乐部5群
群　号:758712998

教学课件资源申请表

填表时间：_____年___月___日

1. 以下内容请教师按实际情况写，★为必填项。
2. 根据个人情况如实填写，相关内容可以酌情调整提交。

★姓名		★性别	□男 □女	出生年月		★职务	
						★职称	□教授 □副教授 □讲师 □助教

★学校		★院/系	
★教研室		★专业	
★办公电话		家庭电话		★移动电话	
★E-mail（请填写清晰）		★QQ号/微信号	
★联系地址		★邮编	

★现在主授课程情况	学生人数	教材所属出版社	教材满意度
课程一			□满意 □一般 □不满意
课程二			□满意 □一般 □不满意
课程三			□满意 □一般 □不满意
其他			□满意 □一般 □不满意

教 材 出 版 信 息						
方向一		□准备写	□写作中	□已成稿	□已出版待修订	□有讲义
方向二		□准备写	□写作中	□已成稿	□已出版待修订	□有讲义
方向三		□准备写	□写作中	□已成稿	□已出版待修订	□有讲义

请教师认真填写表格下列内容，提供索取课件配套教材的相关信息，我社根据每位教师填表信息的完整性、授课情况与索取课件的相关性，以及教材使用的情况赠送教材的配套课件及相关教学资源。

ISBN（书号）	书名	作者	索取课件简要说明	学生人数（如选作教材）
			□教学 □参考	
			□教学 □参考	

★您对与课件配套的纸质教材的意见和建议，希望提供哪些配套教学资源：